Włochy północne

Bezdroża

Autorki przewodnika: Agnieszka Masternak, Magdalena Kubas, Agnieszka Liszka

Redaktor prowadzący: Paweł Sondej
Redakcja: Aurelia Hołubowska
Korekta: Mariusz Miodek
Źródło pochodzenia danych kartograficznych:
© OpenStreetMap contributors; www.opendatacommons.org/licenses/odbl
Skład: DAKA – Studio Graficzne
Redakcja techniczna: Sabina Binek
Projekt okładki: Ewa Jarocka; materiały graficzne na okładce zostały wykorzystane za zgodą Shutterstock Images LLC

Wydawnictwo Helion
ul. Kościuszki 1c, 44-100 Gliwice
tel.: 32 2309863
e-mail: redakcja@bezdroza.pl
księgarnia internetowa: http://bezdroza.pl

Drogi Czytelniku!
Jeżeli chcesz ocenić tę książkę, zajrzyj pod adres:
http://bezdroza.pl/user/opinie/?bewlt3
Możesz tam wpisać swoje uwagi, spostrzeżenia, recenzję.

Wydanie III
ISBN: 978-83-283-2823-5

Spis treści

Spis planów i map

Spis ramek

Zabytki wczesnochrześcijańskie w Rawennie

Rawenna to istne „zagłębie" zabytków wczesnochrześcijańskich i bizantyjskich. Liczne są tu budowle z V czy VI stulecia, a wiele z nich zdobią równie wiekowe mozaiki. <

SKARBY KULTURY

Ostatnia Wieczerza Leonarda da Vinci w Mediolanie

Jeden z najsłynniejszych fresków świata powstał w latach 1495–97 na ścianie refektarza klasztoru Santa Maria delle Grazie w Mediolanie. Owiane legendą malowidło do dziś kryje wiele zagadek.

Mozaiki wczesnochrześcijańskie w Akwilei

Mozaiki podłogowe w akwilejskiej bazylice są unikatem na skalę światową. Bardzo dobrze zachowana kunsztowna posadzka powstała ponad 1,5 tys. lat temu! V

Zabytki franciszkańskie w Asyżu

Malowniczo położony wśród umbryjskich wzgórz Asyż słynie z zespołu zabytków wiążących się ze św. Franciszkiem i założonym przez niego zakonem. Jednym z nich jest ogromna bazylika św. Franciszka z XIII w. >

Atrakcje Włoch północnych

NAJWSPANIALSZE ŚWIĄTYNIE

Bazylika św. Marka w Wenecji
Jeden z najpiękniejszych kościołów Europy zachwyca różnorodnością stylistyczną. Już sama fasada o pięciu portalach, udekorowana licznymi mozaikami i rzeźbami, zapiera dech w piersiach.

Bazylika św. Antoniego w Padwie
Świątynia, w której spoczęły relikwie św. Antoniego, od wieków przyciąga pielgrzymów z całego świata. Kościół – jeden z największych na świecie – harmonijnie łączy style romański (fasada) i bizantyjski (kopuły).

Bazylika Superga pod Turynem
Wspaniała klasycystyczna świątynia to mauzoleum dynastii Sabaudów. Tu też znajduje się grób tragicznie zmarłych piłkarzy Grande Torino.

Bazylika San Zeno Maggiore w Weronie
Jeden z najwspanialszych kościołów romańskich we Włoszech zdobią m.in. XII-wieczne drzwi z brązu ze scenami ze Starego i Nowego Testamentu.

Katedra Santa Maria del Fiore we Florencji
Gotycko-renesansowa florencka katedra to jeden z największych kościołów na świecie. Przy jej budowie i zdobieniu pracowali najwięksi artyści epoki – katedrę przykrywa imponująca kopuła Brunelleschiego, a obok świątyni wznosi się gotycka kampanila – dzieło Giotta.

ZACHWYCAJĄCA ARCHITEKTURA

Rezydencje królewskie w Turynie

Barokowe rezydencje władców z dynastii sabaudzkiej, takie jak Palazzo Madama czy Palazzo Reale, zachwycają zarówno wysmakowaną architekturą, jak i bogactwem zdobień.

Zespół miejski Sabbionety

W obrębie XVI-wiecznych murów obronnych kryje się renesansowe „miasto idealne".

Campo dei Miracoli w Pizie

Piazza del Duomo, znana też jako Campo dei Miracoli (Pole Cudów), ma iście cudowną zabudowę. Stoi tu choćby wspaniała romańska katedra i jedna z najsłynniejszych konstrukcji świata: Krzywa Wieża.

Arena w Weronie

To jeden z największych zachowanych rzymskich amfiteatrów – rozmiarami ustępuje tylko Koloseum.

Wieże San Gimignano

Malownicze toskańskie miasteczko wyróżnia się kilkunastoma średniowiecznymi wieżami dominującymi nad zabudową.

NAJCIEKAWSZE MUZEA

Muzeum archeologiczne w Cividale del Friuli

Placówka w miasteczku założonym prawdopodobnie przez samego Juliusza Cezara ma jedną z największych we Włoszech kolekcji zabytków longobardzkich.

Museo Egizio w Turynie

Turyńskie muzeum szczyci się drugą na świecie kolekcją egiptologiczną. Wśród bogatych zbiorów są m.in. mumie, sarkofagi i zwoje papirusów.

Galleria dell'Accademia i Galleria Nazionale dell'Arte Moderna w Wenecji

To pierwsze muzeum szczyci się ogromnym zbiorem malarstwa weneckiego z XIV–XVI w., drugie zaś – wspaniałą kolekcją sztuki współczesnej.

Galleria dell'Accademia i Galleria degli Uffizi we Florencji

W tej pierwszej znajduje się m.in. oryginał rzeźby *Dawid* Michała Anioła, druga – ze wspaniałymi zbiorami Medyceuszy – stanowi jedno z najważniejszych muzeów świata.

CUDA NATURY

Jezioro Como ^

To przedalpejskie jezioro polodowcowe od starożytności uważane jest za jedno z najpiękniejszych jezior na świecie.

Cinque Terre V

To pierwszy włoski park narodowy, stworzony, by chronić bogactwo i urok krajobrazu ukształtowanego w dużej mierze przez człowieka. Urokliwe miasteczka zawieszone między morzem a niebem, strome zbocza, winnice i dzikie plaże – składają się na jeden z najpiękniejszych zakątków Włoch.

Park Narodowy Gran Paradiso

Park narodowy w Alpach Graickich nie bez przyczyny nazywany jest „Wielkim Rajem" – lodowce, strzeliste turnie, przepastne lasy i kwieciste łąki tworzą iście rajski krajobraz.

Dolomity

Uważane za najpiękniejsze góry świata składają się z grup skalnych oddzielonych głębokimi dolinami. Wspinacze z całego świata przyjeżdżają tu, by pokonywać słynne żelazne drogi – via ferraty.

NIEZAPOMNIANE PRZEŻYCIA

Przedstawienie operowe w mediolańskiej La Scali
La Scala to jedna z najważniejszych scen operowych świata, więc odwiedzenie jej to prawdziwa gratka dla miłośników gatunku.

Nauka włoskiego w Perugii
Uniwersytet dla Obcokrajowców w Perugii to najstarsza we Włoszech i najbardziej poważana w Europie placówka ucząca nie-Włochów języka Dantego i Petrarki.

Wizyta w genueńskim akwarium
Morską atrakcją Genui jest ogromne – trzecie pod względem wielkości w Europie – akwarium. Żyje w nim kilkaset gatunków zwierząt: ryb, płazów i ssaków.

Wycieczka gondolą po kanałach Wenecji
Wielowiekowe zabytki, malownicze zaułki, karnawałowe maski – a wszystko to widziane z poziomu łodzi sunącej po słynnych weneckich kanałach…

Informacje praktyczne

Przed wyjazdem

WYBÓR CZASU PODRÓŻY

W podróż do północnych Włoch można się wybrać o każdej porze roku. Ciepło jest tam od maja do września. Jeśli jednak ktoś nie lubi tłumu turystów, powinien unikać wyjazdu w przypadającym na sierpień szczycie sezonu. Na dodatek ceny noclegów często ulegają wówczas podwojeniu, a nawet potrojeniu. W tym okresie także Włosi przeważnie wyjeżdżają na wakacje, skutkiem czego w dużych miastach pozostają przede wszystkim turyści, a dużo sklepów i restauracji poza ścisłym centrum jest zamykanych.

Niezłym rozwiązaniem jest wyjazd na początku czerwca lub w końcu września; nie spotkamy wtedy tłumów, a pogoda zachęca do spędzania czasu na świeżym powietrzu. Z drugiej strony typowo letnie miesiące mają swój nieodparty urok, a poza tym organizuje się wtedy dużo różnych ciekawych imprez i festiwali.

ŹRÓDŁA INFORMACJI

Przewodniki i mapy

Oprócz **przewodników** i **map**, w które można zaopatrzyć się w Polsce, także w samych Włoszech kupimy przewodniki turystyczne – po regionie, po mieście, a nawet „po zabytku", który zamierzamy zwiedzić. Znajdziemy tam przewodniki w różnych językach, często również po polsku. Najlepsze, najbardziej treściwe i rzetelne wydaje Touring Club Italiano, znany przede wszystkim ze swojej zielonej serii. Na razie jednak większość z nich (oprócz pozycji wydawnictwa Dial Poland) dostępna jest jedynie w języku włoskim.

Nie ma też problemu ze znalezieniem dobrych **map samochodowych**. W Polsce dostępne są mapy Włoch opublikowane przez wydawnictwa ADAC (legenda po niem., w skali 1 : 650 000), Freytag & Berndt (1 : 600 000), Demart (1 : 900 000), Insight Guides (1 : 1 000 000), Michelin (1 : 1 000 000) oraz Marco Polo (1 : 800 000). Ostatnie spośród

▼ San Gimignano

wymienionych wydawnictw oferuje dodatkowo atlas Włoch w skali 1 : 300 000. W serii Touring Club Italiano ukazała się *Włochy. Mapa samochodowo-turystyczna* (Dial Poland, 1 : 800 000). Mapę części północnej Włoch oferuje wydawnictwo Freytag & Brendt (1 : 500 000). Expressmap Polska, oprócz klasycznej mapy samochodowej północnych Włoch (1 : 650 000), proponuje także laminowaną mapę samochodową tego regionu (1 : 650 000). Wspomniane wydawnictwa mają też w swojej ofercie mapy i plany poszczególnych regionów i miast.

Słowniki i rozmówki

W podróży najbardziej przydadzą się słowniki jednotomowe lub wręcz kieszonkowe, oferowane np. przez Wydawnictwo Klett (Pons), Wydawnictwo Naukowo-Techniczne czy Wydawnictwo Naukowe PWN. Warto zaopatrzyć

Włochy w internecie

W internecie można znaleźć wiele różnego rodzaju wiadomości na temat Włoch, najwięcej po włosku, ale również po polsku, angielsku, niemiecku, francusku i hiszpańsku. Większość miast i miasteczek ma swoje portale internetowe, na których umieszczono sporo przydatnych informacji. Często są tam specjalne podstrony poświęcone turystyce. Przed wyjazdem warto zajrzeć np. na te witryny:

- **www.trenitalia.com** – strona włoskich kolei (wł., ang.);
- **www.campeggi.com** – adresy kempingów (wł., ang., niem., fr.);
- **www.bed-and-breakfast-in-italy.com** – informacje o noclegach typu B&B (wł., ang., niem., fr.);
- **www.wloski.ang.pl** – strona poświęcona nauce języka włoskiego, z forum tworzonym przez italofilów, Polaków i Włochów, na którym można znaleźć sporo informacji dotyczących m.in. realiów życia we Włoszech, podróżowania itp.

Placówki dyplomatyczne

Włoskie placówki dyplomatyczne w Polsce

- **Ambasada Republiki Włoskiej w Warszawie**, pl. Dąbrowskiego 6; tel.: 22 8263471; www.ambvarsavia.esteri.it; Wydział Konsularny, tel.: 22 8263471, czynne: pn.–pt. 9.00–12.00.
- **Konsulat Włoch w Gdyni**, ul. F. Chopina 4; tel.: 58 6201561; e-mail: gdynia.onorario@esteri.it, pn. i czw. 10.00–13.00.
- **Konsulat Honorowy Włoch w Krakowie**, Rynek Główny 12; tel.: 12 6170208; czynne: pn. i śr. 11.00–13.00.

Polskie placówki dyplomatyczne w północnych Włoszech

- **Ambasada Rzeczypospolitej Polskiej w Rzymie**, Via Pietro Paolo Rubens 20, Monti Parioli; tel.: +39 06 36204200; www.rzym.msz.gov.pl; Wydział Konsularny: Via S. Valentino 12; tel.: +39 0636204300, tel. dyżurny po godzinach pracy: +39 335 599 52 12; www.e-konsulat.gov.pl; czynne: pn.–śr., pt. 9.00–14.00, czw. 13.00–17.00. W sprawach paszportowych i prawnych obowiązuje rejestracja wizyt w systemie e-konsulat. Obsługiwane regiony Włoch północnych to: Toskania, Marche i Umbria.
- **Konsulat Generalny Rzeczypospolitej Polskiej w Mediolanie**, Via Monte Rosa 6; tel.: +39 02 45381501; tel. alarmowy: +39 335 5685786; www.mediolan.msz.gov.pl; czynne: pn.–śr., pt. 9.00–14.00, czw. 13.00–17.00. Obsługiwany okręg konsularny to osiem północnych regionów Włoch: Friuli-Wenecja Julijska, Wenecja, Emilia-Romania, Trydent-Górna Adyga, Lombardia, Liguria, Piemont, Dolina Aosty.
- **Konsulat Honorowy Rzeczypospolitej Polskiej w Ankonie**, Via Montebello 58/a; tel.: +39 071 55240; consolatopoloniamarche@gmail.com.
- **Konsulat Honorowy Rzeczypospolitej Polskiej w Trydencie i Górnej Adydze**, Trydent, Via Malfatti 21, segreteria@consolatopoloniatrento.it.
- **Konsulat Honorowy Rzeczypospolitej Polskiej w Genui**, Piazza Tommaseo 4/5; tel.: +39 010 3106275; conpoloniage@gmail.com.
- **Konsulat Honorowy Rzeczypospolitej Polskiej w Turynie**, Via Madama Cristina 142, tel.: +39 328 8884767; ulrico.leiss@liberi.it.
- **Konsulat Honorowy Rzeczypospolitej Polskiej w Wenecji**, Calle S. Paternian – S. Marco 4019; tel.: +39 3474437492; venezia@consolatodipolonia.it.

się też w rozmówki, m.in. wydawnictw Burda Publishing Polska, Lingo, Lingea, SuperMemo. Na rynku jest także sporo różnej jakości samouczków (proponuje je np. wydawnictwo Literat), można również skorzystać z aplikacji mobilnych. Serwis www.mojerozmowki.pl oferuje takie rozwiązanie bezpłatnie.

FORMALNOŚCI

Formalności wizowo--paszportowe

Wyjeżdżając do Włoch, należy mieć przy sobie dokument tożsamości: dowód osobisty lub paszport. (Przed wyjazdem warto sprawdzić, czy jest on w wystarczająco dobrym stanie i pozwala na potwierdzenie tożsamości; należy zwrócić uwagę zwłaszcza na aktualność zdjęcia). W przypadku braku takiego dokumentu podczas kontroli turyści mogą zostać zatrzymani do wyjaśnienia.

Jeżeli planujemy podróżowanie po Włoszech ze zwierzakiem, musimy mu wyrobić specjalny paszport. Można to zrobić w lecznicy (adresy lecznic na stronie: www.vetpol.org.pl).

Polaków udających się do Włoch w celach turystycznych obecnie nie obowiązują żadne formalności wizowe; uzyskanie stosownego zezwolenia konieczne jest dopiero po trzech miesiącach pobytu.

▲ Uliczka w Bolonii

Ubezpieczenie

Wprawdzie podstawowe usługi medyczne w krajach Unii Europejskiej są refundowane z Narodowego Funduszu Zdrowia (szczegółowe informacje na stronie: www.ekuz.nfz.gov.pl; zdecydowanie rekomendowane jest wyrobienie i zabranie ze sobą karty EKUZ), jednak ich zakres jest dosyć wąski. Posiadanie **karty EKUZ** gwarantuje, że osoba posługująca się nią w danym kraju będzie potraktowana tak, jakby była w tym kraju ubezpieczona – nie ponosząc np. kosztów porad świadczonych bezpłatnie, a w przypadku usług płatnych płacąc takie same kwoty jak miejscowi. Odzyskanie poniesionych wydatków po powrocie do kraju będzie też w tym wypadku łatwiejsze. Oczywiście osoby nieposiadające karty EKUZ również mogą uzyskać pomoc medyczną na miejscu, trzeba jednak liczyć się z tym, że w ich przypadku zwrot pieniędzy może być problematyczny, a wypłata odszkodowania (i jego wysokość) będzie zależeć nie tylko od drobiazgowego udokumentowania poniesionych wydatków, ale także od trudnych do przewidzenia wyników ustaleń między polskim NFZ a odpowiednią instytucją we Włoszech.

Biorąc to pod uwagę, warto pomyśleć o wykupieniu dodatkowego pakietu ubezpieczeniowego na wyjazd zagraniczny w jednym z polskich towarzystw ubezpieczeniowych. Powinny o niego zadbać również osoby, których ubezpieczenie w ramach zorganizowanych przez biuro turystyczne wczasów nie pokrywa kosztów leczenia (radzimy dowiedzieć się tego przed wyjazdem). Dla studentów i osób do 30. roku życia alternatywą może być ubezpieczenie przysługujące posiadaczom kart ISIC bądź Euro26.

Obecnie większość firm ubezpieczeniowych oferuje kilka wariantów **indywidualnych polis podróżnych**, obejmujących rozmaity zakres ubezpieczenia i różną jego wysokość. W skład pakietów wchodzą typowo: ubezpieczenie kosztów leczenia za granicą (KLZ; koszty porad, badań, zabiegów, lekarstw), ubezpieczenie następstw nieszczęśliwych wypadków (NNW; koszty transportu medycznego, operacji, środków opatrunkowych, pobytu w szpitalu, rehabilitacji) oraz ubezpieczenie *assistance* (ASS). Inne typowe produkty to ubezpieczenie bagażu, sprzętu sportowego i fotograficznego, a także ubezpieczenie OC, zabezpieczające przed konsekwencjami finansowymi związanymi z wyrządzeniem przez nas szkody osobom trzecim lub szkód materialnych. Osoby planujące aktywny wypoczynek – np. wspinaczkę górską lub inną „ekstremalną" działalność – powinny wykupić polisę rozszerzoną o obsługę ubezpieczeniową kosztów ewentualnych wypadków związanych z taką działalnością oraz akcji poszukiwawczej i ratunkowej. Taka polisa będzie droższa, jednak dla własnego dobra warto w nią zainwestować – w razie gdyby „coś poszło nie tak", jej posiadanie zdecydowanie się opłaci. Ubezpieczenia KLZ i NNW nie obejmują leczenia związanego ze stwierdzonymi chorobami przewlekłymi, a także zabiegów planowanych (zaordynowanych) w Polsce. Nie są też honorowane w placówkach prywatnych (np. gabinetach stomatologicznych, klinikach chirurgii plastycznej itp.). Ubezpieczenie działa natomiast nie tylko we Włoszech, ale też w krajach tranzytowych, które pokonujemy po drodze. Jego zakres zwykle określony jest strefowo (np. Europa) i czasowo (od dnia do dnia). Cena typowego pakietu ubezpieczenia na okres około dwóch tygodni dla jednej osoby waha się od kilkudziesięciu do stu kilkudziesięciu złotych, w zależności od wyboru warunków szczegółowych. Informacji należy szukać w oddziałach lub na stronach internetowych ubezpieczycieli.

Osoby podróżujące samochodem muszą mieć wykupione **ubezpieczenie komunikacyjne OC**, w związku z czym zaleca się im wcześniejsze sprawdzenie okresu ważności tego ubezpieczenia, jak również przeglądu kontrolnego pojazdu. Warto rozważyć zakup dodatkowego ubezpieczenia AC, przydatnego w razie ewentualnej kradzieży samochodu.

Zabezpieczenia medyczne

We Włoszech nie ma zagrożeń sanitarno-epidemiologicznych i nie są wymagane szczepienia. Oczywiście zawsze warto wziąć ze sobą podstawową apteczkę zawierającą środki pierwszej pomocy, w tym, ze względu na panujące tu latem temperatury, także środki przeciwko poparzeniom i udarom słonecznym. Jako że wiele miejsc jest klimatyzowanych, co kontrastuje z upałami na zewnątrz, paradoksalnie możemy się tu łatwo przeziębić, warto więc mieć ze sobą coś na ból gardła i gorączkę. Szczególnie nad wodą i na kempingach zmorą mogą być komary, przyda się coś przeciwko ich ukąszeniom oraz ewentualnie jakiś środek odczulający (np. wapno).

Co zabrać?

Poza standardowym wyposażeniem turystycznym – plecakiem, śpiworem, odpowiednim zestawem odzieży, podstawową apteczką itd., latem we Włoszech przydadzą się na pewno:

- przewiewne szale lub chusty – jako nakrycie głowy i osłona przed słońcem;
- kremy do opalania z wysokim filtrem UV;
- okulary przeciwsłoneczne;
- przewiewne ubrania, sandały;
- preparat chroniący przed ugryzieniami komarów;
- saszetka na dokumenty i pieniądze – należy nosić ją ukrytą pod ubraniem, zbyt eksponowana może prowokować złodziei.

Dojazd

SAMOLOTEM

Z Polski bezpośrednio można się dostać samolotami tanich linii lotniczych Ryanair i Wizz Air do czterech miast w północnych Włoszech: Mediolanu, Pizy, Bolonii i Wenecji. Do **Mediolanu** na lotnisko Bergamo (48 km od miasta) latają samoloty linii:

- Ryanair – z Gdańska, Poznania, Warszawy-Modlina, Wrocławia i Krakowa.
- Wizz Air – z Gdańska, Warszawy-lotnisko im. Chopina i Katowic.

Do **Mediolanu** na lotnisko Malpensa (50 km od miasta) latają samoloty linii Ryanair z Katowic.

Do **Pizy** dolecimy liniami Ryanair z Gdańska, Warszawy-Modlina i Krakowa. Ryanair ma też połączenie z **Wenecją** (z Warszawy-Modlina) i **Bolonią** (z Warszawy-Modlina i Wrocławia).

Podróż samolotem z Polski do każdego z tych włoskich miast trwa ok. 2 godzin.

Loty z przesiadką do tych samych miast, a także do Turynu i Werony proponują np. linie lotnicze Alitalia, Lufthansa oraz Norvegian.

Trasy, terminy i ceny lotów można sprawdzić za pomocą internetowych wyszukiwarek, np. fru.pl, momondo.pl, tanie-loty.com.pl.

AUTOBUSEM

Wiele miast w Polsce posiada bezpośrednie połączenia autobusowe z północnymi Włochami. Podróż, w zależności od miejsca wyjazdu z Polski i celu we Włoszech, trwa od 18 do 23 godzin (np. z Katowic do Mediolanu). Firmy Sindbad, Eurolines Mądeltrans oraz Agat zapewniają kursy do Bolonii, Florencji, Mediolanu, Wenecji, Padwy, Rawenny, Ferrary. Plusem autobusów ciągle pozostaje fakt, że zapewniają połączenie z wieloma miastami w północnych Włoszech, czego nie można powiedzieć o samolotach.

POCIĄGIEM

Nie istnieją bezpośrednie połączenia kolejowe między Polską i Włochami, dlatego dojazd do Włoch tym środkiem transportu jest dość kłopotliwy. Należy przygotować się na przesiadkę w Wiedniu lub w Monachium, skąd kursują bezpośrednie pociągi do włoskich miast. Podróż taka jest jednak długa, a bilet kosztowny. Rozwiązaniem mogą być międzynarodowe karnety kolejowe, dzięki którym można obniżyć koszty i wybrać optymalną trasę przejazdu.

SAMOCHODEM

Turysta podróżujący do Włoch samochodem musi wytyczyć trasę najkorzystniejszą dla siebie. Polacy najczęściej wybierają przejazd przez Czechy i Austrię lub – wyruszając ze wschodniej Polski – przez Słowację, Węgry i Słowenię. Średni czas przejazdu, w zależności od wybranej trasy, wynosi od 17 do 20 godzin. Ze względu na sporą odległość dzielącą Polskę i Włochy dobrze jest podzielić podróż na dwa odcinki przerwane noclegiem. Warto też zatankować do pełna jeszcze przed przekroczeniem granicy. Należy pamiętać o wykupieniu winietek, aby przejechać autostradami Czech, Słowacji czy Austrii. Wszystkie te kraje są w strefie Schengen, gdzie można się swobodnie poruszać i nie obowiązują kontrole na przejściach granicznych.

Na miejscu

TRANSPORT

Po Włoszech najwygodniej podróżuje się **pociągiem**. Linia kolejowa biegnie m.in. wzdłuż wybrzeża Adriatyku. Pociągi dzielą się na trzy kategorie: *regionale* (bądź *interregionale* – cena jest ta sama), *interciti* – nieco droższe, mają mniej przystanków, oraz *eurostar*, zwane również *pendolino* – szybkie (i drogie) pociągi łączące duże miasta. Jednak decydując się na korzystanie z usług włoskich kolei, trzeba uzbroić się w cierpliwość – opóźnienia są na porządku dziennym.

Uwaga! Zanim wsiądziemy do pociągu, należy podbić bilet w żółtym kasowniku przy peronie. Kto nie dopełni tej formalności, jest traktowany jak pasażer bez biletu. Należy też wiedzieć, że we Włoszech nie przysługują nam żadne zniżki – ani młodzieży, ani studentom, ani seniorom. Można natomiast wykupić bilety promocyjne.

Autobusy dalekobieżne są we Włoszech mało popularne. Jeżdżą stosunkowo rzadko, a bilet trzeba wykupić z dużym wyprzedzeniem. W obrębie poszczególnych regionów kursują natomiast autobusy lokalne, łączące większe ośrodki z mniejszymi (tzw. *corriera*).

Autobus jest natomiast najpopularniejszym środkiem transportu w **komunikacji miejskiej**. W większych miastach jeżdżą także trolejbusy i tramwaje, a w największych (Turyn, Mediolan) również metro. Rozkłady jazdy na przystankach zawierają informacje o trasie przejazdu oraz o pierwszym i ostatnim kursie. Bilety w różnych miastach mają różne ceny (zwykle 1–1,50 EUR), przeważnie obowiązują na konkretny czas, np. na 70 czy 100 min. Wyjątek stanowi metro, gdzie po jednym przejeździe bilet jest już nieważny. Można także kupić bilety całodzienne i trzydniowe oraz karty tygodniowe (*tessere settimanali*). Często promocyjne karty uprawniają zarówno do jazdy środkami komunikacji miejskiej, jak i do bezpłatnego wstępu do muzeów. Warto zapytać o to w informacji turystycznej. Włoskie **taksówki** są drogie, w związku z tym raczej nie poleca się tego środka transportu.

W większości miast można wypożyczyć **rower** w *noleggio bici*, czyli wypożyczalniach

rowerów. Ceny są różne, zwykle płaci się za godziny, często z góry za cały dzień. Tańsze niż prywatne są z reguły wypożyczalnie komunalne. W niektórych miastach znaleźć można ustawione w paru punktach stojaki z przypiętymi rowerami. Informacje o tym, jak ich używać, a bardzo często sam kluczyk, można otrzymać w biurze informacji turystycznej. Zdarza się, że wypożyczenie roweru w takim punkcie jest darmowe.

W wielu małych miasteczkach północnych Włoch rower jest popularnym środkiem transportu także wśród mieszkańców, którzy jeżdżą nim do pracy czy na zakupy. W dużych miastach sytuacja wygląda nieco gorzej, choć jest w nich trochę ścieżek rowerowych. Ogólnie rowerzyści traktowani są przychylnie, również przez kierowców i mogą liczyć na ewentualną pomoc. Istnieje także sieć specjalnych hoteli dla podróżujących w ten sposób (więcej informacji na stronie www.italybikehotels.it), z przechowalniami, warsztatami naprawczymi i informacjami o trasach. Znajdziemy je praktycznie we wszystkich północnych regionach Włoch. Rowery można przewozić także pociągiem, na co należy wykupić odpowiedni bilet.

Autostopowicze nie są częstym widokiem na włoskich drogach, ale niektórzy podróżują w ten sposób i raczej nie ma problemów ze złapaniem okazji, gdyż Włosi są z natury towarzyscy i otwarci. Odradza się jednak takie wyprawy samotnym kobietom – niektórzy Włosi traktują próbę zatrzymania samochodu przez dziewczynę jako jednoznaczną propozycję. Podobnie jak w Polsce, **autostop** jest tu z założenia instytucją darmową. Zabronione jest podróżowanie autostopem po autostradzie, gdzie od razu witają nas wielkie tablice *no autostop* i gdzie za próby zatrzymywania aut można dostać wysoki mandat.

NOCLEGI

Tanie **hostele** (*ostello per gioventù*, *youth hostel*) są przeważnie dobrze utrzymane i często znajdują się w samym centrum, jednak nie są specjalnie rozpowszechnione. Działają przede wszystkim w większych i bardziej turystycznych miastach. Opłata za noc w hostelowym dormitorium wynosi przeważnie do 25 EUR za osobę, rzadko więcej (przy czym nie można się tam zatrzymać dłużej niż na pięć nocy). W wielu hostelach można także nocować w dwu- lub trzyosobowym pokoju; ceny są wtedy oczywiście wyższe, ale i tak dość przyzwoite. Warto pamiętać, że wiele hosteli ma lepszą lokalizację i niejednokrotnie wyższy standard niż jednogwiazdkowe hotele. W większości obiektów można skorzystać z internetu, w wielu w cenę wliczone jest również śniadanie. Więcej informacji i możliwe lokalizacje znajdziemy na stronie: www.ostellitalia.org.

We Włoszech, zwłaszcza latem, warto rozważyć nocleg na **kempingach** (*campeggio*). Całe wybrzeże dysponuje ogromną ich liczbą, często w niewielkim nawet kurorcie jest ich kilkanaście, rozproszonych wzdłuż plaży i najczęściej z własnym dostępem do morza. Przeważnie są tam miejsca zarówno dla namiotów, jak i karawanów oraz przyczep kempingowych, choć zdarzają się obiekty z miejscami tylko dla jednych bądź drugich. Na niektórych kempingach, szczególnie w kurortach, można także wynająć domki i bungalowy. Wielkie kempingi, które przypominają małe wioski z dyskoteką, paroma restauracjami, basenem, sklepem i kursami aerobiku, są często droższe. Jednak nie tylko ze względu na cenę warto szukać mniejszych obiektów – choć nie dysponują tak komfortową infrastrukturą, często są przyjemniejsze i niejednokrotnie bardziej zielone. Czasem można trafić na agrokemping (*agro-campeggio*), czyli mniej wygodny, ale bliższy naturze kemping, usytuowany zazwyczaj w większej odległości od miejscowości. Większość kempingów jest otwarta jedynie w sezonie, przeważnie od połowy maja do końca września. Zwykle nie można na nich rezerwować miejsc. Stroną pomocną w znalezieniu odpowiedniego kempingu może być www.campeggi.com.

Niezłą opcją noclegową są **B&B** (*bed & breakfast*) lub **kwatery/pokoje**. Różnica między nimi jest trudna do uchwycenia i przekłada się bardziej na zobowiązania wobec fiskusa niż na relacje z klientami i rodzaj świadczonych usług. B&B są w większości regionów bardziej rozpowszechnione i – jak sama nazwa wskazuje – zawsze dostaniemy w nich śniadanie. B&B powinny być z założenia pokojem przy mieszkaniu gospodarzy, ale często jest to jedynie teoria. Przeważnie jest to parę pokoi dwuosobowych (głównie z łóżkiem małżeńskim, ewentualnie z dostawionym trzecim), wspólnym salonem i aneksem kuchennym. Łazienka może być oddzielna lub nie. Ceny w B&B są podobne jak w hotelach jedno- lub dwugwiazdkowych, standard zazwyczaj dużo wyższy, często naprawdę bardzo wysoki (zdarzają się np. B&B w willi z pięknym ogrodem), a atmosfera domowa. Ceny zależą głównie od lokalizacji i wahają się w granicach 45–70 EUR za dwójkę. Jedynek z reguły nie ma, można jednak wynająć dwójkę jako jedynkę, co kosztuje odpowiednio mniej, przeważnie ok. 35–50 EUR. Dużo łatwiej o trójkę czy czwórkę, bo najczęściej pokoje są przestronne i zostaje sporo miejsca na dostawienie łóżek. B&B to także najlepsza opcja noclegowa dla rodzin z dziećmi, szczególnie małymi, za których nocleg płaci się mniej lub nie płaci się w ogóle. Jedynym problemem może być fakt, że wiele obiektów dysponuje tylko 2–4 pokojami i w sezonie mogą być one już dawno zajęte. Poza sezonem często można trafić na promocje.

Pod uwagę można także brać **hotele** jedno- lub dwugwiazdkowe, a czasem nawet trzygwiazdkowe. W ich przypadku często większa liczba gwiazdek nie oznacza wcale wyższej ceny. Natomiast cztero- i pięciogwiazdkowe hotele to nierzadko miejsca, gdzie ceny są już zaporowe dla przeciętnego polskiego turysty. W jedno- i dwugwiazdkowych hotelach zwykle dostępny jest internet „kablowy" lub Wi-Fi. Przeważnie działa też przy nich bar i restauracja.

Warto jeszcze wspomnieć o **gospodarstwach agroturystycznych**, które również są niezłą opcją noclegową, choć przeważnie droższą od B&B. Zwykle są one malowniczo usytuowane na łonie natury, z dala od miejskich atrakcji turystycznych. U gospodarzy często można kupić lokalne produkty, m.in. wino czy oliwę, i dobrze – choć niekoniecznie tanio – zjeść.

Warto pamiętać, że szczególnie w kurortach ceny noclegów zmieniają się w zależności od pory roku, a najwyższe są w połowie sierpnia, w okolicach święta Ferragosto.

Alternatywnym sposobem szukania noclegu może być skorzystanie z oferty popularnych ostatnio organizacji **Hospitality Club** (www.hospitalityclub.org) lub **Couch Surfing** (www.couchsurfing.com), które skupiają ludzi goszczących się za darmo nawzajem i w ten sposób podróżujących po świecie.

WYŻYWIENIE

W zasadzie wszędzie, często również w centrum miejscowości, bez problemu znajdziemy **supermarkety** (*supermercato*), w których najtaniej można kupić żywność. Ich zaopatrzenie w podstawowe produkty spożywcze jest podobne jak w Polsce, choć we włoskich sklepach nie znajdziemy kefiru, białego sera i kwaśnej śmietany. Warzywa

Przykładowe ceny żywności

- **espresso** – ok. 1 EUR
- **rogalik do kawy** – od 1 EUR za sztukę
- **butelka wody 1,5 l** – 0,40 EUR
- **porcja makaronu w spaghetterii/trattorii** – 6–8 EUR (z wyjątkiem największych miast)
- **kanapka w paninotece** – od 4 EUR
- **kawałek pizzy** – 1,5–2 EUR (czasem pizza sprzedawana jest też na wagę)
- **cała pizza** – 7–8 EUR, w zależności od liczby składników
- **bułki** – przeważnie sprzedawane na wagę, średnio ok. 1 EUR za trzy niezbyt duże bułki
- **pełny obiad dla jednej osoby z deserem i winem w restauracji/trattorii/osterii** – od 20–25 EUR (czasem restauracja oferuje określony zestaw obiadowy w stałej cenie, od 10–15 EUR)

Ceny żywności wahają się w zależności od miejsca, w którym jesteśmy – w dużym mieście zapłacimy nieco więcej niż w mniejszej miejscowości.

najlepiej kupować na **targach** (*mercato*) i placach, ewentualnie w budkach sprzedających warzywa i owoce. Są tam świeższe i tańsze niż w supermarketach. Na placach można także nabyć świeże ryby.

Restauracje i **trattorie** są otwarte po południu, w godzinach 12.30–14.00/14.30 (czyli w czasie sjesty, kiedy zamknięte są sklepy), oraz wieczorem, od 19.00 do późna (w zimie do 23.00, w lecie często do północy i dłużej). W innych porach dnia możemy mieć problem ze znalezieniem czegoś innego niż punkty sprzedające pizzę na kawałki czy kanapki. Otwarte mogą być jedynie restauracje nastawione typowo na turystów lub lokale sieciowe, jak Rossopomodoro (całkiem przyzwoite, typowo włoskie jedzenie).

Kawiarnie to we Włoszech rodzaj instytucji publicznej. Otwierane są bardzo wcześnie, przeważnie o 7.00. Funkcjonują na nieco innych zasadach niż u nas, bo przeciętny Włoch chodzi do kawiarni często także przed pracą lub w trakcie przerwy, by w biegu wypić kawę, przejrzeć gazetę i zamienić dwa zdania ze znajomymi. Bary (bo nazwa ta stosowana jest zamiennie) to przeważnie bardzo przyjemne i gwarne miejsca, a kawa jest tam jeszcze w dość przystępnych cenach, przynajmniej na kieszeń przeciętnego Włocha. Espresso kosztuje średnio 1 EUR, cappuccino 1,20 EUR, rogalik od 1 EUR. Uwaga! Trzeba pamiętać, że inne ceny obowiązują przy barze, a inne przy stoliku, gdzie płaci się dodatkowo za obsługę. W kawiarniach, otwartych dłużej niż sklepy, można też kupić papierosy, wodę czy – co ciekawe – mleko.

Cukiernie i **lodziarnie** są otwarte dość długo, w większych miastach i miejscowościach turystycznych często nawet i po północy. Również tam, podobnie jak w kawiarniach, jeśli zatrzymamy się przy stoliku, ceny są wyższe. Bardzo często najpierw płaci się w kasie, która niejednokrotnie jest ustawiona gdzieś osobno z boku, a potem idzie z rachunkiem po loda czy kawę. Czasem jednak, szczególnie w mniejszych lokalach, najpierw zamawia się przy barze, a potem płaci. Przeważnie nie kupuje się lodów na gałki, zwykle spotkamy się z cenami za rozmiar rożka (*cono*) lub kubeczka (*coppa*, *coppeta*), do którego nawet przy najmniejszej porcji możemy wziąć trzy gałki. Może być on mały (*piccolo*,

1,30–1,80 EUR), średni (*medio*, 1,50–2,50 EUR) i duży (*grande*, 2,50–3,50 EUR). Już mały lód jest najczęściej dość spory i odpowiada polskim trzem, czterem gałkom – wszystko oczywiście zależy od hojności i humoru nakładającego. Najczęściej gratis dodawana jest jeszcze bita śmietana, po wcześniejszym zapytaniu: „*Panna?*".

Wyżywienie – minisłowniczek

- ***birreria*** – piwiarnia
- ***creperia*** – naleśnikarnia
- ***enoteca*** – winiarnia; czasem jest to lokal lub restauracja z większym wyborem wina, a czasem zwykły sklep z winem
- ***gelateria*** – lodziarnia
- ***macelleria*** – sklep mięsny; mięso tam sprzedawane jest dużo lepszej jakości niż w supermarkecie
- ***osteria*** – według źródeł ten typ lokalu (rodzaj naszej karczmy) istniał na terenie Włoch już w XIV w. Były to skromne knajpy, zwykle o dosyć złej sławie. Służyły głównie konsumpcji wina, ale można było w nich również zjeść i przenocować, bo niektóre osterie pełniły funkcję zajazdu
- ***panetteria***, zwana też ***forno*** – piekarnia; można tu kupić dobry chleb (*pane*), sprzedawany również na wagę
- ***paninoteca*** – kanapkarnia; w ofercie są *panino* (kanapki wieloskładnikowe, podawane również na ciepło) lub *tramezzino* (tańsza wersja kanapki – na białym miękkim chlebie, przeważnie pokrojonym w trójkąty)
- ***pasticceria*** – cukiernia
- ***pescheria*** – sklep rybny
- ***pizzeria*** – to we Włoszech prawie instytucja, można ją spotkać na każdym kroku. *Pizzeria* może być zarówno restauracją, jak i rodzajem baru, gdzie sprzedaje się pizzę na kawałki (*pizza al talio*) lub na wynos (*pizza da asporto*) i gdzie ewentualnie jest parę stolików, przy których można stanąć lub usiąść. W pizzerii-restauracji oprócz pizzy często można zamówić także inne potrawy, a różnica między nią a trattorią lub „prawdziwą" restauracją jest subtelna. Napis „*forno a legna*" oznacza, że w lokalu używa się pieca opalanego drewnem
- ***ristorante*** – restauracja; pojawiła się w XIX w. jako miejsce spożywania posiłków w godnym gronie i eleganckim otoczeniu
- ***rosticceria*** – rodzaj smażalni, jadłodajni, gdzie niedrogo i najczęściej na wynos można kupić gotowe potrawy: makarony, lasagne, dania mięsne i rybne, smażone warzywa, a niejednokrotnie także pizzę. Często są tam stoliki, przy których można usiąść
- ***spaghetteria*** – miejsce, w którym można dostać makaron w najróżniejszych postaciach i inne potrawy mączne
- ***tavola calda*** – jadłodajnia z niedrogimi daniami obiadowymi, które można zjeść przy stoliku lub kupić na wynos
- ***trattoria*** – lokale tego typu istniały już w XIX w. i były odpowiednikiem naszych jadłodajni. Można w nich było zjeść ciepły posiłek, zwykle regionalny, w przyjaznej i niekrępującej atmosferze. Współcześnie tak trattorie, jak i osterie zmieniły swój charakter – stały się modnymi lokalami, często z dobrą kuchnią, rustykalnym wystrojem i cenami nieraz wyższymi niż w restauracjach

Informator A–Z

Alkohol. We Włoszech nie funkcjonują otwarte całą noc sklepy z alkoholem i raczej nie znajdziemy tu odpowiednika naszego monopolowego. Rozpowszechnione są natomiast enoteki z dużym wyborem win, które są zdecydowanie tańsze niż w Polsce (niezłe wino stołowe można kupić już za 2 EUR, a za 8–10 EUR dostaniemy trunek gatunkowy). Wino można też oczywiście kupić w barze, restauracji czy trattorii. Mocniejszy alkohol znajdziemy zazwyczaj w supermarkecie.

We Włoszech nie dostaniemy mandatu za picie lżejszego alkoholu (piwa czy wina) w miejscach publicznych. Pijany cudzoziemiec ma jednak bardzo duże szanse na zatrzymanie do kontroli przez policję. W dyskotekach zabronione jest sprzedawanie mocniejszych alkoholi po godzinie 2.00 w nocy.

Apteki. Apteki (*farmacia*) oznaczone są zielonym krzyżem. Przeważnie nie ma problemu z ich znalezieniem, zwłaszcza w centrum miejscowości. Apteki, podobnie jak sklepy, są zamykane na czas sjesty. Poza dużymi miastami, jak np. Mediolan, we Włoszech trudno znaleźć apteki całodobowe. Funkcjonuje tu natomiast system nocnych dyżurów pełnionych przez poszczególne apteki, jako tzw. *farmacie di turno*. Informacja o aktualnych dyżurach jest dostępna na drzwiach każdej apteki, a także w internecie (www.farmacieaperte.it). Często do dyżurnej apteki trzeba zadzwonić na podany na drzwiach numer. Zakupy w nocy są droższe: do ceny produktu doliczana jest ustawowa opłata, ok. 4–5 EUR. *Farmacia di turno* otwarta jest także w niedziele i w godzinach sjesty, do ceny dolicza się wtedy ok. 2 EUR (nie w mieście). Przy większości aptek można znaleźć całodobowe zewnętrzne automaty z prezerwatywami (ceny niższe niż w aptece), a także automaty z podstawowymi środkami opatrunkowymi, higienicznymi i przeciwbólowymi.

Banki i bankomaty. Są powszechnie dostępne, w centrum miast znajdziemy ich więcej niż kilka, często blisko siebie. Największe

banki to UniCredit Banca czy Banca d'Italia. Otwarte są one przeważnie w godzinach: 8.30–13.30 oraz 14.30–16.00. Większość bankomatów obsługuje karty Visa, Master i Maestro, zresztą zawsze znajduje się na nich informacja, jaki rodzaj kart obsługują. W zależności od karty (i banku) może być pobrana prowizja za wypłatę. We Włoszech nie ma problemu z płaceniem kartą płatniczą i kredytową, przeważnie bez prowizji.

Baseny. Basenów w kurortach jest bardzo dużo, często nawet na plaży czy przy hotelach i dużych kempingach. W mieście w lecie też nie ma problemu ze znalezieniem odkrytego basenu. Płaci się przeważnie jednorazowo za wstęp, ceny są bardzo różne (ok. 8–15 EUR). W większych miastach nie ma też żadnego problemu ze skorzystaniem z basenu krytego.

Cło. Jak w przypadku każdego kraju Unii, można tu swobodnie wwozić i wywozić towary na użytek osobisty. Trzeba pamiętać, że dzieła sztuki (np. instrumenty muzyczne czy antyki) starsze niż 55 lat traktowane są jak zabytki i na ich wywóz trzeba mieć specjalne pozwolenie konserwatora.

Czas lokalny. Zwiedzając Włochy, pozostajemy w tej samej strefie czasowej, która obowiązuje w Polsce.

Dni wolne od pracy. W święta, podobnie jak w niedziele, sklepy są przeważnie zamknięte, z wyjątkiem dużych centrów handlowych i niektórych butików w centrum. Komunikacja, zwłaszcza miejska, w święta (*festivi*) najczęściej działa inaczej niż w dni powszednie (*feriali*), co jest zaznaczane na rozkładach jazdy na przystankach. Zdarza się nawet, że autobusy i tramwaje mają wtedy nieco inną trasę, na co trzeba zwracać szczególną uwagę. Urzędy, w tym banki i poczta, a także apteki – z wyjątkiem aktualnie dyżurującej *farmacia di turno*, są zamknięte.

Oficjalne święta

- 1 stycznia: **Nowy Rok** (Capodanno, Primo del Anno)
- 6 stycznia: **Święto Trzech Króli** (Epifania)
- wiosna (święto ruchome): **Niedziela i Poniedziałek Wielkanocny** (Pasqua)
- 25 kwietnia: **Dzień Wyzwolenia** (Festa della Liberazione)
- 1 maja: **Dzień Pracy** (Festa del Lavoro)
- 15 sierpnia: **Wniebowzięcie NMP** (Ferragosto)
- 1 listopada: **Wszystkich Świętych** (Ognisanti)
- 8 grudnia: **Święto Niepokalanego Poczęcia** (L'Immacolata concezione)
- 25–26 grudnia: **Boże Narodzenie** (Natale)

Drogi. W północnych Włoszech dróg jest sporo i w przeważającej większości są one dobrze utrzymane i bezpieczne. Problematyczne mogą być jedynie wąskie górskie trasy.

Włoskie drogi można podzielić na drogi krajowe, których szczególnym rodzajem są drogi szybkiego ruchu, i na autostrady. Te są prywatne i płatne. Opłaty za autostrady są różne, ich wysokość zależy zarówno od konkretnego odcinka, jak i od liczby przejechanych przez nas kilometrów (im więcej, tym opłata za kilometr niższa; orientacyjnie cena zmniejsza się o ok. 1 EUR za każde kolejne 15 km). Nie należy wjeżdżać w bramkę Tele Pass, gdyż przeznaczona jest jedynie dla osób ze specjalną, wykupioną wcześniej kartą. Wzdłuż całego wybrzeża Adriatyku ciągnie się autostrada A14 i krajowa SS16.

Elektryczność. Z elektrycznością nie ma żadnych problemów, także na kempingach. Napięcie wynosi 220 V (funkcjonują również urządzenia wymagające 240 V). Kłopot mogą sprawić jedynie niektóre kontakty na wtyczki

o innym, bliższym rozstawie bolców. W sklepach elektrycznych dostępne są specjalne wtyczki, które niwelują tę różnicę.

Informacja turystyczna. W większości miast we Włoszech działają biura informacji turystycznej. Zazwyczaj są to biura agencji APT, IAT lub Pro Loco. W większych miastach jest ich na ogół kilka, przeważnie znajdują się w centrum, najczęściej na głównym placu, a także przy dworcach kolejowych i lotniskach. Na ogół nie ma problemu z ich znalezieniem, w czym pomaga dość dobre oznaczenie (zwykle biała litera „i" na niebieskim tle). Biura informacji znajdziemy także w parkach narodowych i regionalnych, najczęściej w pobliżu miejsc piknikowych.

Zwiedzanie warto rozpocząć właśnie od odwiedzenia takiego punktu – dowiemy się tam, które obiekty są szczególnie godne zobaczenia, a także dostaniemy – zwykle darmowy – plan miasta oraz dokładne informacje o miejscach noclegowych i odbywających się w pobliżu imprezach kulturalnych. Biura informacji turystycznej przeważnie są bardzo dobrze zaopatrzone, a czasem organizują spacery tematyczne po mieście, a w parkach narodowych wycieczki piesze i rowerowe.

W większych miastach zazwyczaj nie ma problemów z porozumiewaniem, gdyż pracownicy informacji lepiej lub gorzej mówią po angielsku, w mniejszych miejscowościach może być różnie, choć nie jest to regułą i zależy po prostu od konkretnej osoby.

Biura informacji turystycznej czynne są codziennie, z wyjątkiem niedziel (w miastach, gdzie turystów jest dużo, bywają otwarte także wtedy), przeważnie w godzinach 9.00–19.00, ale latem mogą działać nawet do 22.00 czy 23.00. Trzeba też pamiętać, że (jak prawie wszystko we Włoszech) zamknięte są w czasie sjesty (ok. 12.30–14.30). W niektórych miejscowościach działają one jedynie od maja do października.

Internet. We włoskich miastach nietrudno znaleźć kafejki internetowe zwane „Internet Point". Koszty korzystania z nich są jednak dosyć wysokie: ok. 3–4 EUR/godz. W niektórych kawiarniach, hotelach, a także w przestrzeniach miejskich, najczęściej parkach czy na placach, działają hotspoty. Na przykład w Mediolanie dostępna jest usługa Open Wi-Fi Milano, czyli darmowy dostęp do internetu w wielu miejscach, głównie w historycznym centrum miasta, a także usługa Free Wi-Fi indoor, zapewniająca bezpłatny internet w wielu budynkach publicznych, np. bibliotekach, muzeach (szczegóły: www.turismo.milano.it)

Napiwki. Włosi przeważnie nie dają napiwków, a jeżeli już to robią, są to większe kwoty (5–10 EUR). Jeżeli ktoś zostawia 1–2 EUR napiwku, to właśnie zagraniczni turyści, choć Włosi czasem, szczególnie w barach, zostawiają resztę. Napiwek nie jest w zwyczaju dlatego, że w cenę posiłku przeważnie wliczone jest tzw. nakrycie (*coperto*), czyli ustalona kwota (2–3 EUR, informacja o tym zwykle umieszczona jest na dole menu) od każdej obsługiwanej osoby.

Niepełnosprawni. Włochy wciąż nie są krajem całkowicie przyjaznym niepełnosprawnym, ale sytuacja z roku na rok się poprawia. Na parkingach dla niepełnosprawnych przeznacza się zwykle sporo miejsc (oznaczonych żółtymi liniami). Na poczcie i w urzędach są najczęściej specjalne podjazdy, podobnie jak w dużych i ważnych muzeach.

Obyczaje. Włosi są bardziej swobodni, bezpośredni w kontaktach i bezproblemowi niż wiele innych nacji. Nie ma tu specjalnych reguł zachowania i jeśli coś może ich zaniepokoić w kontaktach z turystami to zbytnie spięcie i formalizm. Wystarczy zatem się uśmiechać i być sympatycznym. Czasem zdarza się, że lekarz, policjant, urzędnik czy sklepowa, coś tłumacząc, wezmą nas pod ramię albo poklepią po plecach. Nie należy się temu dziwić ani obrażać – Włosi mają inne podejście do dotyku i przestrzeni osobistej niż Polacy. Szybciej przechodzą również na „ty".

Uwaga! Do kościołów nie są wpuszczane osoby z odkrytymi ramionami lub w zbyt krótkich spódniczkach i spodenkach, warto mieć przy sobie chustę lub koszulę, którą można się w razie potrzeby okryć. Wchodząc do kościoła, należy również wyłączyć telefon komórkowy. Często w muzeach i kościołach zabronione jest robienie zdjęć (lub jedynie zdjęć z fleszem), o czym informują tabliczki przed wejściem.

Palenie. Włochy nie są krajem sprzyjającym palaczom. Papierosy są tu drogie, paczka kosztuje ok. 5 EUR. Uwaga! We włoskich restauracjach, barach i kawiarniach obowiązuje całkowity zakaz palenia. Chcąc zapalić, trzeba wyjść przed lokal. Zakaz palenia obejmuje

także pociągi, gdzie nie ma w ogóle przedziałów dla palących. Jedynym udogodnieniem są automaty z papierosami przy większych ulicach, najczęściej w sąsiedztwie kiosku (*tabaccaio* lub *tabaccheria*), gdzie można zaopatrzyć się w papierosy w normalnych cenach w nocy, jako że całodobowe sklepy tu praktycznie nie funkcjonują.

Paliwo. Nie ma problemu ze znalezieniem stacji benzynowych, gdzie można zatankować zarówno benzynę czy ropę, jak i gaz. Otwarte są one przeważnie w godzinach 7.00–12.30 oraz 15.00–20.00, choć zdarzają się i takie, które działają bez przerwy. Oprócz tego we Włoszech funkcjonują całodobowe samoobsługowe stacje benzynowe – płaci się tam gotówką, tylko czasami dopuszczalna jest płatność kartą.

Ceny paliwa zmieniają się z dnia na dzień, obecnie za benzynę trzeba zapłacić ok. 1,60 EUR, a za olej napędowy (*gasolio*) ok. 1,50 EUR.

Pamiątki. Włochy są niezwykle barwnym i zróżnicowanym krajem. Właściwie każde miasteczko ma coś, czym może pochwalić się przed resztą świata. Często są to lokalne produkty i wyroby tradycyjnego rzemiosła, ciągle tu żywego. Nie można też zapomnieć o wyśmienitych wytworach lokalnych winnic.

Parkingi. W większych miastach często znajdziemy duże, wielopoziomowe parkingi, przeważnie płatne. Jest też trochę sporych parkingów darmowych. Czasem niestety, mimo że miejsce postojowe jest bezpłatne, zdarza się, że pilnuje go samozwańczy ochroniarz, strzegący samochodów przed… sobą samym. Jeżeli się mu nie zapłaci, może coś zniszczyć. Na ulicach i na placach parkingowych obowiązują kolorowe oznaczenia: **białe linie** oznaczają parking darmowy, **niebieskie linie** – parking płatny. Żeby skorzystać z tego drugiego, trzeba wykupić kartę postojową i zostawić ją w widocznym miejscu, za niedopełnienie tego obowiązku grożą dość wysokie kary (od 50 EUR). Karty postojowe można kupić w stojących wzdłuż ulicy automatach, które przyjmują przeważnie jedynie monety. Ceny są różne (1–3 EUR/godz.) i zależą od długości postoju i od miejsca; na każdym automacie podana jest informacja o minimalnym czasie postoju. Karty postojowe można także kupić w kiosku (*tabaccaio*) i w barze; przypominają one zdrapki, na których trzeba zaznaczyć godzinę. Często przy niebieskich

liniach i na znakach drogowych znajdują się informacje o godzinach obowiązywania płatnego parkingu. Warto zwrócić na nie uwagę, bo po określonej godzinie nie trzeba płacić, a w niektóre dni w pewnych miejscach nie wolno parkować. **Linie żółte** oznaczają parking dla niepełnosprawnych; nie wolno z niego korzystać, nie posiadając specjalnych uprawnień.

Pieniądze. Obowiązującą walutą we Włoszech jest euro (EUR). Wybierając się w podróż do tego kraju, najlepiej nie liczyć na możliwość wymiany gotówki na miejscu i zaopatrzyć się w euro już w Polsce. We Włoszech kantory można znaleźć zwykle na dużych dworcach głównych miast, na lotniskach i w okolicach portów, ale pieniądze wymienia się raczej w bankach. W większych placówkach zazwyczaj nie ma problemu z wymianą polskich złotych. Oczywiście można wypłacić euro z bankomatu, wiąże się to jednak czasem z dodatkowymi kosztami (prowizja). Z płatnością kartą nie ma problemu w kasach dworcowych, supermarketach, hotelach i restauracjach, szczególnie tych większych, ale na kwaterach i w B&B, mniejszych kempingach i kawiarniach może być to utrudnione.

Wwieźć i wywieźć z Włoch w gotówce można do 10 tys. EUR.

Poczta. Poczta (*ufficio postale, posta*) oznaczona jest niebieskimi literami PT (lub napisem „Poste Italiane") na żółtym tle. Główne urzędy pocztowe są zazwyczaj czynne od poniedziałku do piątku w godzinach 8.00–19.00 z przerwą na obiad (12.30–15.30), mniejsze zamykane są zazwyczaj koło 12.30. Można tu nadawać przesyłki (cena zależy od wagi i rodzaju listu; warto zdecydować się na priorytet), ale znaczki na widokówki lepiej nabyć w tabaccheriach niż w urzędach pocztowych, gdzie często jest duża kolejka. Przy większości placówek pocztowych znajdują się bankomaty Banco Posta.

Policja i karabinierzy. We Włoszech możemy spotkać się z kilkoma służbami porządkowymi, zwykle są to *polizia* (policja) albo *carabinieri* (żandarmeria pełniąca wiele funkcji policyjnych). Zdarza się, że w mniejszych miejscowościach jest tylko posterunek *carabinieri*.

Pomoc w nagłych wypadkach i opieka medyczna. Udając się do lekarza, trzeba zabrać dokument potwierdzający fakt ubezpieczenia. W przypadku niegroźnych dolegliwości należy się we Włoszech zwrócić do lekarza (*medico*), którego można znaleźć w każdej miejscowości (o to, gdzie jest przychodnia, punkt medyczny itp., najlepiej zapytać miejscowych – policjanta, gospodarza kwatery, obsługę hostelu). W przypadku poważnych problemów udajemy się do szpitala (*ospedale*), przy którym działa pogotowie ratunkowe (*pronto soccorso*). Czasem możemy się też spotkać, szczególnie latem w miejscowościach turystycznych, z przeznaczoną właśnie dla turystów *guardia medica turistica* lub *guardia medica estiva*. Również pracownicy aptek (*farmacia*) chętnie służą radą. W razie potrzeby wzywa się karetkę (*ambulanza*), dzwoniąc pod numer **113**.

Przepisy drogowe. Polskie prawo jazdy jest uznawane także we Włoszech. Apteczka nie jest wymagana, obowiązkowy jest za to trójkąt bezpieczeństwa i kamizelka odblaskowa, którą należy włożyć przy każdorazowym wyjściu z samochodu poza miejscem parkingowym. Za miastem należy mieć zawsze włączone światła.

W terenie zabudowanym obowiązuje ograniczenie prędkości do 50 km/godz., na drodze krajowej do 70 km/godz., na drodze szybkiego ruchu do 90 km/godz. Na autostradzie maksymalna prędkość to 130 km/godz. Trzeba uważać, by nie przekraczać dozwolonych limitów, gdyż bardzo łatwo dostać mandat. Zainstalowano bardzo dużo radarów (*auto-velox*) i system Tutor, który mierzy średnią prędkość pojazdu co ok. 10 km, ustalając w ten sposób, czy nie łamie on przepisów. Kary za zbyt szybką jazdę są wysokie – dochodzą do 3200 EUR.

Dopuszczalny poziom alkoholu we krwi to 0,5 ‰. Zgodnie z prawem w każdym barze powinna znajdować się tabelka przeliczeniowa, ale różnie z tym bywa. Lepiej nie siadać w ogóle za kierownicę po spożyciu alkoholu, bo w razie zatrzymania można zostać nawet aresztowanym.

W mieście przed wjazdem w uliczkę należy sprawdzić, czy nie znajduje się tam znak ZTL (*zone a trafico limitato*), co oznacza obszar o ograniczonym dostępie, na który mogą wjeżdżać tylko mieszkańcy i osoby ze specjalnym pozwoleniem.

Włosi, szczególnie w dużych miastach, są kierowcami dość – łagodnie rzecz ujmując – brawurowymi.

Rozrywka. Włochy są krajem, który dużo inwestuje w swoją kulturę. Nawet w najmniejszych miasteczkach organizowanych jest mnóstwo festiwali, spotkań, imprez, koncertów, spektakli. W wielu miastach często barwnie obchodzone jest święto patrona. W miastach nie ma też problemu ze znalezieniem kina czy teatru. Bilet do kina kosztuje ok. 8 EUR, zwyczajowo tańszy jest w środę (ok. 6 EUR). Niestety, filmy przeważnie są dubbingowane, więc nie znając włoskiego, możemy mieć problem. Bilet do teatru kosztuje powyżej 20 EUR; osobom do 26. roku życia przysługują zniżki, czasem tańsze są miejsca stojące. Wizyta w operze to już wydatek rzędu kilkudziesięciu euro.

Telefon. Numer kierunkowy do Włoch to **+39**, a do Polski **+48**. Przy połączeniach międzymiastowych zasady dzwonienia są takie same jak w Polsce, tzn. wybiera się numer kierunkowy miasta i numer abonenta. Dzwoniąc do Polski na numer komórkowy, wybieramy +48 i od razu numer właściciela komórki. Tak samo postępujemy przy wysyłaniu SMS-ów. Od VI 2017 r. obowiązuje zasada „W Unii jak w domu", czyli za rozmowy, SMS-y, MMS-y płacimy według stawek obowiązujących u naszego operatora w Polsce. Odebranie telefonu, SMS-a, MMS-a w Unii Europejskiej, a więc i we Włoszech, jest bezpłatne.

Ważne numery alarmowe

policja – 113
karabinierzy – 112
straż pożarna –115
pomoc drogowa – 116
pogotowie ratunkowe – 118

Woda. We Włoszech woda z kranu nadaje się do picia. W większości miast na uliczkach i w parkach zobaczymy niewielkie fontanny z kranikiem, z których można zaczerpnąć wody. Jeśli nie jest zdatna do picia, będzie nas o tym ostrzegać tabliczka z napisem *„aqua non potabile"*.

Wypożyczalnie samochodów. We Włoszech można skorzystać z usług np. sieciowych wypożyczalni, m.in. Maggiore czy Avis. Sporo ich biur pośrednictwa znajdziemy na lotniskach. By móc wypożyczyć samochód, trzeba mieć ukończone 21 lat, pokazać prawo jazdy i kartę kredytową (nie wystarczy zwykła karta płatnicza).

Można też wypożyczyć motorower lub skuter – bardzo popularny we Włoszech środek transportu; orientacyjna cena to 40–50 EUR za dzień.

Zabytki, muzea, galerie. Zabytki we Włoszech są naprawdę wszędzie, nawet w najmniejszych miejscowościach. Nie bez powodu kraj ma opinię jednego wielkiego muzeum pod gołym niebem. Wiele arcydzieł malarskich o światowej renomie ciągle znajduje się w kościołach. Trzeba jednak pamiętać, że kościoły w godzinach 13.00–15.00 są zamykane.

Muzea otwarte są przeważnie od wtorku do niedzieli, czasem też już w poniedziałek po południu. Godziny otwarcia bywają przeważnie inne w zimie niż w lecie (wtedy najczęściej dłuższe), często do 19.00, a jeden dzień w tygodniu do 22.00. W placówkach kulturalnych zwykle obowiązuje też popołudniowa przerwa. W niektórych miejscowościach, szczególnie tych odwiedzanych głównie latem, poza sezonem muzea mogą być otwarte tylko przez dwa, trzy dni w tygodniu. Stanowiska archeologiczne zamykane są z reguły po zmroku.

Czasami, np. podczas „tygodnia kultury" (*settimana della cultura*), wstęp do zwykle płatnych muzeów jest darmowy.

Zagrożenia. Włochy są dość bezpiecznym krajem, trzeba jednak uważać na kieszonkowców, szczególnie w zatłoczonych miejscach, jak autobus czy metro. W zaparkowanym samochodzie nie należy zostawiać w widocznym miejscu torebek, bagaży czy wartościowych rzeczy. Torebkę lepiej nosić przewieszoną przez ramię, szczególnie w bardziej turystycznych miejscach. Włoscy złodzieje mają swoje specjalności, np. wyrywanie torebek z jadącego skutera. Nie należy też wyprawiać się samotnie nocą na przedmieścia dużych miast, ale ta reguła odnosi się nie tylko do Włoch.

Na plaży należy unikać przegrzania, nosić nakrycie głowy i smarować się kremami o wysokim faktorze, by uniknąć oparzeń skóry. Do morza warto wchodzić w butach plażowych (zwykle można je kupić przy plaży; nadepnięcie na jeżowca skutkuje bolesną i trudno gojącą się raną).

Zakupy. Sklepy otwarte są zwykle od poniedziałku do soboty w godzinach 9.00–13.00 i po popołudniowej przerwie od 15.30–20.00. W centrach miast, szczególnie tych obleganych przez turystów, sklepy są czynne także w porze sjesty. Duże centra handlowe otwarte są przez cały tydzień, również w niedzielę, przeważnie od 9.00–22.00. Sklepów całodobowych praktycznie nie ma.

W większości miast w ustalone dni tygodnia, przeważnie na głównym placu, odbywa się targ. Można tam w niższych cenach kupić ubrania i dodatki (zarówno markowe, np. końcówki serii, jak i używane), artykuły gospodarstwa domowego, drobną elektronikę. W dużych miastach każda dzielnica ma taki targ, najczęściej działający codziennie.

Duże sezonowe wyprzedaże (*saldi*) związane z opróżnianiem magazynów są organizowane w sklepach tylko dwa razy do roku: w zimie (od połowy stycznia do połowy lutego) i w lecie (od połowy sierpnia do połowy września). W pierwszy dzień wyprzedaży prawie wszystkie ceny w sklepie obniżane są o 30% lub nawet 50% i mogą się jeszcze sukcesywnie zmniejszać. Natomiast stałe przeceny są w outletach, usytuowanych przeważnie na przedmieściach.

Informacje krajoznawcze

Krajoznawcze ABC

Włochy to kraj, który na stosunkowo niewielkiej powierzchni mieści niezwykłe bogactwo krajobrazów i różnorodność przyrody. Państwo leży w całości na Półwyspie Apenińskim i zajmuje 301 230 km^2. Włoski „but" rozciąga się z północy na południe, od najwyższych gór w Europie – Alp, po basen Morza Śródziemnego. Ponadto w granice kraju wchodzą trzy duże wyspy: Sardynia, Sycylia oraz Elba, a także archipelagi i grupy małych wysepek rozsianych wzdłuż wybrzeża.

Włochy graniczą na zachodzie z Francją, na północy ze Szwajcarią i Austrią, a na wschodzie ze Słowenią. Na obszarze Włoch znajdują się także miniaturowe państwa San Marino i Watykan, tworzące odrębne enklawy. Do Włoch należy też enklawa w Szwajcarii, zwana Campione d'Italia.

KRAJOBRAZY

Największą część Półwyspu Apenińskiego, bo aż 42% stanowią tereny podgórskie, 35% to góry, a jedynie 23% zajmują równiny. Włoskie góry to masyw Alp w północnej części oraz pasmo Apeninów przecinające cały półwysep, od Ligurii aż po Sycylię.

Młodsze od Alp **Apeniny** są niższe i w większości zbudowane z piaskowca i wapienia. Dzielą się na Apeniny Północne, Środkowe i Południowe. Północne Apeniny rozciągają się od Ligurii, gdzie „wyrastają" bezpośrednio z morza, po Adriatyk. Liguryjska część Apeninów charakteryzuje się stromymi, wąskimi graniami przerywanymi głębokimi dolinami rzecznymi. Przebieg rzek tyrreńskich jest południkowy, a rzek adriatyckich – równoleżnikowy. Apeniny Umbrii i Marche charakteryzują się przesunięciem przebiegu łańcucha na wschód, w kierunku Adriatyku, oraz poprzecznym przebiegiem dolin. Cechą wyróżniająca tę część Apeninów są pasma wapienne.

Najwyższy szczyt Europy: Mont Blanc (Monte Bianco, 4807 m n.p.m.), należy do **Alp**. Rozmiary, różnorodność typów skał, bogactwo przyrody i niejednorodność klimatu sprawiły, że góry te do dziś są słabo zurbanizowane. Alpy to jeden z największych terenów występowania lodowców (ich liczba szacowana jest na 2500) w Europie. W wysokich

▼ Włoskie Alpy – Dolina Aosty

partiach gór znajduje się też wiele rozległych jezior. Siedliska ludzkie powstały głównie tam, gdzie możliwa jest uprawa ziemi (zazwyczaj poniżej 1000 m n.p.m.).

Jeziora przedalpejskie z jednej strony otwierają się na Alpy, z drugiej – na obszary równinne. Są to zbiorniki duże i głębokie, a tereny wokół nich stanowią niemal wyizolowane „wyspy" o umiarkowanym i korzystnym klimacie.

Rzeki alpejskie spływają na **Nizinę Padańsko-Wenecką**, która stanowi ok. 1/6 terenu Włoch. Ten równinny teren jest jednolity pod względem wysokości: jego najwyższe punkty znajdują się w Piemoncie (500 m n.p.m.). Nizinę można podzielić na dwie części: część położoną nieco wyżej, suchą i nieurodzajną, ale silnie zurbanizowaną i uprzemysłowioną, oraz usytuowaną nieco niżej krainę rolniczą ze znacznie przekształconym krajobrazem naturalnym (pola uprawne, melioracje, sieć nawadniająca itp.).

Tereny na północ od Emilii-Romanii aż po Zatokę Triesteńską to krajobraz złożony z **lagun** i **delt rzecznych** oddzielonych od morza (to efekt wielowiekowego procesu nanoszenia i erozji materiału podczas przypływów i odpływów). Człowiek próbował chronić istniejące laguny (np. Wenecję) oraz pozyskiwać nowe tereny pod uprawy poprzez meliorację (np. okolice Comacchio).

Włochy północne obmywane są przez wody dwóch mórz, będących częścią Morza Śródziemnego: Morza Liguryjskiego i Adriatyckiego. Ograniczające obszar Włoch północnych od zachodu Morze Liguryjskie zawiera się między Wybrzeżem Liguryjskim i Toskańskim oraz wyspami Elbą i Korsyką. Całe wschodnie wybrzeże kraju oblewane jest przez wody Morza Adriatyckiego.

Wybrzeże adriatyckie jest najbardziej znanym i najchętniej odwiedzanym miejscem podczas wakacji, świetnie przygotowanym dla turystów. Najbardziej na północny wschód wysunięta część wybrzeża to skalista linia brzegowa triesteńska i istryjska. Dalej dominuje krajobraz delt i lagun.

Rzesze turystów przyciąga również Wybrzeże Tyrreńskie, niezwykle malownicze i na wielu odcinkach wciąż dzikie. Jego najładniejszy odcinek północny znajduje się w Ligurii, w części ciągnącej się od zatoki La Spezia na południe jest ono jednak bardziej urozmaicone. W Toskanii, szczególnie w okolicach Maremmy, melioracje doprowadziły do poważnych zmian w ekosystemie i strukturze

▼ Jezioro Como

▲ Plaża w Monterosso – wybrzeże Morza Liguryjskiego

wybrzeża. Krajobraz składa się tu ze wzgórz, skalistych przylądków i piaszczystych lido (wałów przybrzeżnych).

KLIMAT

Półwysep Apeniński jest zróżnicowany pod względem klimatu (od subtropikalnego na Sycylii poprzez umiarkowany i kontynentalny w partiach górskich), co jest skutkiem różnic wysokości, ułożenia łańcuchów górskich oraz bliskości morza. Położenie geograficzne wpływa również na niejednorodność klimatu Włoch – warto pamiętać, że w górach rocznie spada więcej śniegu niż na Syberii, łagodnym klimatem cieszą się natomiast obszary nadmorskie. Innymi słowy: klimat ostrzejszy charakteryzuje część Włoch wrzynającą się w kontynent oraz Nizinę Padańską, a części obmywane przez morza mają klimat śródziemnomorski.

Najwyższe średnie temperatury w północnej części Włoch notowane są w Umbrii i Toskanii: pomiędzy 26–28°C. Niemniej

▲ Orzeł przedni

letnie miesiące są na całym obszarze Włoch północnych bardzo ciepłe, ze średnią temperaturą nie niższą niż 22°C (poza wysokimi partiami Alp i Apeninów).

PRZYRODA

Włoskie fauna i flora, należące do najciekawszych w Europie, swoją niezwykłą różnorodność zawdzięczają geograficznemu i klimatycznemu zróżnicowaniu terenów Półwyspu Apenińskiego.

Fauna

Według szacunków włoskiego Ministerstwa Środowiska, na Półwyspie Apenińskim żyje około 57,5 tys. gatunków zwierząt (1/3 fauny europejskiej). Większość z nich zasiedla liczne parki narodowe i inne obszary chronione.

Około 18% włoskich gatunków **bezkręgowców** to endemity (gatunki unikatowe dla danego obszaru i niewystępujące naturalnie w innych miejscach), zaś żyjące na Półwyspie Apenińskim motyle stanowią 2/3 wszystkich gatunków europejskich.

Na obszarze Włoch spotkamy ok. 40 gatunków **płazów** i 55 gatunków **gadów**. Żyje tu np. kilka gatunków salamander, m.in. salamandra plamista (wł. *salamandra pezzata*) oraz salamandra czarna (*salamandra nera*) w Alpach i salamandra okularowa (*salamandrina terdigitata*) w Apeninach. Na kempingu czy hotelowym tarasie czasem przemknie nam między nogami jaszczurka – na Półwyspie Apenińskim występuje wiele gatunków tych małych gadów. Na terenach kamienistych, w winnicach i na murach najłatwiej spotkać jaszczurkę murową (*lucertola muraiola*), w Polsce bardzo rzadką.

We Włoszech żyje też sporo gatunków węży. Wśród tutejszych żmij (jadowitych!) najbardziej powszechne są żmija żebrowana (*aspide*) i żmija zygzakowata (*marasso*), spotykana częściej na obszarach południowych, ale także w okolicach Padu. Również jadowitym, ale niezagrażającym człowiekowi gatunkiem jest żyjący przy wybrzeżu Adriatyku wąż koci (*serpente gatto*), nazywany tak ze względu na sposób, w jaki poluje, podkradając się, a następnie rzucając przednią częścią ciała na ofiarę.

Włoska ornitofauna reprezentowana jest przez 473 gatunki. Na alpejskich zboczach gnieździ się niewielki płochacz halny (*sordone*), zamieszkujący wysokości ponad 2000 m n.p.m. W Polsce spotykany jest on sporadycznie w Tatrach, natomiast w Alpach jest to jeden z częściej obserwowanych **ptaków**, obok siwerniaka (*spioncello*) i innego niewielkich rozmiarów ptaszka – kopciuszka (*codirosso spazzacamino*). Często spotyka się w Alpach wieszczka (*gracchio alpino*) z rodziny krukowatych, a także pardwę górską (*pernice bianca*), niewielkiego ptaka, którego zimowe upierzenie jest białe z wyjątkiem czarnego ogona.

Wśród ptaków drapieżnych trzeba wymienić przede wszystkim orła przedniego (*aquila reale*), żyjącego głównie na terenie górskich parków narodowych, a także myszołowa (*poiana*), pustułkę (*gheppio*), jastrzębia (*astore*) i krogulca (*sparivere*). Dość powszechny jest sokół wędrowny (*falco pellegrino*), który swoje gniazda buduje także w miastach, na dachach kościołów i dzwonnic. Orłosęp (*gipeto*) to gatunek dużego padlinożernego ptaka, prawie całkowicie wymarłego na początku XX w., który niedawno został wtórnie wprowadzony w parkach narodowych regionów alpejskich. Z nadmorskich ptaków najliczniejsze są mewy (*gabbiano*).

Powszechnie spotyka się we Włoszech dudki (*upupa*), które w kulturze ludowej postrzegane były jako ptaki przynoszące nieszczęście, kosy (*merlo*) i czyżyki (*lucherino eurasiatico*). Bogato reprezentowane są także ptaki nocne, wśród których wymienić można zamieszkującą przede wszystkim obszary alpejskie sowę włochatą (*civetta capogrosso*).

Równie licznie na Półwyspie Apenińskim reprezentowane są **ssaki**. We Włoszech można spotkać wszystkie (ok. 30) gatunki europejskich nietoperzy. W Alpach, a zwłaszcza w ich wschodniej i centralnej części, żyją niedźwiedź brunatny (*orso bruno*), kozica alpejska (*camoscio alpino*), jeleń szlachetny (*cervo nobile*), ryś (*lince*), a także wilki (*lupo*), w tym rzadki wilk apeniński (italijski; *lupo appenninico*). Na terenie Parku Narodowego Gran Paradiso, na pograniczu Doliny Aosty i Piemontu, żyje koziorożec alpejski, znany także jako kozioł skalny (*stambeccho*), zamieszkujący na wysokości 2000–3000 m n.p.m. Na górskich obszarach regionów Wenecji Euganejskiej i Friuli-Wenecji Julijskiej bytuje szakal złocisty (*sciacallo dorato*). Północne i środkowe Apeniny oraz Prealpy zasiedlają muflony (*muflone*). Natomiast na obszarze makii śródziemnomorskiej spotkamy m.in. jeżozwierze (*istrice*). W wielu parkach i rezerwatach żyją daniele (*daino*) i sarny (*capriolo*)

▼ Koziorożec alpejski

oraz żbiki (*gatto selvatico*). Ponadto można się dość powszechnie natknąć na dziki, lisy, jeże, popielice, wiewiórki, borsuki, kuny i łasice.

W słodkich wodach żyje około 170 gatunków mięczaków i 700 gatunków skorupiaków. Bogaty jest także tutejszy atlas **ryb słodkowodnych**, wśród których trzeba wymienić okonia (*persico*), pstrąga (*trota*) i węgorza (*anguilla*). W wodach morskich żyje wiele gatunków ryb, jak sardele (*acciuga*), sardynki (*sardina*), makrele (*sgombro*) i tuńczyki (*tonno*), ciągle odławiane na sprzedaż. W wodach Morza Śródziemnego nie brak również skorupiaków: różnych gatunków krabów (*brachyura*, *granchio*), małży – takich jak omułek jadalny (*cozza*) i gatunki popularnie określane jako *vongole*, oraz krewetek (*caridea*, *gambero*). Na całym jego obszarze występują też ośmiornica zwyczajna (*polpo comune*) oraz mątwa (*seppia*) nadająca potrawom z nią w składzie czarny kolor. Oczywiście wszystkie one zajmują ważne miejsce we włoskiej kuchni.

Flora

Różnorodność włoskiej flory to skutek zarówno zróżnicowania geograficznego Półwyspu Apenińskiego, jak i długotrwałej ingerencji człowieka w środowisko naturalne, zapoczątkowanej jeszcze w czasach antycznych.

Szata roślinna Alp jako jedna z niewielu we Włoszech (i w Europie) nosi znikome ślady wpływu człowieka. W niższych partiach tych gór zobaczymy dęby i drzewa oliwne, nieco wyższe rejony porastają lasy bukowo-jodłowe, świerki, sosny i modrzewie; wyżej występuje kosodrzewina. Zbocza Apeninów zdominowały lasy bukowe (*faggeta*) i świerkowe. Z kolei szata roślinna Niziny Padańskiej została silnie przekształcona przez człowieka i zdominowana przez rośliny uprawne.

Wybrzeża, a także położone bardziej na południe regiony, jak Toskania czy część regionu Marche, porasta śródziemnomorska formacja roślinna zwana **makią**. Powstała ona na miejscu rosnących niegdyś w tej części Półwyspu Apenińskiego gęstych dębowych lasów, wyciętych w dużej mierze przez Rzymian. Składają się na nią dęby ostrolistne (*leccio*) i korkowe (*quercia da sughero*), drzewa świętojańskie (*carrubo*), jesiony (*ornello*) oraz liczne krzewy, takie jak: chruścina (*corbezzolo*), jałowiec (*ginepro*), tamaryszek (*tamerice*), wrzosiec (*erica*), lawenda

▼ Gaj oliwny

INFORMACJE KRAJOZNAWCZE | KRAJOZNAWCZE ABC

▲ Pole lawendy

(*levanda*), trujący wilczomlecz drzewiasty (*euforbia arborea*), a także używane w śródziemnomorskiej kuchni wawrzyn (*alloro*) i kapar (*cappero*). Kuchnia ta korzysta również z dobrodziejstw niektórych roślin aromatycznych, które latem wypełniają włoskie pola intensywnym zapachem. Są to m.in. rozmaryn (*rosmarino*), mirt (*mirto*), bazylia (*basilico*) oraz szałwia (*salvia*) i tymianek (*timo*). Na glebach wapiennych makia zamienia się w tzw. garig, niskopienną formację, w której dominuje wrzos i mirt.

Włoskie wybrzeża porastają sosny alepskie (*pino d'alepo*) i pinie (*pino*) o rozłożystych koronach, których jadalne owoce często używane są w kuchni włoskiej, np. do produkcji różnych typów *pesto* i do deserów. Z włoskimi pejzażami, zwłaszcza toskańskimi, kojarzą się cyprysy (*cipressi*), które są także popularnymi drzewami cmentarnymi.

Ochrona przyrody

We Włoszech, gdzie środowisko naturalne stanowi nie mniejsze bogactwo niż dobra kultury, przyroda chroniona jest w 24 parkach narodowych (*parchi nazionali*), 130 regionalnych i międzyregionalnych parkach naturalnych (*parchi naturali regionali e interregionali*) oraz 420 rezerwatach (*riserva naturali*). Ochroną objęte są też obszary wilgotne (*zone umide*), czyli zbiorniki i cieki wodne, oraz obszary morskie (*aree marine*). Listę zamykają tzw. inne obszary chronione (*altre aree naturali protette*), do których zalicza się oazy WWF (World Wildlife Fund for Nature – organizacja ekologiczna zajmująca się również edukacją) i LIPU (Lega Italiana Protezione Uccelli, Włoska Liga Ochrony Ptaków), a także pomniki przyrody.

Parki narodowe Włoch północnych to PN Gran Paradiso („Wielki Raj") w Dolinie Aosty, PN Val Grande w Piemoncie, PN Cinque Terre w Ligurii, PN Dolomiti Bellunesi w Wenecji Euganejskiej oraz PN Stelvio w alpejskich dolinach Lombardii i Trydentu-Górnej Adygi. Na terenie regionu Marche rozciąga się PN Monti Sibilini. Na obszarach Apeninów należących do regionów Emilia-Romania i Toskania znajdują się: PN Apenino Tosco-Romano oraz PN Foreste Casentinesi, Monte Falterona e Campigna. Natomiast PN Archipelago Toscano obejmuje obszar wysp Archipelagu Toskańskiego (Elba, Capraia, Gorgona i in.).

Kalendarium historyczne

1. poł. III tysiąclecia p.n.e. – W północno-zachodniej części Italii zamieszkują Liguro-wie; powstają pierwsze osady; rozwija się hodowla bydła.
połowa II tysiąclecia p.n.e. – Na teren Italii przybywają indoeuropejskie plemiona o nazwie Italikowie; rozwija się rolnictwo.
ok. 1000 p.n.e. – Etruskowie zasiedlają Etrurię (tereny dzisiejszej Toskanii).
753 p.n.e. – Założenie Rzymu.
509 p.n.e. – Państwo rzymskie staje się republiką.
27 p.n.e. – Powstaje Cesarstwo Rzymskie; pierwszym cesarzem zostaje Oktawian August.
III i IV w. – Rzym zaczyna słabnąć; w jego granicach coraz częściej pojawiają się plemiona barbarzyńskie.
313 – Konstantyn Wielki wydaje edykt mediolański, zapewniający wolność wyznania chrześcijanom.
395 – Podział Cesarstwa Rzymskiego na wschodnie ze stolicą w Konstantynopolu i zachodnie ze stolicą w Rzymie.
452–455 – Najazd Hunów pod wodzą Attyli na północną Italię, splądrowanie Rzymu przez Wandalów.
476 – Obalenie cesarza zachodniorzymskiego Romulusa Augustulusa przez wodza germańskiego Odoakra; upadek cesarstwa zachodniorzymskiego.
493 – Wódz Ostrogotów Teodoryk Wielki zajmuje całą Italię.
568 – Italię północną podbijają Longobardowie i zakładają państwo ze stolicą w Pawii.
800 – Frankowie włączają do swojego państwa całe Włochy z wyjątkiem Państwa Kościelnego i Księstwa Benewentu (na południu); papież koronuje Karola Wielkiego na cesarza rzymskiego.
IX w. – Chaos polityczny skutkuje powstawaniem samodzielnych miast-państw o znakomicie rozwiniętej gospodarce i wysokiej kulturze (m.in. Mediolan, Genua, Wenecja, Florencja).
961 – Król niemiecki Otton koronuje się w Mediolanie na króla Włoch, a rok później przyjmuje z rąk papieża Jana XII koronę cesarską w Bazylice św. Piotra w Rzymie.
1076–1122 – Tzw. spór o inwestyturę między papiestwem a cesarstwem.
1088 – W Bolonii powstaje pierwszy uniwersytet w Europie.
1167 – Powstaje Liga Lombardzka pod wodzą Mediolanu, by chronić miasta północnych Włoch przed cesarzem niemieckim Fryderykiem Barbarossą.
1176 – Liga zwycięża wojska cesarza w bitwie pod Legnano.
XIII–XV w. – Prężnie rozwijają się miasta północnych Włoch; najsilniejszą pozycję osiąga Mediolan władający sporą częścią Lombardii, kontrolująca handel ze wschodem i utrzymująca swą przewagę na morzu Genua, przygotowująca się do przejęcia kontroli nad wodami Morza Śródziemnego Wenecja i stale bogacąca się ojczyzna bankierów – Florencja.
XIV w. – We Włoszech rodzi się renesans.
1378–1417 – Wielka schizma zachodnia.
1380 – Flota wenecka rozbija flotę genueńską w pobliżu miasta Chioggia; koniec dominacji Genueńczyków we wschodniej części Morza Śródziemnego.

1434 – Początek rządów Medyceuszy we Florencji.
1494–99 – Spór o Neapol i wybuch tzw. wojen włoskich pomiędzy Francją a Hiszpanią.
1530 – Papież Klemens VII koronuje w Bolonii Karola V Habsburga na króla Włoch.
1559 – Pokój w Cateau-Cambrésis kończy wojny francusko-hiszpańskie o Włochy i potwierdza dominację hiszpańską.
1735 – Toskania dostaje się w ręce dynastii habsbursko-lotaryńskiej.
2. poł. XVIII w. – Włochy odradzają się gospodarczo.
1796–97 – Kampania włoska Napoleona kończy się pokojem w Campo Formio, Francuzi wypierają Austriaków z północnych Włoch, następnie zajmują Piemont oraz Toskanię.
1804 – Napoleon tworzy Królestwo Włoch i ogłasza się jego królem; Piemont, Liguria i Toskania zostają przyłączone do Francji.
1815 – Kongres wiedeński przywraca układ sił sprzed rewolucji francuskiej; Królestwem Piemontu włada dynastia sabaudzka, Austria otrzymuje Lombardię i Wenecję, Habsburgowie rządzą w księstwach Toskanii i Modeny.
1831 – Giuseppe Mazzini zakłada ruch „Młode Włochy" dążący do zjednoczenia narodu (*risorgimento*).
1848 – Wiosna Ludów; powstańcy usuwają władców Toskanii, Parmy i Modeny.
1849 – Austriacy zwyciężają w bitwach pod Custozą i Novarą, zajmują Mediolan i Toskanię.
1858 – Premier Piemontu i Sardynii Cavour sprzymierza się z Napoleonem III przeciwko Austrii.
1859 – Austria ponosi klęskę w bitwach pod Magentą i Solferino.
18 lutego 1861 – Parlament Królestwa Piemontu i Sardynii zostaje przekształcony w parlament ogólnowłoski.
17 marca 1861 – Proklamowanie Królestwa Włoch z Wiktorem Emanuelem II na czele i ze stolicą w Turynie.
1865 – Przeniesienie stolicy Włoch do Florencji.
1866 – Wojna austriacko-pruska i zajęcie przez Włochów Wenecji po klęsce Austrii w bitwie pod Sadową.
1871 – Przeniesienie stolicy Królestwa Włoch z Florencji do Rzymu.
lata 80. XIX w. – Ekspansja kolonialna Włoch w Abisynii (Etiopii) i Erytrei.
1882 – Włochy sprzymierzają się z Niemcami i Austro-Węgrami przeciwko Rosji i Francji.
1915 – Włochy przystępują do wojny po stronie ententy i przeciwko swoim dotychczasowym sprzymierzeńcom.
1918 – Traktat wersalski przyznaje Włochom Triest, Gorycję i Trydent.
1921 – Organizacja Fasci di Combattimento Benita Mussoliniego przekształca się w Narodową Partię Faszystowską.
1922 – Tzw. marsz na Rzym i faszystowski zamach stanu; Mussolini zostaje premierem.
1924 – Zwycięstwo partii faszystowskiej w wyborach i likwidacja opozycji.
1937 – Włochy przystępują do paktu antykominternowskiego i występują z Ligi Narodów.
1939 – Włochy anektują Albanię i zawierają sojusz wojskowy z Niemcami (tzw. pakt stalowy).
1940 – Po okresie początkowej neutralności Włochy wypowiadają wojnę Francji; zawierają z Niemcami i Japonią tzw. pakt trzech (pakt berliński); atakują Grecję i Jugosławię.

1943 – Mussolini staje na czele Włoskiej Republiki Socjalnej, zwanej również Republiką Salò; Włochy północne znajdują się pod okupacją hitlerowską (południowe pod władzą aliantów).

1945 – Rozstrzelanie Mussoliniego; kapitulacja Niemiec.

1946 – Zniesienie monarchii (w wyniku plebiscytu) i wprowadzenie republiki.

1949 – Wejście Włoch do NATO.

▲ Benito Mussolini z synami Brunem (z lewej) i Vittoriem (z prawej), Villa Torlonia (1935)

1951 – Włochy wraz z pięcioma innymi państwami zakładają Europejską Wspólnotę Węgla i Stali – zalążek dzisiejszej Unii Europejskiej.

1955 – Przystąpienie Włoch do ONZ.

1957 – Założenie (wraz z pięcioma innymi państwami) Europejskiej Wspólnoty Gospodarczej.

1968 – Fala protestów Włochów przeciwko brakowi zabezpieczeń socjalnych, nierówności między miastem a wsią oraz gospodarczemu zacofaniu Południa.

1978 – Porwanie i zamordowanie premiera Włoch Aldo Moro przez Czerwone Brygady.

1978 – Urząd prezydenta po raz pierwszy obejmuje socjalista, Sandro Pertini.

1980 – Neofaszystowski zamach bombowy na dworcu w Bolonii – ginie 85 osób, a ponad 200 zostaje rannych.

1992 – Śledztwo *mani pulite* („czyste ręce"), które ujawniło afery korupcyjne (wł. *tangentopoli* – „łapówkogród") i powiązania z mafią rządzących polityków z Włoskiej Partii Socjalistycznej i Partii Chrześcijańsko-Demokratycznej.

1994 – W wyborach parlamentarnych zwycięża Sojusz Wolności utworzony przez partie: Naprzód Włochy, Liga Północna i Sojusz Narodowy, a rząd tworzy Silvio Berlusconi.

1996 – Wybory wygrywa koalicja centrolewicowa kierowana przez Romana Prodiego.

1998 – Po upadku rządu Prodiego prezydent Oscar Luigi Scalfaro powierza misję utworzenia rządu Massimowi D'Alemie; po sześciu miesiącach władzę przejmuje nowy rząd na czele z Giulianem Amato.

2001 – Wybory parlamentarne wygrywa Forza Italia kierowana przez Silvia Berlusconiego.

2006 – Po fali krytyki pod adresem rządów Berlusconiego władzę zdobywa koalicja centrolewicowa, premierem zostaje Romano Prodi, a prezydentem Włoch Giorgio Napolitano.

2008 – Rozwiązanie rządu Prodiego; ponownie wybory wygrywa Berlusconi.

2011 – Berlusconi podaje się do dymisji (w 2013 zostaje pozbawiony mandatu senatora); szefem rządu zostaje bezpartyjny Mario Monti.

2013 – Władzę obejmuje Partia Demokratyczna na czele z Enrikiem Lettą.

2014 – Na czele rządu staje Matteo Renzi z Partii Demokratycznej.

Społeczeństwo

LUDNOŚĆ

Włosi stanowią 93% ludności państwa, pozostałe 7% to Sardyńczycy, Friulowie, niemieckojęzyczni Tyrolczycy w regionie Trydent-Górna Adyga, Słoweńcy w okolicach Triestu, Albańczycy w Kalabrii i na Sycylii oraz Francuzi w Dolinie Aosty.

W związku z wejściem nowych państw do Unii Europejskiej, a także od zawsze istniejącym we Włoszech problemem nieszczelnej granicy morskiej, w ciągu ostatnich lat dość poważnie zwiększyła się liczba imigrantów, zarówno tych legalnych, jak i nielegalnych. Jedną z głównych przyczyn wzrostu liczby cudzoziemców jest tzw. „arabska wiosna", czyli fale buntów i rewolucji w krajach Afryki Północnej i na Bliskim Wschodzie. Mieszkańcy tych terenów masowo przeprawiają się łodziami w kierunku Europy.

Na początku 2018 r. w ośrodkach we Włoszech przebywało ponad 183 tys. uchodźców i migrantów ubiegających się o azyl. Najwięcej z nich to przybysze z Nigerii, dalej mieszkańcy Gwinei, Wybrzeża Kości Słoniowej, Bangladeszu, Mali i Erytrei. Do Włoch przypłynęło w 2017 roku o 1/3 mniej migrantów niż w poprzednim roku.

TRADYCJE, OBRZĘDY I ŚWIĘTA

We Włoszech, jako kraju katolickim, wiele świąt obchodzi się w takim samym czasie jak w Polsce, jednak nawet w obchodach tych samych świąt istnieją czasem pewne różnice.

Boże Narodzenie świętuje się podobnie jak w Polsce, prezenty przynosi jednak Babbo Natale, który nie ma nic wspólnego z osobą biskupa Mikołaja z Miry, choć w czasach obecnej komercjalizacji wizerunki tych postaci praktycznie zlały się w jedno.

Podarunki rozdaje także Befana, czarownica krążąca po domach 6 stycznia, czyli w **święto Trzech Króli** (Epifania), które jest tu, podobnie jak w Polsce, dniem wolnym od pracy. Grzecznym dzieciom wrzuca ona do skarpety słodycze, a niegrzecznym daje węgiel (obecnie zastąpiony przez dostępny w tych dniach w sklepach przyczerniony cukier).

W **Nowy Rok** zaraz po wybiciu północy powinno się zwyczajowo zjeść soczewicę (*lenticchia*) z *cotechino* (rodzajem kiełbasy), co przynieść ma pomyślność i pieniądze (w ilości odpowiadającej liczbie zjedzonych ziaren).

▲ *Palio* w Como

W wielu miastach i wsiach bardzo uroczyście obchodzone są **święta lokalnych patronów**. Nie są to jednak imprezy jedynie religijne. Wiele z nich ma swoje bardzo szczególne ceremonie, jednak często towarzyszą im po prostu kiermasze, koncerty i różne imprezy kulturalne.

W XX w. wskrzeszona została tradycja średniowiecznych turniejów zwanych ***palio***. Zmagają się w nich mieszkańcy różnych dzielnic, a nagrodą jest *palio*, czyli sztandar z namalowanym symbolem miasta lub jego patrona (np. Matki Boskiej w Sienie). Turnieje te są często konne, choć nie jest to reguła (mogą być np. także *palio* na łodziach). Towarzyszą im najczęściej jarmarki, pochody w tradycyjnych strojach ze sztandarami, a także koncerty i spektakle. Najpopularniejsze jest *palio* w Sienie. *Palio* może być powiązane z obchodami święta patrona.

Długą tradycję ma we Włoszech **karnawał**. Obok znanego na całym świecie karnawału w Wenecji, sławne są także jego obchody w Cento i Ferrarze (Emilia-Romania), Viareggio (Toskania) i Fano (Marche).

Włosi cenią dobre jedzenie, nic więc dziwnego, że w wielu miejscowościach obchodzi się **sagra**, czyli święto poświęcone szczególnemu produktowi spożywczemu, związane z naturalnym cyklem rolnym. Przeważnie jego najważniejszym elementem jest publiczna degustacja, najczęściej na głównym placu, podczas której można spróbować lokalnych dań. *Sagre* mogą być poświęcone przeróżnym produktom i potrawom, od ziemniaka po zupę rybną. Służą także promocji lokalnej tradycji i są kolejną okazją do organizacji koncertów i jarmarków.

Włoskie przesądy

Choć wiele włoskich przesądów jest podobnych do polskich – np. przebiegający drogę czarny kot przynosi nieszczęście także w Italii, jednak sporo wierzeń może nas zaskoczyć. Przykładowo pechową liczbą jest tu nie 13 (która według wielu przynosi szczęście), a 17, jako że anagram zapisu tej liczby rzymskimi cyframi tworzy słowo VIXI, co po łacinie znaczy „żyłem", czyli – „aktualnie jestem umarły". Nie powinno się także spać z nogami w stronę drzwi, jako że w ten sposób ustawia się trumnę. Dużego pecha przynosi też rozsypanie soli lub rozlanie oliwy, bo kiedyś były to bardzo cenne produkty, służące nie tylko do podkreślania smaku potraw, ale też do ich konserwacji.

Kultura i sztuka

Zwykło się mówić, że Włochy to kolebka kultury. Nie ma w tym przesady, gdy przypomnimy sobie, jaką rolę w historii odgrywał starożytny Rzym, a potem średniowieczne państewka Półwyspu Apenińskiego, i kiedy przyjrzymy się Włochom doby renesansu. Od antyku po przełom XVII i XVIII w. półwysep przewodził całemu naszemu kręgowi kulturowemu, zarówno jeśli chodzi o sztukę (literatura, plastyka, muzyka), jak i naukę, idee, stopień rozwoju czy znaczenie polityczne. Niewątpliwie na taką pozycję Włoch wpływała także wielowiekowa obecność papieży – Kościół, począwszy od średniowiecza, stał się najważniejszym mecenasem sztuki. Również władcy włoskich państewek, dla legitymizacji swej władzy, hojnie wspierali artystów. Chętnie upiększali swe stolice, rozbudowę miast powierzali największym architektom swoich czasów, tworzyli ogromne kolekcje sztuki. W XVII–XVIII w. Włochy straciły swą pozycję przywódcy kulturowego na rzecz Francji. Nie znaczy to jednak, że w późniejszych czasach nie wydały wybitnych dzieł i artystów.

ARCHITEKTURA I SZTUKI PLASTYCZNE

Przed naszą erą Italia dała światu **antyk rzymski**, który bazował na dziedzictwie dwóch wielkich kultur: greckiej i etruskiej. I tak, pierwsza świątynia na Kapitolu, która stała się wzorem dla kolejnych, powstała na ruinach wcześniejszej, etruskiej, a rzymska wilczyca jest w istocie rzeźbą etruską. Etruskiego pochodzenia są też rzymskie sposoby budowania i rozmieszczania grobowców. Często podkreśla się, że Rzymianie podbili Grecję bronią, a zwyciężona Grecja podbiła Rzym kulturą. I faktycznie: mitologia rzymska różni się od wcześniejszej greckiej właściwie tylko imionami bogów. Rzymianie nauczyli się od Greków sztuki rzeźbienia i budownictwa (np. świątyń). Świątynie na planie koła, bazyliki, style kolumn, łuki i amfiteatry są do dziś żywym dowodem przeszczepienia architektury greckiej do Rzymu.

Początek naszej ery przyniósł powolny rozkład ogromnego i trudnego do zarządzania Imperium Romanum oraz szybkie

▲ Wczesnochrześcijańska mozaika w bazylice Sant'Apollinare Nuovo w Rawennie

Starożytne mozaiki

Już w epoce starożytnej mozaikami zdobiono podłogi i ściany. Występowały w dwu wersjach kolorystycznych: czarno-białej i kolorowej. Wczesne mozaiki (pierwsze znane pochodzą sprzed 5 tys. lat), podobnie jak podłogowe, zazwyczaj przedstawiają motywy geometryczne, natomiast późniejsze – motywy roślinne, zwierzęce, portrety i sceny mitologiczne. W starożytnym Rzymie w ten sposób zdobiono m.in. wille patrycjuszy i cesarzy.

Mozaiki wczesnochrześcijańskie są charakterystyczne zarówno pod względem kolorystyki (żywe kolory, dominacja złotego), jak i rysunku postaci (wyprostowane, z wielkimi oczami) oraz ich doboru (Chrystus, święci, Matka Boska).

rozprzestrzenianie się nowej religii – chrześcijaństwa. Między innymi te dwa czynniki przyczyniły się do przeniesienia stolicy cesarstwa do Konstantynopola, a później do upadku cesarstwa zachodniorzymskiego (476) i wzrostu roli chrześcijaństwa i papieży, którzy osiedli w Rzymie. Miasto to stało się wówczas centrum rozwoju sztuki i budownictwa sakralnego. Przykładem budowli z tego okresu jest bazylika San Paolo Fuori le Mura w Rzymie. Królową sztuk zdobniczych była w tym okresie mozaika – obraz lub dekoracyjny wzór wykonany z kawałków szkła, płytek ceramicznych lub kamyków różnego koloru i kształtu ułożonych na zaprawie (czasem żywicznej). **Wczesnochrześcijańskie mozaiki** można do dziś podziwiać w Rawennie, gdzie zachowało się wiele budowli zdobionych tą właśnie techniką.

Jeszcze przed rokiem 1000 w feudalnej Europie zaczął się rozprzestrzeniać **styl romański**.

Kościoły romańskie miały masywne mury i stosunkowo niewielkie okna. Orientowane świątynie projektowano na planie krzyża łacińskiego. Typowym ich elementem była wieża umieszczona w zachodniej części kościoła. Strop z płaskiego zaczął ewoluować w kierunku sklepienia kolebkowego i krzyżowego. Z czasem kościoły zyskiwały coraz bogatsze zdobienia (rzeźby, portale, tryforia, galeryjki), szczególną uwagę zwracano na fasadę, ściany zewnętrzne i sprzęt liturgiczny. Rzeźba romańska to przede wszystkim rzeźba architektoniczna, religijna. Także malarstwo romańskie reprezentowane jest głównie przez polichromie o tematyce religijnej. Często spotykaną techniką zdobniczą w kościołach włoskich wciąż pozostawała mozaika.

Około XII w. pojawiły się na północy Włoch pierwsze echa **gotyku**. Początkowo powstawały tam niejednorodne stylistycznie, wzorowane na francuskich świątyniach, kościoły i bazyliki. Przykładem wczesnogotyckiej świątyni jest bazylika św. Antoniego w Padwie. W architekturze kościołów gotyckich pojawiły się nowe elementy: duże okna oraz umieszczane w fasadzie rozety, które zapewniały budynkowi dobre doświetlenie. Można też było obniżyć poziom prezbiterium, co było spowodowane brakiem krypty. Najbardziej znane świątynie gotyckie we Włoszech północnych to: bazylika św. Franciszka w Asyżu, kościoły Santa Croce, Santa Maria del Fiore oraz Santa Maria Novella we Florencji, kościół San Francesco w Bolonii, katedra w Sienie. Powstawały one w większości w XIII i XIV stuleciu. Przepyszny przykład gotyku to także katedra w Mediolanie, której budowę rozpoczęto w 2. poł. XIV w.

Architektura gotycka miała także swoje świeckie oblicze. Bogate miasta włoskie finansowały budowę centrów miejskich, ratuszy, fortyfikacji. Królową gotyckiej

▼ Gotycka katedra w Mediolanie

architektury miejskiej stała się Florencja (wystarczy wymienić choćby Palazzo Vecchio, Palazzo del Podesta, Loggia dei Lanzi). Z kolei weneckie Pałac Dożów i pałac Ca d'Oro są wynikiem połączenia gotyku i wpływów bizantyjskich.

Malarstwo gotyckie to głównie malarstwo witrażowe, choć tworzono również obrazy tablicowe (malowane na desce farbami temperowymi). Podejmowano głównie tematy religijne, ale pojawiły się także pierwsze obrazy o tematyce świeckiej. Wprowadzono realistyczne tło i elementy na kolejnych planach (choć nie znano jeszcze perspektywy). Największym malarzem tego okresu był Giotto di Bondone, którego dzieła znajdują się m.in. w padewskiej kaplicy Scrovegnich. Gotycka rzeźba rozwijała się jako element zdobniczy świątyń – artyści rzeźbili monumentalne posągi z kamienia czy drewna (często później polichromowanego), przedstawiając głównie postaci biblijne.

Gotyk we Włoszech, nawet w okresie rozkwitu, uważany był za sztukę północną, a więc obcą. Z tej przyczyny już w połowie XIV w. zaczął tryumfować we włoskich miastach nowy prąd – **renesans**, zwany też odrodzeniem. Państwa Półwyspu Apenińskiego znowu zaczęły narzucać formy i tematy sztuce całego kontynentu.

Renesans zwrócił się ku starożytnemu Rzymowi, a następnie ku Grecji i Bizancjum. Zastosowanie klasycznych reguł nie prowadziło jednak do ślepego naśladownictwa dawnej i nie do końca znanej sztuki – artyści tworzyli dzieła, przede wszystkim budowle, oryginalne i zaskakujące lekkością. Harmonia kształtów stała się hasłem nadrzędnym wszystkich sztuk. Jej ideałem architektonicznym była budowla na planie centralnym przykryta kopułą. Tworzenie takich konstrukcji nie zawsze było możliwe, nie należy więc się dziwić dużej liczbie podłużnych budowli przykrytych kopułami. Ulubionymi figurami geometrycznymi stały się koło i kąt prosty. W XIV w. powstał też zwyczaj bogatego zdobienia wnętrza, fasad (kolumny, portyki), okien (przyczółki trójkątne) i stropów (kasetony). Wielkimi dziełami sztuki renesansu są budowle sakralne, m.in. kopuła i kaplica

▲ Palazzo dei Diamanti w Ferrarze

Pazzich w katedrze we Florencji, Tempio Malatestiano w Rimini, kościoły San Zaccaria w Wenecji i Santa Maria delle Grazie w Mediolanie. Renesans to okres rozkwitu budownictwa świeckiego. Powstawały wtedy nie tylko pojedyncze pałace i ratusze (np. pałac Medici-Riccardi i pałac Rucellai we Florencji, Palazzo dei Diamanti w Ferrarze), lecz i całe założenia urbanistyczne – miasta, takie jak Ferrara, Siena i Florencja zostały przebudowane w duchu nowego stylu.

Renesans to także epoka laicyzacji i wielkiego rozwoju malarstwa. Najważniejszym odkryciem tego czasu jest perspektywa. Zdobycze te zawdzięczamy przede wszystkim Masacciowi, Paolowi Uccellowi oraz Pierowi della Francesce. Z Niderlandów trafiły do Włoch farby olejne. Zaczęła dominować tematyka świecka, skupienie na światłocieniu i studium sylwetki ludzkiej. Ważny stał się sposób przedstawiania tła – typowe dla malarstwa renesansowego są „ramy w ramie", czyli postaci umieszczone na tle łuku, kolumn czy portyku, który zamykał przestrzeń „akcji" obrazu. Trudno wymienić wszystkich geniuszy malarstwa renesansowego. Są wśród nich postaci skrajnie różne: da Vinci, Rafael, Fra Angelico, Mantegna, Perugino, del Sarto i wielu innych.

Rzeźba renesansowa rozwijała się głównie w Toskanii, a jej głównym przedstawicielem był Lorenzo Ghiberti. Styl ten, za wzorzec przyjmujący rzeźbę klasyczną, znalazł swój najpełniejszy wyraz w twórczości Michała Anioła i Donatella. Szczególnie lubianymi formami były popiersia i posągi konne.

Renesans włoski stał się wzorcem sztuki dla innych krajów i od XVI w. rozwijał się w „wielkim państwie" Europy. Tymczasem we Włoszech pojawił się **manieryzm** – wykorzystując motywy renesansowe, skupił się na doskonałości technicznej i formalnej dzieł sztuki. Jest niejako pomostem między renesansem i barokiem – wyrastając z pierwszego, powoli przekształcił się w ten drugi. Cały XVI w. był na Półwyspie Apenińskim zdominowany przez sztukę manierystyczną, która narodziła się w Rzymie i Florencji i bardzo szybko rozprzestrzeniła na całe Włochy. Najważniejszym elementem stylu jest

▲ Kwatera z XV-wiecznych drzwi baptysterium we Florencji – płaskorzeźba L. Ghibertiego

zarzucenie planu centralnego na rzecz podłużnego. Powstawały kościoły, które stały się pierwowzorami budowli barokowych, np. kościół Il Gesù w Rzymie. Cechą charakterystyczną manieryzmu jest bogactwo zdobień we wnętrzach budowli. Jest to odpowiedź na surowość i wyważenie wnętrz renesansowych. Figury na gzymsach, amorki, spiralne motywy roślinne i zwierzęce – wszystkie te elementy łamią renesansowe schematy.

Malarstwo manierystyczne wprowadziło nienaturalnie wydłużoną sylwetkę ludzką oraz bardzo nasycone kolory. Największymi artystami manieryzmu byli bez wątpienia Giorgio Vasari (wystarczy odwiedzić jego dom w Arezzo), Jacopo Pontormo i Rosso Fiorentino, Parmigianino oraz Angelo Bronzino.

Rzeźba manierystyczna operowała tzw. *figura serpentinata*, czyli spiralnie skręconą sylwetką, tak w przypadku pojedynczych modeli, jak i ich grup. Układ taki, stosowany m.in. przez Benvenuta Celliniego, wprowadza niezwykłą dynamikę postaci i pozwala na wyrażenie napięcia.

Zwycięstwo kontrreformacji i olbrzymi wpływ Kościoła na absolutystyczną władzę świecką miał ogromne znaczenie dla rozwoju sztuk, których zadaniem było przekonywać wiernych o potędze i autorytecie Kościoła. **Barok**, który pojawił się na przełomie XVI i XVII w., na półtora wieku stał się obowiązującym stylem i po raz pierwszy w historii zwrócił się do odbiorcy masowego, mieszczaństwa, a nie tylko do wybranego grona. Monumentalizm, dynamika, bogata ornamentyka – to tylko niektóre cechy sztuki barokowej.

Wspomniany kościół Il Gesù (zaprojektowany przez Vignolę), oparty po części na planie bazyliki wczesnochrześcijańskiej, był dla Włoch pierwszym sygnałem narodzenia nowego stylu. Dojrzały barok to dynamika kształtu i zdobienia – zarówno fasad, jak i wnętrz. Przykładem barokowego budownictwa sakralnego jest kościół Santa Maria della Salute w Wenecji. Zaś przykładem miasta, które zmieniło swój wygląd w baroku, jest Turyn. Nastąpiło to za sprawą działającego tu architekta pochodzącego z Mesyny – Filippa Juvarry. Jednym z najwspanialszych dzieł tego twórcy jest bazylika Superga wzniesiona na jednym ze wzgórz w pobliżu Turynu. Guarini, Longhena, Borromini, da Cortona i Maderna to najwięksi architekci baroku włoskiego.

▼ Barokowa bazylika Santa Maria della Salute w Wenecji

▲ Klasycystyczny kościół Gran Madre di Dio w Turynie

Malarstwo barokowe rozwijało się pod bardzo silnym wpływem szkół włoskich: Caravaggia, nurtu klasycznego oraz szkoły weneckiej. Caravaggio reprezentował tendencje naturalistyczne, a drugim głównym prądem XVII w., rozwijającym się równolegle do baroku, był klasycyzm, reprezentowany przez Carraccich czy Domenichina. Zainteresowania malarstwa sakralnego zwracają się w stronę mistycyzmu – zgodnie z obowiązującą ideologią, obrazy zaludniają więc głównie męczennicy oraz święci. Malarstwo świeckie to przede wszystkim portrety i sceny rodzajowe: mitologiczne oraz pejzaż. Największym włoskim mistrzem rzeźby był Bernini, którego dzieła są uosobieniem dynamicznej rzeźby barokowej.

Już w baroku zaczął się nawrót do **klasycyzmu**, który po okresie przybyłej z Francji mody na asymetryczne i „kapryśne" rokoko, stał się obowiązującym prądem w sztuce i architekturze. Przełom spowodowany rewolucją francuską i bezpowrotnym odejściem w przeszłość dawnego świata zapoczątkował formowanie się nowożytnego społeczeństwa oraz utratę przez Kościół pozycji najważniejszego nabywcy sztuki, co doprowadziło do zmiany gustu ogółu. W klasycyzmie wyraźnie wzrosła rola budownictwa świeckiego, zmieniała się również pozycja artysty w społeczeństwie (chociaż na rewolucję na tym polu trzeba poczekać do romantyzmu). Nie bez wpływu pozostały odkrycia archeologiczne z 2. poł. XVIII w., np. prace wykopaliskowe w Pompejach, które poszerzyły wiedzę o starożytnej kulturze i sztuce.

Dziewiętnastowieczny klasycyzm jest powrotem do harmonii, racjonalizmu, umiaru (szczególnie w ornamentyce). Nawrót do idei greckich i rzymskich najlepiej widoczny jest w architekturze, zarówno świeckiej (np. zabudowa placu św. Marka w Wenecji), jak i sakralnej (m.in. kościół Gran Madre di Dio w Turynie). Klasycyzm przywrócił czytelność planu architektonicznego, opartego na kole, prostokącie i centralnym układzie z portykami i rzędami kolumn. Najwięksi artyści włoskiego klasycyzmu to parający się także architekturą Canova i Piranesi.

Rzeźba klasycyzmu czerpała z tematyki mitologicznej, szczególnie popularna była

▼ Ponte Vecchio we Florencji

Włochy są krajem z największą na świecie liczbą obiektów wpisanych na Listę Światowego Dziedzictwa Kulturowego i Przyrodniczego UNESCO. Wśród 50 włoskich obiektów wyróżnionych tym tytułem, 30 znajduje się we Włoszech północnych:

- **longobardzkie ośrodki władzy we Włoszech z lat 568–774 n.e.**, wpisane na Listę w 2011;
- **prehistoryczne osady na palach w Alpach i okolicach Alp**, 2011.
- **Dolomity**, Trydent-Górna Adyga, 2009;
- **malowidła i reliefy naskalne w Val Camonica**, Lombardia, 1979;
- **miasto przemysłowe Crespi d'Adda**, Lombardia, 1995;
- **kościół Santa Maria delle Grazie z *Ostatnią Wieczerzą* Leonarda da Vinci w Mediolanie**, Lombardia, 1980;
- **linie kolei retyckiej w rejonie przełęczy Albula i Bernina**, Lombardia, 2008;
- **Mantua i Sabbioneta – zespoły starego miasta**, Lombardia, 2008;
- **Sacri Monti**, Piemont, Lombardia, 2003;
- **rezydencje królewskie dynastii sabaudzkiej w Turynie**, Piemont, 2002;
- **krajobraz winnic Piemontu: Langhe-Roero i Monferrato**, Piemont, 2014;
- **Portovenere, Cinque Terre i wyspy Almaria, Tino i Tinetto**, Liguria, 1997;
- **stare miasto w Genui z zespołem późnorenesansowych miejskich rezydencji wzdłuż Le Strade Nuove i zespół pałacowy Rolli**, Liguria, 2006;
- **strefa archeologiczna i Bazylika Patriarchów w Akwilei**, Friuli-Wenecja Julijska, 2005;

▲ Winnice Piemontu jesienią

- **Vicenza i wille palladiańskie**, Wenecja Euganejska, 1994–96;
- **Wenecja i Laguna Wenecka**, Wenecja Euganejska, 1997;
- **ogród botaniczny w Padwie**, Wenecja Euganejska, 2005;
- **zespół zabytkowy w Weronie**, Wenecja Euganejska, 2000;
- **zespół zabytkowy w Pienzy**, Toskania, 1996;
- **zespół zabytkowy we Florencji**, Toskania, 1982;
- **zespół zabytkowy w San Gimignano**, Toskania, 1990;
- **zespół zabytkowy w Sienie**, Toskania, 1995;
- **Piazza del Duomo w Pizie**, Toskania, 1987;
- **Val d'Orcia**, Toskania, 2004;
- **wille i ogrody Medyceuszy**, Toskania, 2013;
- **bazylika św. Franciszka i inne zabytki franciszkańskie w Asyżu**, Umbria, 2000;
- **Ferrara i delta Padu**, Emilia-Romania, 1995–99;
- **zabytki wczesnochrześcijańskie w Rawennie**, Emilia-Romania, 1996;
- **katedra, Torre Civica i Piazza Grande w Modenie**, Emilia-Romania, 1997;
- **stare miasto w Urbino**, Marche, 1998.

Włochy północne – dziedzictwo UNESCO

▲ Laguna Wenecka

ERGO HESTIA

▲ Secesyjna kamienica w Turynie

rzeźba architektoniczna i nagrobkowa. Malarstwo koncentrowało się na tematyce historycznej i portrecie. Malarze skupiali się na doskonałości formalnej i technicznej.

Z czasem klasycyzm ustąpił pola eklektyzmowi, historyzmowi i innym prądom występującym w kolejnych dziesięcioleciach XIX w. Jednak styl, który zyskał uznanie na całym kontynencie, narodził się dopiero pod koniec stulecia w Anglii. Była to secesja. Nowy styl (zwany we Włoszech *liberty*) skupił się początkowo na ornamentyce i objął głównie architekturę i sztukę użytkową. Skierowany był do bogatego mieszczaństwa i stawiał sobie za zadanie upiększyć codzienne życie tej sfery, stąd wytwarzanie przedmiotów z ceramiki i szkła, mebli, zdobienie rezydencji, teatrów, kawiarni. W tym okresie także plakat został zaliczony do dzieł sztuki. We Włoszech zabytki w stylu *liberty* zachowały się m.in. w Padwie (Caffè Pedrocchi) i Turynie (np. budynki mieszkalne przy Corso Francia).

Wiek XX to okres stagnacji w sztuce włoskiej, a zarazem okres rozwoju przede wszystkim kultury masowej. Mówiąc o sztuce ubiegłego stulecia, nie można jednak zapomnieć o kilku ważnych grupach artystycznych, jak np. toskańskiej odmianie realizmu, grupie zwanej *macchiaioli* z przełomu XIX i XX w. (Galleria d'Arte Moderna, pałac Pittich, Florencja), Giorgio de Chirico i jego szkole malarstwa metafizycznego, futuryzmie, kubizmie

▼ Chianti

czy innych ruchach awangardowych, których idee we Włoszech padły na podatny grunt. Nie można też nie wspomnieć o włoskim wkładzie w rozwój świata mody – najwięksi kreatorzy i domy mody powstały właśnie we Włoszech (centrum w Mediolanie) oraz we Francji.

WŁOCHY Z INNEJ PERSPEKTYWY

Chcąc poznać kraj od podszewki, nie można poprzestać na zwiedzaniu zabytków i podziwianiu krajobrazów, trzeba też zanurzyć się w jego kulturę i zaznajomić z mentalnością jego mieszkańców. To nieoczywiste oblicze Włoch najlepiej prezentują nie przewodniki, ale książki i filmy. Poniżej opisano te, które zdają się być najciekawsze dla polskiego turysty.

Książki

Maciej Brzozowski, *Włosi. Życie to teatr* (Muza, 2014). „Włosi są jak United Colors of Benetton, historia uczyniła z nich mieszankę tyleż barwną, co różnorodną. Prędzej poznamy ich po zachowaniu i ubraniu niż wyglądzie czy typie urody. Mało jest chyba na świecie krajów, których mieszkańcy byliby tak trudni do upchnięcia w jednej szufladce. W wypadku Włochów potrzebna jest przepastna szafa" – pisze autor. I właśnie taką szafą jest jego książka o miejscach, faktach, książkach, polityce, historii, kinie, kuchni, zwyczajach, a przede wszystkim o ludziach. Brzozowski – italianista i tłumacz – próbuje też rozprawić się z mitami na temat *Bel Paese* (pięknego kraju), jak zwykli mówić o ojczyźnie Włosi. Napisaną w lekki sposób książkę przyjemnie się czyta, co nie znaczy, że nie skłania ona do głębszych refleksji.

Tessa Capponi-Borawska, *Dziennik toskański* (Rosner & Wspólnicy, 2004); **Dario Castagno, *Za dużo słońca Toskanii*** (Wydawnictwo Pascal, 2010); **Aleksandra Seghi, *Zielona Toskania*** (Grupa Wydawnicza Relacja, 2013). Te trzy książki bardzo się od siebie różnią. Łączy je jednak to, że choć opowiadają o Toskanii lekko i bez zadęcia, każda z nich robi to wbrew zasadom popkulturowego nurtu spod znaku Frances Mayes czy Ferenca Máté. Pierwsza z opisywanych książek, autorstwa mieszkającej w Polsce włoskiej arystokratki, z lekką nostalgią opowiada o jej powrotach do rodzinnego domu w regionie Chianti. Wspomnienia, refleksje, opisy miejsc i osób przeplatają się tu z przepisami kulinarnymi. Druga książka, pióra urodzonego w Anglii Włocha, który od wielu lat oprowadza po Toskanii Amerykanów, jest zabawnym studium turystów odwiedzających Włochy, ale można się z niej dowiedzieć wiele także o samym regionie. Trzecia książka, napisana przez mieszkającą w Toskanii Polkę, od lat prowadzącą świetny blog

(www.aleksandraseghi.com), próbuje przybliżyć Toskanię zieloną – czyli ekologiczną. Spomiędzy licznych przepisów kulinarnych wyłaniają się opowieści o ludziach próbujących żyć w taki sposób, by jak najmniej „obciążać" swój piękny region. Warto przeczytać *Zieloną Toskanię*, także po to, by poznać i zastosować niektóre rozwiązania na własnym podwórku.

Karel Čapek, *Listy z podróży* (W.A.B., 2011). Mimo że o Włoszech traktuje tylko pierwsza część felietonów czeskiego pisarza, który opisuje także Hiszpanię, Anglię, Holandię i inne kraje, to i tak warto sięgnąć po tę książkę przed wyjazdem do Italii. Pisane w latach 20. XX w. szkice urzekają zabawnymi, ironicznymi i niejednokrotnie zaskakującymi spostrzeżeniami. Dodatkowo podróżujący bez znajomości języka danego kraju mogą się pocieszyć, gdyż jest to wg autora właściwie ich atut: „Podróżujesz z prostotą świętego Franciszka. Ponieważ nie umiesz mówić ich językiem, nie możesz od ludzi niczego chcieć".

Johann W. Goethe, *Podróż włoska* (Państwowy Instytut Wydawniczy, 1980). Klasyka literatury podróżniczej opisującej wędrówki po Italii. Książka opowiada o Włoszech, których już nie ma, ale też pozwala nieco inaczej spojrzeć na te, które dziś istnieją.

Zbigniew Herbert, *Barbarzyńca w ogrodzie* (Czytelnik, 1962). Zbiór esejów Zbigniewa Herberta z podróży do Włoch i Francji. Wątki mitologiczne oraz refleksje na temat sztuki i historii przeplatają się tu z opisami codziennego życia włoskich miasteczek oraz notatkami o praktycznych aspektach podróży, w tym z „refleksjami kulinarnymi" („Na drugie zamówiłem *bistecca alla Bismarck*. Był łykowaty. Nic dziwnego – tyle lat").

Jarosław Iwaszkiewicz, *Podróże do Włoch* (Państwowy Instytut Wydawniczy, 1977). „Włochy... To jest przybrana ojczyzna dla wszystkich tych, co się czują zanadto źle albo zanadto dobrze w swych stronach. Dla tych, co cierpią, i dla tych, co się nudzą". Tym cytatem z listu Mickiewicza do Marii d'Agoult Jarosław Iwaszkiewicz rozpoczyna wspomnienia z ponad 50 lat swoich włoskich wypraw. Pisarz podróżował – co znalazło odbicie w książce – śladami sztuki, muzyki i architektury, a także w dużej mierze tropem samego siebie i własnej twórczości.

▲ Pizza – symbol włoskiej kuchni

▲ Baśniowa Wenecja

Elena Kostioukovitch, *Sekrety włoskiej kuchni* (Wydawnictwo Albatros, 2010). Wbrew tytułowi – który w oryginale brzmiał nieco lepiej, bo *Dlaczego Włosi lubią rozmawiać o jedzeniu?* – nie jest to książka kucharska. Pozycja napisana przez tłumaczkę i badaczkę włoskiej kultury opowiada wprawdzie o włoskiej kuchni, ale jako o nieodłącznej części narodowego dziedzictwa kulturalnego, bo właśnie tak – i nie ma w tym stwierdzeniu żadnej przesady – Włosi traktują jedzenie. Fenomen ten próbuje zrozumieć i przybliżyć czytelnikowi autorka, z erudycją opowiadając o regionalnych różnicach, tradycjach i historii kuchni Półwyspu Apenińskiego.

Predrag Matvejević, *Inna Wenecja* (Pogranicze, 2005). „Po doświadczeniach na własnej skórze rozumiem bardzo dobrze, co to znaczy mówić o miejscu nazbyt omówionym. Wenecja (…) zniknęła już pod wielością prezentacji. Jej opisy doprowadziły do *déjà vu* tego, co oko chciałoby jeszcze zobaczyć, stały się substytutem, przeniknęły niejako do siatkówki oka i zaczęły wpływać na zakres wizji tak, że obraz dziś przedstawiany, zbanalizowany, jest jedyną formą tego miejsca, które się odwiedza, bo rzeczywistość została pokonana przez swoją prezentację" – pisze o Wenecji autor książki, na co dzień profesor jednego z rzymskich uniwersytetów. Podejmuje on jednak próbę „przekopania się" przez warstwę pokrywających Wenecję artefaktów, by dostać się do tej własnej, innej Wenecji.

Paweł Muratow, *Obrazy Włoch* (Państwowy Instytut Wydawniczy, 1972; przedruk: Fundacja Zeszytów Literackich, 2008).

Wydawane w latach 1911–24 w Berlinie szkice rosyjskiego pisarza odkryte przez Karola Szymanowskiego i przetłumaczone przez Pawła Hertza, stały się obowiązkową lekturą Polaków podróżujących po Włoszech, w tym wspomnianego Jarosława Iwaszkiewicza czy Marka Zagańczyka. Dzieło składa się z sześciu części: *Rzym*, *Wenecja*, *Toskania i Umbria*, *Mediolan i Werona*, *Florencja*, *Sycylia i Apulia*, które w najnowszym wydaniu „Zeszytów Literackich" ukazały się w osobnych tomach (co jest dość wygodne).

Joanna Ugniewska, *Podróżować, pisać* (Fundacja Zeszytów Literackich, 2011). Zbiór esejów autorstwa znanej tłumaczki i italianistki przybliża czytelnikowi literaturę podróżniczą, a właściwie autorów piszących o Włoszech, a także – w drugiej części książki – literaturę włoską.

Marek Zagańczyk, *Droga do Sieny* (Fundacja Zeszytów Literackich, 2005). Piękna książka Marka Zagańczyka, któremu w odkrywaniu Włoch towarzyszą jego wielcy poprzednicy – Herbert, Muratow czy Iwaszkiewicz. Autor podróżuje po Włoszech niespiesznie, delektując się sztuką, ale też krajobrazami, z którymi – co próbuje nam uświadomić – sztuka jest w tej części świata nierozerwalnie powiązana. Obok dzieł włoskich mistrzów poznajemy miasteczka Toskanii i Umbrii.

Filmy

Dziennik intymny (*Caro diario*, reż. Nanni Moretti, 1993). Bardzo osobisty film Nanniego Morettiego, jednego z najciekawszych przedstawicieli włoskiego kina autorskiego, reżysera nagrodzonego Złotą Palmą *Pokoju syna* i wzbudzającego kontrowersje, ale i poniekąd proroczego filmu *Habemus Papam*, w którym jedną z głównych ról zagrał Jerzy Stuhr. Na *Dziennik intymny* składają się trzy obrazy, które łączy jedynie osoba głównego bohatera (wciela się w niego sam reżyser). Sugestywna jest zwłaszcza pierwsza część filmu, w której bohater przemierza na skuterze opustoszały w czasie sierpniowych upałów Rzym. Jak zwykle u Morettiego, często porównywanego do Woody'ego Allena, dużo tu groteski i celnych spostrzeżeń.

Mamma Roma (reż. Pier Paolo Pasolini, 1962). Film przedstawia historię rzymskiej prostytutki znanej jako Mamma Roma, którą zagrała świetna Anna Magnani. Bohaterka, by zapewnić lepszy byt synowi, postanawia zmienić swoje życie i zerwać z niewygodną przeszłością. Ta jednak ją dopada i wciąga w te same destrukcyjne mechanizmy społeczne. *Mamma Roma* to opowieść o ludzkich słabościach, pełna aluzji do religii i włoskiego malarstwa renesansowego.

▼ Federico Fellini

▲ Uliczka w toskańskim miasteczku

Nasze najlepsze lata (*La meglio gioventù*, reż. Marco Tullio Giordana, 2003). To nie tyle film, co prawie 6-godzinny serial. Jego tytuł nawiązuje do jednego z wierszy Pasoliniego, a sam obraz opowiada o pewnej włoskiej rodzinie, której losy przedstawiono na przestrzeni 37 lat (od 1966 do 2003). Historia rodziny przeplata się z historią Włoch – wielkimi wydarzeniami, zmianami rządu, kryzysami, katastrofami. Warto zobaczyć ten serial, bo w przystępny sposób serwuje on wiedzę o najnowszej historii Italii. Produkcja wygrała m.in. prestiżowy przegląd Un Certain Regard na festiwalu w Cannes.

Rzymskie wakacje (*Roman Holiday*, reż. Wiliam Wyler, 1953). Mimo że romantycznych komedii z Italią w tle nakręcono wiele, ten film niewątpliwie należy do klasyki gatunku. Niezapomniana Audrey Hepburn w roli księżniczki Anny, której udaje się na chwilę zgubić swoją świtę i uciec ze złotej klatki, oraz Gregory Peck jako towarzyszący jej w wędrówce po Rzymie przystojny dziennikarz, widzący w tym spotkaniu świetny materiał na artykuł. Kultowa już scena przy Ustach Prawdy w dużej mierze wyjaśnia, dlaczego dziś ustawiają się w tym miejscu rzesze turystów pragnących tak jak główni bohaterowie *Rzymskich wakacji* włożyć rękę w usta boga Portonusa. Film zdobył m.in. trzy Oscary.

Słodkie życie (*La dolce vita*, reż. Federico Fellini, 1960). Trudno wskazać, który z filmów Felliniego powinien znaleźć się na tej liście, *Słodkie życie* pokazuje jednak szczególny obraz Rzymu lat 60., Rzymu, który dziś już chyba nie istnieje. Film opowiada o siedmiu dniach z życia dziennikarza i playboya Marcella (w tej roli Marcello Mastroianni), który pisze lekkie artykuły prasowe. Wbrew pozorom (i tytułowi) jest to bardzo gorzka opowieść o poszukiwaniu sensu życia i swojego miejsca na świecie. Obraz zdobył Złotą Palmę w Cannes i Oscara za najlepsze kostiumy.

Ukryte pragnienia (*Io ballo da sola*, reż. Bernardo Bertolucci, 1996). W ostatnich latach powstało mnóstwo filmów (i książek), których akcja rozgrywa się wśród malowniczych pejzaży Toskanii. Często ich głównym (albo wręcz jedynym) walorem są właśnie piękne krajobrazy. Nieco inaczej jest w przypadku filmu Bertolucciego. To opowieść o inicjacji w dorosłość pewnej amerykańskiej nastolatki.

Niebywała malarskość, która jest znakiem rozpoznawczym filmów Bertolucciego, oraz piękno miejsc, w których kręcono film, podkreślają tylko poetycką historię o przekraczaniu bariery dojrzałości.

Wielkie piękno (*La grande bellezza*, reż. Paolo Sorrentino, 2013). To historia podstarzałego dziennikarza, który przemierza Rzym w poszukiwaniu wrażeń, a także by wypełnić wewnętrzną pustkę. Film jest gorzkim oskarżeniem wymierzonym w świat włoskich intelektualistów i artystów. Zawiera także głębszą refleksję na temat przemijania. W tle oglądamy obrazy Wiecznego Miasta, którego piękno skonfrontowane jest z brzydotą jego elit. *Wielkie piękno* porównywano do dzieł Felliniego, do których Sorrentino niewątpliwie nawiązuje. Dodatkowym walorem filmu są fenomenalne zdjęcia. Obraz zdobył Oscara dla najlepszego filmu zagranicznego.

Złodzieje rowerów (*Ladri di biciclette*, reż. Vittorio de Sica, 1948). Arcydzieło włoskiego neorealizmu i klasyk światowego kina. Film pokazuje powojenne Włochy w dobie kryzysu; opowiada o ludzkiej desperacji, ale i o solidarności bohaterów granych przez naturszczyków, których de Sica spotkał na obrzeżach stolicy i którzy rzeczywiście znajdowali się w trudnej sytuacji. Obraz znalazł się na watykańskiej liście 45 filmów o szczególnych walorach chrześcijańskich oraz na liście 100 włoskich filmów, które „zmieniły zbiorową pamięć narodu".

Życie jest piękne (*La vita è bella*, reż. Roberto Benigni, 1997). Włoskiemu komikowi udała się rzecz niebywała – nakręcił film o Holokauście w dużej mierze utrzymany w konwencji komedii (choć równie ważne są w nim wątki tragiczne). Głównym bohaterem obrazu jest skromny toskański księgarz grany przez samego Benigniego. Od początku ujmuje on widzów niezwykłym humorem, witalnością, determinacją, z jaką walczy o miłość pięknej Dory. Jak się później okaże, ta postawa pozwoli mu zachować także niezwykłą siłę ducha. Po dojściu do władzy Mussoliniego, z powodu swego żydowskiego pochodzenia księgarz wraz z kilkuletnim synem trafia do transportu do obozu. By chronić chłopca, ojciec wmawia mu, że wszystko, co widzi, tak naprawdę jest grą, w której główną nagrodą jest czołg. Kłamstwo to podtrzymuje nawet w samym obozie. W pierwszej części filmu widzimy piękne przedwojenne Arezzo. Film zdobył trzy Oscary, w tym za najlepszą ścieżkę muzyczną, którą skomponował Nicola Piovani.

RZEMIOSŁO

Rzemiosło we Włoszech ma bardzo długą tradycję. Właściwie każdy region Włoch może się poszczycić własnymi, przeważnie bardzo charakterystycznymi wyrobami. Wzdłuż wąskich uliczek zabytkowych włoskich starówek można znaleźć liczne sklepiki z rzemiosłem i choć wiadomo, że w dużej mierze są one nastawione na turystów, to obok typowych kiczowatych pamiątek sprzedawane są w nich naprawdę małe dzieła sztuki.

Wenecja Euganejska słynie ze wspominanego już przepięknego szkła, zwanego szkłem Murano lub weneckim ze względu na miejsce jego produkcji – położoną niedaleko weneckiej laguny wysepkę Murano. Wykonywana jest z niego biżuteria, lampy i inne dodatki. Inna słynąca z rzemiosła wyspa laguny to Burano, sławna stolica koronki. Kolejnym rzemiosłem Laguny Weneckiej jest też oczywiście produkcja gondoli. W Wenecji czerpie się ręcznie papier (marmurkowy), podobnie jak w Bussolengo i Bassano.

Liguria słynie m.in. z ceramiki produkowanej od XV stulecia w rejonie Albisoli.

Charakterystycznym wyrobem z **Friuli--Wenecji Julijskiej** są produkowane m.in. w San Daniele aksamitne pantofle zwane

staffez. W tym regionie, którego rzemiosło rozwijało się na styku tradycji słowiańskich, austriackich i weneckich, popularna jest także obróbka drewna.

Trydent-Górna Adyga to niegdyś w zimie region całkowicie odizolowywany przez śniegi. Dlatego też jego mieszkańcy podczas długich mroźnych miesięcy mieli czas, by zajmować się rzemiosłem, wytwarzając przede wszystkim przedmioty użytkowe – drewniane naczynia, meble itp.

Emilia-Romania słynie z giętego metalu z okolic Piacenzy, znanej za całym świecie ceramiki z Faenzy, od której wywodzi się polskie określenie „fajans", oraz mozaik z Rawenny.

Toskania to przede wszystkim, niezwykle harmonizujące z tutejszym krajobrazem, wyroby z terakoty (posadzki, naczynia, dodatki). Miejscowość Massa Carrara słynie z obróbki marmuru, dostarczanego przez miejscowe kamieniołomy. W okolicach Livorno artystycznie obrabia się alabaster. Okolice Arezzo i Florencji słyną ze złotnictwa. W Lukce natomiast zachowała się tradycja produkcji ręcznie zwijanych cygar, których amatorem był m.in. Winston Churchill.

Region **Marche** znany jest z ręcznej produkcji papieru w Fabriano oraz złotnictwa w Jesi. Bogatą tradycję rzemieślniczą ma także Urbino, gdzie m.in. powstawały charakterystyczne szklane lampy w kształcie gwiazdy.

Umbria słynie m.in. z pięknej ceramiki, wyrabianej głównie w Gubbio oraz w miejscowościach Deruta i Gualdo Tadino. W Gubbio obrabia się także w artystyczny sposób miedź i żelazo. Perugia słynie z produkcji lnianych tkanin, a Orvieto z koronek (*merletto*).

▲ Cukierki ze szkła weneckiego

Kuchnia

Włoska kuchnia uważana jest za jedną z lepszych na świecie. Bazując w dużej mierze na warzywach, oliwie i rybach jest także zdrowa.

Na **śniadanie** (*colazione*) Włosi zazwyczaj nie jedzą zbyt wiele. Wystarcza im francuski rogalik (*cornatto*, *brioche*) oraz kawa: *caffè* albo cappuccino. Śniadanie nie jest zbyt obfite, ponieważ Włosi wcześnie – zazwyczaj ok. godziny 13.00 – jedzą pożywny **obiad** (*pranzo*). **Kolację** (*cena*) je się późno, pod względem doboru potraw przypomina ona obiad. Włosi potrafią spędzić wówczas przy stole kilka dobrych godzin, a tradycyjny pełny posiłek składa się z przystawki (*antipasto*), pierwszego dania (*primo*), drugiego dania (*secondo*) oraz deseru (*dolce*), którym towarzyszy wino. Na koniec pije się kawę (przeważnie espresso) i ewentualnie kieliszek czegoś mocniejszego.

Wśród *aperitivi* (lub *antipasti*), czyli **przystawek**, wymienić można *frutti* – smażone zakąski: obtaczane w bułce warzywa, bakłażany, cukinie, kwiaty cukinii, ryby, owoce morza, chrupiącą bruschettę (rodzaj grzanki) i wiele, wiele innych.

Pierwsze danie to *primo* i choć we Włoskiej kuchni także istnieją zupy, to nie są one, może poza wyjątkiem rosołu (*brodo*) czy lekkiej zupy jarzynowej (*minestrone*), rozpowszechnione tak jak u nas, a na pewno nie jest regułą, że pierwsze danie to zupa. Pierwszymi daniami są, co może być dla niektórych dziwne, wszelakiego rodzaju makarony, risotta, pierożki i kopytka.

Makarony (*pasta*) przyrządza się we Włoszech na niezliczoną ilość sposobów, specyficznych dla danego regionu. Zacznijmy od sławnego spaghetti; najbardziej tradycyjne sposoby jego podawania to: *spaghetti al pomodoro*, czyli z sosem pomidorowym, *spaghetti caccio e peppe* (z serem *pecorino* i oliwą oraz szczyptą pieprzu), *spaghetti alla carbonara* (które ma różne wariacje, ale bazą jest zawsze jajko, parmezan, pieprz i boczek),

spaghetti all'amatriciana (z boczkiem, cebulą i sosem pomidorowym). Nierzadko je się też sam makaron z odrobiną oliwy i sera *parmigiano*, czyli tzw. *pasta in bianco*, która jest zaskakująco dobra. Dodawany często do makaronów sos mięsny, u nas znany jako sos *bolognese*, nazywa się tu *ragù*, stąd *spaghetti al ragù*. Makarony to jednak nie tylko nitki spaghetti, mają wiele różnych form, jak *penne*, *farfalle*, *fusili*, *orecchiette* i wiele innych. W supermarketach można zobaczyć też makaron w lodówce, jest to wtedy *pasta* świeża, z dodatkiem jaj. Wśród innych dań makaronowych trzeba koniecznie wymienić *pasta con pesto* (czyli z sosem ze świeżej bazylii, orzeszków piniowych, oliwy, *pecorino* i parmezanu) oraz *pasta con frutti di mare* (z owocami morza). Rodzajem makaronu są również *canelloni* – grube, nadziewane (np. szpinakiem lub mięsem) rurki z ciasta, najczęściej polewane beszamelem i zapiekane w piekarniku, oraz słynne *lasagne*, wytwarzane na kilka sposobów (z różnym nadzieniem).

Pierwsze dania to także maleńkie *tortellini* i nieco większe oraz najczęściej kwadratowe *ravioli*. Przypominają one polskie uszka i pierogi, mają jednak nieco inny smak, ze względu zarówno na inne ciasto, jak i inne nadzienie. Najczęściej spotyka się pierożki z mięsem (*con carne*), z serem *ricotta* i szpinakiem (*con ricotta e spinaci*), z grzybami (*con funghi*) i z serami (*con formaggi*). Doprawia się je przeważnie słodką śmietaną albo sosem pomidorowym.

Pierwszym daniem jest także *risotto*, które również ma wiele wersji. Najbardziej znane to: *risotto alla milanese*, *risotto alla pescatora*

▲ *Pesto*

(z owocami morza) i *risotto ai funghi porcini* (z prawdziwkami).

Warto tu jeszcze wspomnieć robione z ziemniaków *gnocchi*, które można porównać do swojskich kopytek oraz polentę (potrawę z kaszki kukurydzianej) – szczególnie popularną na północy Włoch.

Secondo to **drugie danie**, często spożywane po zjedzeniu np. całego talerza makaronu, co dla nas może być dziwne. Natomiast drugie danie Włosi jedzą też na zimno i może im w tym charakterze wystarczyć np. talerz serów czy wędliny. Jako *secondo* podaje się przede wszystkim mięsa, również ryby, sery, a także potrawy z jajek (jak np. omlet z warzywami – *fritata*).

Z **mięs** (*carne*) je się kurczaka (*pollo*), indyka (*tacchino*), wieprzowinę (*maiale*), cielęcinę (*vitello*), wołowinę (*bovina*), jagnięcinę (*abbacchio*), a także dziczyznę (*selvaggina*), np. dzika (*cinghiale*), jelenia (*cervo*) i bażanta (*faggiano*). Mięso może być przyrządzane na różne sposoby – jako befsztyk (*bistecca*), kotlet (*cotoletta*), roladki (*involtini*), posiekane na małe kawałki (*spezzatino*), z rożna (*arrosto*) lub podawane jako *carpaccio* (cienko pokrojone, surowe mięso). Szynkę (*prosciutto*) je się zarówno gotowaną (*cotto*), jak i surową (*crudo*; jest ciemniejsza i twardsza). Ryb we Włoszech nie brakuje, zwłaszcza wzdłuż wybrzeża, gdzie stanowią one (razem z owocami morza) trzon lokalnej kuchni.

Do mięs i ryb je się przeważnie jakiś warzywny **dodatek** (*contorno*) – sałatkę (*insalatta*) albo pieczone warzywa. Bardzo często są to grillowane lub marynowane bakłażany (*melanzane*), szpinak, karczochy, cukinie lub ziemniaki. Te ostatnie pojawiają się na włoskich stołach znacznie rzadziej niż w Polsce. Nikt nie zje tu też sztuki mięsa z ryżem czy makaronem, przypisanymi do pierwszych dań. Natomiast próbując jeść makaron (czyli tutaj pierwsze danie) z sałatką, spotkamy się co najmniej z dziwnymi spojrzeniami. Do posiłków często podawany jest chleb (*pane*), którym niektórzy na koniec „czyszczą talerz". Czynność ta jest określana mianem *fare la scarpetta*.

Świetne we Włoszech są także różnego rodzaju **sery**. Trudno jednak mówić o żółtym czy białym serze – nie stosuje się takich podziałów. Nie znajdziemy tu raczej czegoś takiego jak twaróg, z żółtym serem jest nieco lepiej, ale także różni się on od polskiego.

▲ Parmezan

Z miękkich, białych serów najbardziej znane są chyba kremowy *mascarpone* oraz *riccotta* o nieco bardziej stałej konsystencji (obydwa używane również do deserów), a także *stracchino*. Popularna jest także *mozzarella*. Twarde i kruche sery, które je się zarówno w kawałkach, jak i starte, jako dodatek do makaronów i risotta, to *parmigiano* i owczy *pecorino*, ostrzejszy w smaku i aromatyczny. Najbliższe polskiemu żółtemu serowi są *groviera* i *emmental*. Smaczne są także *scamorza* (przeważnie wędzona, przypominająca nieco nasz oscypek) oraz *provolone*. Typowy owczy ser to *asiago*. Tradycyjnym włoskim serem pleśniowym jest niebieska *gorgonzola*.

Osobną historią kulinarną jest sztandarowa włoska potrawa, czyli **pizza**, która smakuje w tym kraju jak nigdzie indziej. Ojczyzną pizzy jest Neapol i rzeczywiście tamtejsze pizze, wyrabiane na bardziej miękkim i puszystym cieście, są niepowtarzalne. Przy czym, im prostsze, czyli posiadające mniej składników, tym lepiej, bo czuje się wtedy ich prawdziwy smak. W Neapolu zdarzają się pizzerie wyrabiające tylko dwa rodzaje dwu- lub trzyskładnikowej pizzy i często są to lokale najbardziej oblegane przez miejscowych. Trzeba sobie uświadomić, że pizza to pojęcie bardzo szerokie i niektórzy Włosi (bo pod tym względem też istnieją różnice regionalne) określają tak już coś, czego my byśmy pizzą jeszcze nie nazwali, mianowicie kawałek ciasta bez żadnego sosu i sera, ewentualnie posypany sezamem lub rozmarynem (*pizza in bianco* lub *focaccia*). Ich uwielbienie dla takiej niezwykle skromnej pizzy może się wydawać dziwne, ale tylko do chwili jej spróbowania.

Pizze ogólnie można podzielić na dwa rodzaje: pierwszy to *pizza bianca* (biała), bez sosu pomidorowego na spodzie, drugi to *pizza rossa* (czerwona), z sosem. To, czy ciasto jest cienkie, czy grube, zależy od lokalnych tradycji. Na pizzy może się znaleźć dosłownie wszystko, jak ziemniaki czy świeża *rucola*, a nawet frytki i parówki. Natomiast Włosi absolutnie nie jedzą pizzy z ketchupem, mogą się nawet bulwersować, jeśli będziemy próbować go dodawać.

▲ *Panna cotta*

Włoskie **słodycze** (*dolci*) są czymś doprawdy fantastycznym, a **lody** nie mają sobie równych, zresztą nie bez powodu włoskie *gelato* cieszą się międzynarodową sławą. Każdy region, okolica, a nawet poszczególne miasto może się poszczycić własnymi słodkimi specjałami. Lody można kupić zarówno w cukierni (*pasticceria*), w której poza nimi można dostać szeroki wybór deserów i ciastek, a także kawę, oraz w lodziarni (*gelatteria*), specjalizującej się jedynie w lodach. W lodziarniach dostępny jest większy wybór lodów, są one zwykle lepsze i nieco tańsze.

Inne świetne słodycze to np. *tiramisu* na bazie jajek, serka *mascarpone*, kawy, biszkoptów i czekolady (może być też z truskawkami), *panna cotta* – rodzaj puddingu, i *crostatta* – kruche ciasto z marmoladą. Ponadto Włosi jedzą dużo rozmaitych owoców, czemu sprzyja śródziemnomorski klimat.

WINA

Włochy są jednym z przodujących na świecie producentów win. Nie bez przyczyny Grecy nazwali Italię Enotrią, czyli „ziemią wina". W zasadzie każdy region może się poszczycić typowym dla siebie gatunkiem. Z czerwonych win słynie Piemont, ojczyzna m.in. barolo, barbaresco, barbera, asti i moscato. Emilia-Romania szczyci się szczepami sangiovese i lambrusco, a Wenecja Euganejska swoimi valpolicella, merlot, prosecco i tocai. Dobre wina ma też Trydent-Górna Adyga, wśród nich wyróżniają się białe pinot gris, chardonnay i sauvignon. W Marche powstaje świetne białe wino verdicchio, a z niewielkiej miejscowości Pergola w prowincji Pesaro Urbino pochodzi Wizner, bardzo charakterystyczne wino z dodatkiem wiśni. Umbria produkuje wina o niezwykłym aromacie – greghetto z Asyżu i vernaccię.

Na początku listopada można kupić tzw. *novello*, czyli młode wino. Wino gazowane (coś na kształt szampana) to *spumante*.

KAWA

Kawę we Włoszech pije się zazwyczaj w barze (*caffè*). *Caffè* albo ewentualnie *caffè normale* to klasyczny i najbardziej podstawowy sposób podania kawy. Jest to mocna kawa

Dobór win

Bardzo często zastanawiamy się, jaki rodzaj wina najlepiej pasuje do danej potrawy. We Włoszech taka wiedza może się okazać bardzo potrzebna. Łączenie wina i potraw wymaga tak naprawdę pewnego wyczucia. Tym bardziej że czasy, w których królowała zasada podawania białego wina do ryby, a czerwonego do mięsa, należą już do przeszłości. Jednym z podstawowych kryteriów dobierania wina jest dopasowywanie go do „ciężaru" dania: do delikatnych posiłków wina lekkie, do ciężkich wina mocniejsze.

O ile spektrum potraw jest raczej trudne do ogarnięcia, o tyle można spróbować uszeregować wina od najlżejszych do najcięższych.

Wina białe w kolejności od najlżejszych do najcięższych

soave
riesling
muscadet
szampan i wina musujące
chenin blanc
chablis lub niestarzone w beczkach
chardonnay
sauvignon blanc
białe bordeaux
białe burgundy
pinot gris
gewürztraminer
dojrzewające lub fermentowane w beczkach chardonnay (szczególnie kalifornijskie i australijskie)

Wina czerwone w kolejności od najlżejszych do najcięższych

valpolicella
beaujolais
pinot noir
rioja
burgundy
barbera
chianti
barolo
merlot
bordeaux
zinfandel
cabernet sauvignon
rhône, syrah (shiraz)

ERGO HESTIA

Espresso

Jedną z wizytówek Włoch jest z pewnością kawa, ale kawa nie byle jaka – mocne, aromatyczne, jedyne w swoim rodzaju espresso. Istniało i istnieje wiele sposobów parzenia kawy, również pomysłów na espresso nie zabrakło kreatywnym Włochom. Aby precyzyjnie określić, jak powinno wyglądać prawdziwe espresso 6 lipca 1998 r. zawiązał się **Włoski Narodowy Instytut Espresso** (Istituto Nazionale Espresso Italiano, INEI; www.espressoitaliano.org). Dzięki niemu opisane zostały podstawowe cechy i parametry, jakie powinno mieć espresso, aby mogło nazywać się prawdziwym *espresso italiano*.

Zatem espresso to kawa podana w niewielkiej filiżance z grubej porcelany napełnionej do połowy ciemnym naparem. Aby uzyskać poprawne espresso koniecznie trzeba użyć ziaren kawy najwyższej jakości i zmielić je w młynku żarnowym. Kawę należy parzyć w ekspresie ciśnieniowym tylko ze świeżo i odpowiednio zmielonych ziaren. Jeszcze jednym sekretem dobrego espresso jest podgrzanie filiżanki (do ok. 40°C) przed wlaniem do niej kawy.

Espresso italiano – parametry wg INEI

- ilość kawy: 7 g (50–60 ziarenek kawy, ok. 3500 cząsteczek po zmieleniu)
- ciśnienie: 9 barów
- temperatura parzenia: 88–92°C (arabica wymaga niższej temperatury parzenia, robusta – wyższej)
- czas parzenia: 25 s
- ilość wody: 25 ml

Najważniejsze cechy prawdziwego włoskiego espresso

- atrakcyjny wygląd
- rdzawo-orzechowy kolor
- gęsta pianka
- zniewalający zapach
- finezja smaku
- duża trwałość smakowa (czas, po jakim odczuwa się przyjemny smak kawy)
- równowaga smakowa (pomiędzy słodyczą, kwasowością i goryczką)

w małych filiżankach, która u nas nazywa się espresso, nikt tu jednak tak jej nie określa. Z większą ilością wody (nieco bardziej rozcieńczone, ale ciągle w małej filiżance) to *caffè lungo*. Czym jest *cappuccino* (zwane też *cappuccio*) nie trzeba chyba nikomu wyjaśniać, można tylko dodać, że w Italii smakuje świetnie. Jest jeszcze *caffè macchiato*, odmiana klasycznej kawy w małej filiżance, tyle że z odrobiną mlecznej pianki, oraz *latte macchiato*, czyli spienione mleko z plamką (*macchia*) kawy. Przypomina ono najbardziej nasze latte, po włosku *latte* to jednak po prostu mleko i – uwaga! – jeśli poprosimy o *latte* najprawdopodobniej dostaniemy po prostu kubek mleka.

Na koniec trzeba wspomnieć jeszcze o *caffè coretto*, kawie podrasowanej odrobiną alkoholu (koniaku lub grappy) oraz *caffè di orzo* – kawie zbożowej. Ponadto każdy region ma jeszcze swoje niepowtarzalne kawowe specjalności.

POTRAWY TYPOWE DLA POSZCZEGÓLNYCH REGIONÓW

O specjalnościach kulinarnych każdego regionu Włoch można by pisać odrębne książki, zresztą niejedna taka już powstała. Wspomnijmy zatem chociaż pokrótce, czego warto spróbować, podróżując po północnych Włoszech.

Jednym z najbardziej typowych dań **Doliny Aosty** jest *fondue*, danie na bazie roztopionego sera *fontina* (produkowanego w tym regionie). Warto tu także spróbować zupy z kasztanów (*zuppa di castagna*) oraz zupy *alla Valpellinese*, typowej „biednej" zupy na bazie ciemnego chleba, sera *fontina*, kiełbasy i kapusty. Popularne są tu także dania z dziczyzny. Typowy likier to Genepy.

Kuchnia **Piemontu** słynie z dużego wyboru przystawek (*antipasti*), wśród których bardzo charakterystyczna jest *bagna caoda*, rodzaj sosu albo zupy na bazie sardeli, czosnku i oliwy, oraz *soma* (rodzaj chleba z czosnkiem). Typowe pierwsze dania to: *brudera* (risotto z dodatkiem wieprzowiny i gęsiny) oraz *agnolotti* (malutkie pierożki, np. z szałwią). Wśród drugich dań warto spróbować *brasato al Barolo*, wołowiny w ziołach i winie Barolo. Wiele tutejszych dań bazuje na białej trufli. Produkuje się tu ser *bra* (w miejscowości o tej nazwie). Świetny deser tego regionu to *gianduiotto*, rodzaj orzechowego nugatu.

Dość zróżnicowana jest kuchnia **Lombardii**, gdzie każda prowincja czy miasto ma swoje specjalności. Z Mediolanu pochodzi popularne w całych Włoszech, a także poza granicami, *risotto alla milanese*, z dodatkiem szafranu. Okolice Valtelliny specjalizują się w *pizzoccheri* (rodzaju grubego makaronu z sosem na bazie ziemniaków, szpinaku i kapusty), *supa di can* (zupie na bazie czerstwego chleba i jajek) i wędlinie *bresaoli*. W Mantui

▲ Trufle

warto spróbować *torteilli di zucca* (świetnych pierogów z dynią). W Cremonie zaś produkuje się słynną musztardę.

Trydent-Górna Adyga może nam zaoferować charakterystyczne *tritlen*, smażone pierożki oraz typowe zupy *panada, mosa, panicia*. Je się tu także rodzaj kapusty kiszonej zwanej *crauti*. Wśród słodyczy trzeba na pewno wymienić strudel, dobra jest także *crosata di rabarbaro* z rabarbarem.

Region **Friuli-Wenecja Julijska** słynie z *frico* (rodzaju placka z sera i ziemniaków) oraz polenty. W miejscowości San Daniele produkuje się świetną wędlinę.

Charakterystyczne dla **Wenecji Euganejskiej** są dania na bazie dorsza (*baccalà*), jak *baccalà alla vicentina*, z pomidorami, kaparami i cebulą. Klasycznym daniem tego regionu jest wątróbka po wenecku (*fegato alla veneziana*), z dodatkiem cebuli. Je się tu także wędzone śledzie (*aringhe affumicate*), najczęściej z dodatkiem musztardy, a jako pierwsze dania *risotto al radicchio* (z cykorią), *manai* (danie na bazie fasoli gotowanej na kości wieprzowej), *bigai* (rodzaj makaronu przypominający spaghetti), *risi e bisi* (risotto z groszkiem) oraz *casumziei ampezzani* (rodzaj pierożków z nadzieniem z sera *ricotta* i buraków). Typowym deserem jest pochodząca z Werony babka zwana *pandoro*.

Emilia-Romania może pochwalić się świetnymi pierwszymi daniami, głównie pierogami jak: *cappelletti* (rodzaj uszek gotowanych w rosole, z nadzieniem serowym lub mięsnym), *cappellacci* z dynią oraz *anolini* (także nadziewane). Tutejszy ręcznie robiony makaron to przede wszystkim *tagliatelle*, *maltagliati* i *strozzapretti*. Z Parmy pochodzi słynna wędlina *prosciutto crudo di Parma* oraz ser *parmigiano reggiano*. Typowa dla Emilii-Romanii jest także *piadina*, rodzaj placka lub podpłomyka z dodatkiem smalcu, rozpowszechniona zwłaszcza przy wybrzeżu w okolicach Rimini.

Z **Ligurii** pochodzi, wspominane już wcześniej, *pesto alla genovese*, bardzo

▼ Tortellini

rozpowszechniony sos z bazylii, orzeszków, oliwy i sera, który dodaje się nie tylko do makaronu, ale i do wielu innych dań, zwłaszcza pierwszych. Typową potrawą jest *panissa*, rodzaj polenty z mąki z ciecierzycy. Również z ciecierzycy robione są *cuculi*.

Typowe dania kuchni **Toskanii** to: *panzanella*, rozsmarowane na przypieczonym chlebie dojrzałe pomidory z dodatkiem bazylii i ewentualnie cebuli i ogórka, oraz *fettunta*, chleb z dodatkiem oliwy z oliwek, czosnku, soli i pieprzu. Toskańska kuchnia zresztą słynie ze świetnego chleba, który jest składnikiem wielu potraw, jak słynna *ribollita* (rodzaj zupy z fasolą, kapustą, szpinakiem, pomidorami, czerstwym chlebem i skórą wieprzową). Z tego regionu pochodzi znany „befsztyk florencki" (*bistecca alla Fiorentina*). Je się tu również wiele dań na bazie zająca i dzika. Wśród słodyczy nie sposób nie wymienić słynnego *panforte* ze Sieny, pełnego bakalii rodzaju tortu.

W **Umbrii** wiele dań bazuje na zbieranej tu trufli, jak *stranghozzi al tartufo nero* czy *crostini alla norcina*. Typowe dla tej kuchni są też dania mięsne.

Wiele barów z piadinami można też znaleźć przy wybrzeżu sąsiedniego regionu **Marche**. Bardzo charakterystyczne dla wybrzeża Marche jest także *brodetto*, rodzaj zupy rybnej. Je się tu również *spaghetti mari e monti* („góry i morza", na bazie kalmarów i grzybów), *merluzzo alla marchigiana* (dorsza z sosem na bazie pomidorów) oraz *baccalà in bianco* (białego dorsza z zielonym sosem na bazie pietruszki). Typowe są także nadziewane oliwki (*olive alla ascolana*). Ze słodyczy warto tu spróbować *beccute* oraz, szczególnie w okresie karnawału, *cicerchiata*.

Buon apetito!

▲ Małże

Włochy północne

Akwileja

Na północny wschód od Wenecji, prawie nad samym Adriatykiem, leży Akwileja (Aquileia). Miasto, mimo że bardzo małe, kryje jedne z najważniejszych zabytków w historii sztuki: mozaiki wczesnochrześcijańskie. Akwileja była rzymskim obozem wojskowym, a w średniowieczu (do XIV w.) pełniła ważną rolę w życiu handlowym, politycznym i religijnym regionu. Tu właśnie pierwotnie znajdowała się siedziba biskupstwa, z czasem przeniesiona do Wenecji.

Bazylika i strefa archeologiczna w Akwilei w 2005 r. zostały wpisane na listę UNESCO.

WARTO ZOBACZYĆ

Zwiedzanie akwilejskiej **strefy archeologicznej** ℹ otwarte: codz. 8.30–19.00 rozpoczyna się od **Via Sacra** – drogi wiodącej wzdłuż dawnego portu. Spacerując nią zobaczymy pozostałości rzymskiego portu rzecznego, fragmenty murów i zachowane dwie z pięciu kolumn Pałacu Patriarchów.

Najważniejszy zabytek Akwilei to ★ **bazylika** ℹ otwarte: IV–IX codz. 9.00–19.00, III i X 9.00–18.00, XI–II 10.00–16.00 (sb. i nd. 9.00–17.00), nd. zamkn. 10.00–11.30, wstęp do bazyliki i krypt: 5 EUR, bilet łączony do bazyliki, krypt, baptysterium, na dzwonnicę oraz do Domus i Palazzo Episcopale (poza okresem zimowym): 10 EUR Świątynia w stylu romańskim została przebudowana w XIV w. Wykopaliska na terenie bazyliki dowodzą, że pierwotnie znajdowały się tu dwa obiekty: z III i IV w. (świątynia powstała jeszcze przed wydaniem dekretu legalizującego chrześcijaństwo i ta, która zachowała się do naszych czasów).

★ **Mozaiki podłogowe** w akwilejskiej bazylice są unikatem na skalę światową. Przedstawiają one m.in. portrety dobroczyńców kościoła oraz ornamenty roślinne i zwierzęce, a przy tym stanowią doskonały przykład mieszania się symboli nowego wyznania, jakim było chrześcijaństwo, z pogańskimi. Największa mozaika znajduje się przy ołtarzu: na dużej powierzchni (niepodzielonej na mniejsze części) pośród morskich fal można zobaczyć poszczególne sceny z życia Jonasza. Na uwagę zasługują zwłaszcza misterne przedstawienia zwierząt.

▼ Bazylika w Akwilei

▲ Mozaika w bazylice w Akwilei

W absydzie znajdują się słabo już widoczne freski z XI w. Przed ołtarzem widać wejścia do krypty Massenzia, która – zgodnie z legendą – była więzieniem św. Hermagorasa i św. Fortunata. Krypta datowana jest na okres wczesnochrześcijański, lecz freski przedstawiające sceny z życia dwóch świętych założycieli miejscowej wspólnoty chrześcijan pochodzą z IX w. Freski przedstawiające śmierć Chrystusa przypisywane są Maestrowi della Passione (XII w.).

W Cripta degli Scavi (Krypta Wykopalisk) oglądać można trzy warstwy mozaik podłogowych, które wskazują na trzy etapy historii powstawania kościoła. Są to mozaiki z willi z czasów cesarza Augusta (wzory geometryczne) oraz z pierwszych wieków istnienia bazyliki (motywy roślinne i zwierzęce).

Na placu przed bazyliką stoi ogromna **dzwonnica** z XI w. ℹ wstęp: 2 EUR. Portyk łączy bazylikę właściwą z tzw. kościołem Pogan – **chiesa dei Pagani** – z IX w. i **baptysterium** z mozaikami z V w. Na tyłach bazyliki znajduje się cmentarz poległych w czasie I wojny światowej. Z kolei na zachód od świątyni można zobaczyć pozostałości

Informacja turystyczna

Biuro informacji turystycznej znajduje się na dużym parkingu przy Via Iulia Augusta (tel.: +39 0431 919491; info.aquileia@turismo.fvg.it; otwarte: codz. 9.00–13.30 i 14.30–19.00).

Noclegi

Choć Akwileja jest niewielka, bez trudu można znaleźć w niej nocleg.

- **Hostel Domus Augusta**, Via Roma 25; tel.: +39 0431 91024; www.ostelloaquileia.it; dwójka jako jedynka 28 EUR, dwójka 46 EUR. Świetlica, Internet, pralnia, możliwość wypożyczenia rowerów.
- **Hotel alla Basilica****, Via della Stazione 2; tel.: +39 0431 917449; www.allabasilica.it. Na miejscu restauracja.
- **Kemping Aquileia**, Via Gemina 10; tel.: +39 0431 91042; www.camping-aquileia.it; otwarte: IV–IX; 7–8,50 EUR/os. plus 10–12 EUR/miejsce, dwójka 42–46 EUR, bungalow 4-os. od 67 EUR. Pełen zieleni kemping z miejscami na namioty i przyczepy. Do wynajęcia także bungalowy i pokoje 2-osobowe. Można tu wypożyczyć rowery, organizowane jest także zwiedzanie Akwilei z przewodnikiem (5–7,50 EUR/os.) i wycieczki do rezerwatu na wyspie Cona.

Wyżywienie

- **All' Anfora**, Via Julia Augusta 3. Restauracja położona 3 km od centrum Akwilei, specjalizująca się w daniach z ryb i z owocami morza, a także pizzeria z bogatym menu. Dość drogo.

mozaikowych podłóg willi rzymskich i oratoriów z pierwszych wieków chrześcijaństwa.

Wejście do **muzeum archeologicznego** ❶ otwarte: wt.–nd. 8.30–19.30; wstęp: 7 EUR, ulg. 3,50 EUR, bilet łączony z bazyliką, kryptami, dzwonnicą i baptysterium 12 EUR znajduje się przy Via Roma (dojdziemy do niej, skręcając w lewo z Via Giulia). Na parterze zgromadzono rzeźby z okolicznych wykopalisk oraz przykłady sztuki nagrobkowej. Na kolejnych piętrach można podziwiać wyroby złotnicze, przedmioty codziennego użytku z kości słoniowej, ozdoby, naczynia z terakoty oraz szklane wyroby rzymskie powstałe w okresie od I w. p.n.e.

OKOLICE

W położonej niedaleko Akwilei miejscowości **MONASTERO** znajduje się **Museo Paleocristiano** ❶ otwarte: pn., czw. 8.30–13.45, wt., śr., pt.–nd. 8.30–19.30; wstęp wolny, poświęcone historii wczesnego chrześcijaństwa. Można tam zwiedzić ruiny kościoła wczesnochrześcijańskiego z ciekawymi mozaikami podłogowymi. Muzeum przechowuje również rzymskie płyty nagrobne, rzeźby i inne zabytki.

Cividale del Friuli

Na północ od Akwilei, niedaleko Udine, leży malownicze Cividale del Friuli. Wiele wskazuje na to, że miasto zostało założone w 50 r. p.n.e. przez Juliusza Cezara. Na pewno zaś wiadomo, że w czasach Longobardów było stolicą regionu. W 2011 r. tutejsze ślady longobardzkiej przeszłości zostały wpisane na Listę Światowego Dziedzictwa Kulturowego i Przyrodniczego UNESCO.

Zwiedzając Cividale del Friuli, warto zobaczyć przede wszystkim **katedrę** z XV–XVI w., w której znajdują się m.in. dwa płótna Palmy Młodszego oraz zabytkowe organy produkcji weneckiej. W połączonym z katedrą **muzeum** zgromadzono arcydzieła rzeźby longobardzkiej, np. ołtarz ofiarny z VIII w.

Cenne zbiory ma także miejscowe ★ **muzeum archeologiczne** ❶ otwarte: pn. 9.00–14.00, wt.–nd. 8.30–19.30; wstęp: 4 EUR, ulg. 3 EUR, mogące się poszczycić jedną z największych we Włoszech kolekcji zabytków longobardzkich (przedmioty codziennego użytku, ozdoby, broń, sarkofagi). Mieści się ono w XVI-wiecznym Palazzo dei Provveditori Veneti, prawdopodobnie zaprojektowanym przez Palladia.

Podążając drogą rozpoczynającą się od schodków na tyłach katedry, można dotrzeć do XIII-wiecznego **Casa Artigiana Medievale**, najstarszego zachowanego w mieście domu. Idąc dalej przez historyczne bramy miejskie (Porta Romana i Porta Patriarchale) w prawo, dochodzi się na Piazza San Biagio. Stąd blisko już (parę kroków wzdłuż zbocza nad rzeką Natisone) do najciekawszego zabytku w mieście: oratorium Santa Maria in Valle znanego również jako ★ **Tempietto Longobardo** ⓘ otwarte: IV–IX pn.–pt. 10.00–13.00 i 15.00–18.00, sb. i nd. 10.00–18.00, X–III pn.–pt. 10.00–13.00 i 14.00–17.00, sb. i nd. 10.00–17.00; wstęp: 4 EUR, ulg. 3 EUR. Jest to wczesnośredniowieczna świątynia chrześcijańska, której wnętrze zdobią freski z VIII stulecia. Niedaleko, przy ulicy odchodzącej od Via Monastero Maggiore, znajduje się **Ipogeo Celtico** – podziemne *hypogeum*, tj. pomieszczenie, które w starożytności pełniło funkcję grobowca lub miejsca kultu. Klucz do niego można dostać w Tempietto Longobardo lub w biurze informacji turystycznej. Idąc dalej Via Monastero Maggiore, za rogiem zobaczymy **Ponte del Diavolo**. Według legendy przeprawa została zbudowana w jedną noc przez diabła, któremu mieszkańcy obiecali duszę pierwszego stworzenia, które przez nią przejdzie. Zależnie od wersji opowieści stworzeniem tym okazuje się pies lub kot.

Informacja turystyczna

Biuro informacji turystycznej znajduje się przy Piazza Paolo Diacono 10 (tel.: +39 0432 710460; www.cividale.com).

Noclegi

- **Locanda al Pomo D'Oro**, Piazza San Giovanni 20, tel.: +39 0432 731489; www.alpomodoro.com; jedynka 65 EUR, dwójka 85 EUR. Hotelik w budynku wczesnośredniowiecznej, niedawno odnowionej karczmy. Na miejscu jest też dobra restauracja.

Wyżywienie

- **Ristorante Trattoria Ai Tre Re**, Via San Valentino 29. Tradycyjna *osteria*, typowe dania regionalne, dobre wina.
- **Ristorante al Monastero Taverna di Baco**, Via Ristori 9. Restauracja w dawnym klasztorze. Wyrafinowana kuchnia.

▼ Cividale del Friuli

Asyż

Asyż (Assisi) natychmiast kojarzy się z osobą św. Franciszka. Do znajdującej się tu bazyliki pod jego wezwaniem przybywają co roku miliony pielgrzymów z całego świata. Ale i nie będąc pątnikiem, warto odwiedzić to miasteczko o niezwykłym charakterze i pięknej zabudowie, malowniczo położone wśród umbryjskich wzgórz. W 2000 r. franciszkańskie zabytki Asyżu zostały wpisane na listę UNESCO.

HISTORIA

Pierwsza umbryjska osada powstała tu w starożytności, a Rzymianie uczynili ją municypium (miasto w Italii, którego mieszkańcy mieli samorząd i prawo obywatelstwa rzymskiego). W tym okresie zabudowa miejscowości zajmowała tarasy podobne do wielkich stopni i podtrzymywane przez potężne mury. Po okresie najazdów longobardzkich i karolińskich w Asyżu zaczęły powstawać liczne klasztory męskie. W kilkadziesiąt lat po śmierci działającego tu w latach 1206–26 św. Franciszka, założyciela zakonu franciszkanów i opiekuna duchowego zakonu klarysek, w mieście wzniesiono bazylikę.

▼ Panorama Asyżu

WARTO ZOBACZYĆ

Główna brama Asyżu to pochodząca z XIV w. **brama San Francesco**, część opasującego miasto muru. Przy Piazza San Francesco znajduje się imponujący budynek ★ **bazyliki św. Franciszka** ℹ www.sanfrancescoassisi.org; otwarte: zimą: 6.00–18.30, latem: 6.00–19.00 wraz z dzwonnicą z XIII w. Plac ten okolony jest XV-wiecznymi podcieniami. Bazylika jest jedną z największych świątyń chrześcijaństwa, a zdobiące ją freski to arcydzieła XIII- i XIV-wiecznego malarstwa.

Budowę świątyni rozpoczęto w 1228 r. z woli i, prawdopodobnie, wg projektu brata Eliasza. Bazylika składa się z dwóch kościołów: dolnego i górnego. Niska bazylika dolna utrzymana jest w stylu romańsko-gotyckim, natomiast pełna światła bazylika górna – w stylu gotyku umbryjskiego.

Do **kościoła dolnego** ℹ otwarte: zimą 6.00–18.30, latem do 18.50 wchodzi się przez XIII-wieczny gotycki portal. Jednonawowe wnętrze podzielone jest przęsłami na pięć części. Zdobią je freski średniowiecznych mistrzów: Maestra di San Francesco, Giotta, Cimabuego. Najstarsze są malowidła pędzla

▲ Bazylika św. Franciszka w Asyżu

Maestra di San Francesco na ścianie nawy głównej – pochodzą prawdopodobnie z 1253 r. i przedstawiają sceny z życia Chrystusa i św. Franciszka.

W kościele dolnym znajduje się szereg bocznych kaplic. Już w przedsionku, po lewej zobaczymy XVI-wieczną kaplicę św. Sebastiana. Symetrycznie, na drugim końcu przedsionka, znajduje się wejście do kaplicy Sant'Antonio Abate (XIV–XV w.). Naprzeciwko nich podziwiać można kaplicę św. Katarzyny w białym i czerwonym marmurze (XIV w.) z żywotem świętej autorstwa Andrei da Bologna. Z kaplicy św. Katarzyny przechodzi się do krużganków i następnie na cmentarz.

Pierwsza kaplica po prawej stronie nawy, poświęcona św. Stefanowi, ozdobiona jest malowidłami alegorycznymi oraz przedstawiającymi żywot świętego, powstałymi w XVI–XVII w. Kolejna kaplica jest poświęcona św. Antoniemu Padewskiemu, a freski z wizerunkami świętych pochodzą z początku XVII w. Zdobienie ostatniej kaplicy po tej stronie nawy, pw. św. Magdaleny, jest dziełem Giotta i jego szkoły, powstałym zaraz po zakończeniu zdobienia kaplicy Scrovegnich w Padwie. Na sklepieniu zobaczymy wyobrażenia świętych, a na ścianach – sceny biblijne.

Po lewej stronie nawy znajdziemy kaplicę św. Marcina, którą na początku XIV w. ozdobił Simone Martini. Malowidła przedstawiają historię św. Marcina i innych świętych. Obok znajduje się kaplica św. Piotra z Alkantary.

Obie kaplice znajdujące się w transepcie powstały pod koniec XIII w. W kaplicy św. Mikołaja (po lewej) na ścianach zachowały się malowidła uczniów Giotta. Usytuowaną naprzeciw kaplicę św. Jana Chrzciciela zdobią m.in. freski Lorenzettiego.

W prezbiterium znajduje się podwójny gotycki ołtarz. Sklepienie nad nim zdobią pochodzące z początku XIV w. słynne freski przedstawiające alegorie cnót franciszkańskich (ubóstwa, miłosierdzia, posłuszeństwa) i *Chwałę św. Franciszka*. Na ścianach transeptu zobaczyć można *Dzieciństwo Chrystusa* i *Mękę Chrystusa* autorstwa uczniów Giotta. Na sklepieniu prawej części transeptu widoczne są freski – przedstawiające Maryję na tronie, czterech aniołów i św. Franciszka – wykonane przez Cimabuego (jedyna pozostała część wcześniejszej dekoracji) i cykl *Ukrzyżowanie* Giotta. Lewa strona transeptu zdobiona była ok. 1320 r. przez jednego z mistrzów sieneńskich (*Stygmaty św. Franciszka*, *Ostatnia Wieczerza*, *Biczowanie*) oraz Lorenzettiego (*Śmierć Judasza*, *Mycie nóg*, *Wejście do Jeruzalem*, *Wejście na Kalwarię*). Lorenzettiemu przypisywane są również: *Ukrzyżowanie*, *Matka Boska z Dzieciątkiem* oraz wszystkie pozostałe freski tej strony.

Z kościoła dolnego można przejść do **muzeum skarbca** ⓘ otwarte: IV–X pn. 10.30–13.00 i 14.00–17.00, wt.–sb. 10.00–13.00 i 14.00–17.00, nd. 10.00–17.30, XI–III wizyty na życzenie; wstęp wolny z kolekcją podarowaną bazylice przez F.M. Perkinsa, w której znajdują się dzieła Lorenzettiego, Fra Angelica i Lorenza Monaco.

Zwiedzanie **kościoła górnego** ⓘ otwarte: zimą 8.30–18.00, latem do 18.50 rozpoczyna się od transeptu, który ok. 1277 r. w całości został pokryty przez Cimabuego freskami. Większość malowideł jest w złym stanie. Po lewej stronie zobaczymy dramatyczne *Ukrzyżowanie* oraz pięć scen apokaliptycznych. W absydzie umieszczono sceny z życia Maryi. W prawej części transeptu można podziwiać freski pokazujące epizody z życia św. Piotra, pędzla jednego z mistrzów północnych oraz Cimabuego.

Przedstawienia czterech ewangelistów na sklepieniu są również autorstwa Cimabuego, natomiast wizerunki Chrystusa, Maryi, Jana Chrzciciela i św. Franciszka – także na sklepieniu – Jacopa Torritiego. Postaci czterech doktorów Kościoła i osiemnastu świętych przypisuje się młodemu Giottowi.

Na ścianach nawy kościoła górnego najwyższe poziomy zajmują bardzo zniszczone sceny staro- i nowotestamentowe przypisane przez Vasariego Cimabuemu. Poniżej znajduje się cykl fresków przypisywanych

▲ Wnętrze bazyliki św. Franciszka w Asyżu

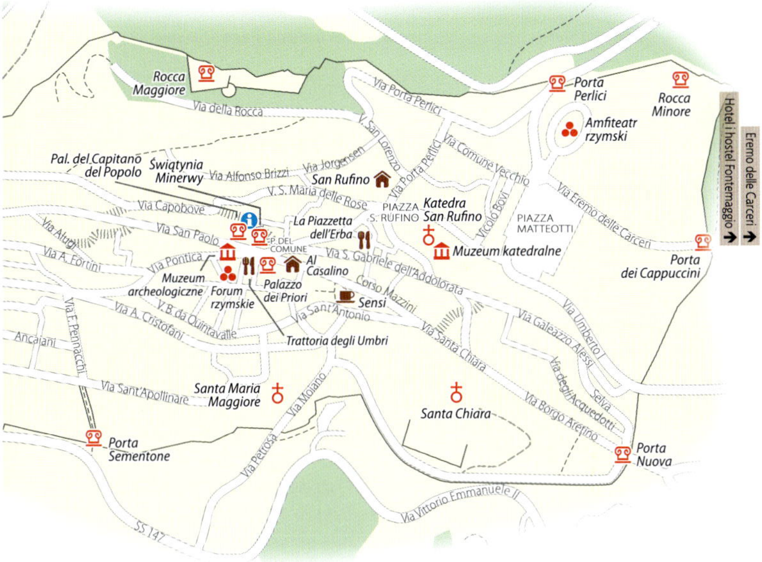

przez Vasariego Giottowi, a przedstawiających żywot św. Franciszka. Porządek scen w obydwu wypadkach następuje od prawej strony przy wejściu do ołtarza i następnie na lewej ścianie do wyjścia.

Bazylika św. Franciszka jest najważniejszym, lecz nie jedynym zabytkiem Asyżu. Od świątyni w kierunku centrum wspina się Via San Francesco, wzdłuż której wznoszą się średniowieczne i nieliczne barokowe budynki. W jednym z nich – **Palazzo Vallemani** pod nr 12 – ma siedzibę **pinakoteka** 🛈 otwarte: IV–X 10.00–18.00, w pozostałych miesiącach po rezerwacji; wstęp: 5 EUR, ulg. 3 EUR, bilet łączony z Rocca Maggiore i ruinami forum: 9 EUR. W jej zbiorach znajdują się freski od okresu romańskiego po XVI w. i malarstwo z okresu XIV–XVII w.

Główny plac miasta, powstały w miejscu forum rzymskiego, Piazza del Comune, zdominowany jest przez XIV-wieczny **Palazzo dei Priori** i XIII-wieczny **Palazzo del Capitano del Popolo** z wieżą i znajdującą się obok **świątynią Minerwy**. Ten pochodzący z epoki Augusta budynek dzisiaj pełni funkcję kościoła i ma barokowy wystrój wnętrza, lecz łatwo odczytać pierwotny plan architektoniczny.

W pobliskim zdekonsekrowanym kościele San Nicolò znajduje się **muzeum archeologiczne** 🛈 otwarte: XI–II 10.00–17.00, III–V i X 10.00–18.00, VI–IX 10.00–19.00; wstęp: 4 EUR, ulg. 2,50 EUR, gdzie można oglądać wykopaliska rzymsko-etruskie. Z krypty przechodzi się do **ruin rzymskiego forum**.

Przy Piazza San Rufino, do którego prowadzi ulica o tej samej nazwie, wznosi się **katedra San Rufino**. Zbudowana między XII i XIII w. stoi w miejscu dawnej bazyliki. Trzynawowa świątynia ma rzeźbioną fasadę z trzema rozetami i portalami. W znajdującej się tu chrzcielnicy mieli wg tradycji zostać ochrzczeni św. Franciszek i św. Klara. Na życzenie można zwiedzić muzeum katedralne.

Piękny gotycki **kościół Santa Chiara** w południowo-wschodniej części starego miasta pochodzi z 2. poł. XIII w. W kaplicy

Informacja turystyczna

Biuro informacji turystycznej znajduje się przy Piazza del Comune 22 (tel.: +39 075 812534; www.assisionline.com, www.conoscerelumbria.regioneumbria.eu; otwarte: pn.–pt. 8.00–14.00 i 15.00–18.30, sb. 9.00–19.00, nd. 9.00–18.00).

Noclegi

Znalezienie taniego noclegu w samym centrum Asyżu może być problematyczne, choć ogólnie baza noclegowa jest tu bogata. Niektóre obiekty funkcjonują zarówno jako hotele, jak i hostele.

- **Hostel Al Casalino**, Via San Rufino 2; tel.: +39 347 6123213; www.alcasalino.it; dwójka ze śniadaniem 40–110 EUR w sezonie; nieczynne w I i II. Apartament w centrum.
- **Hotel Fontemaggio**, Via Eremo delle Carceri 24; tel.: +39 075 813636; www.fontemaggio.it; jedynka 36 EUR, dwójka 54 EUR, śniadanie dodatkowo 6 EUR. Usytuowany przy drodze prowadzącej do Eremo delle Carceri (800 m od Porta Cappucini), w klimatycznym budynku z XVII w., oferuje nocleg w przyjemnych pokojach z tv. Na miejscu jest restauracja. W ramach tego samego obiektu funkcjonuje też **hostel Fontemaggio**, dla młodszych i mniej wymagających turystów. Dysponuje jedynkami, dwójkami i pokojem 9-osobowym; 22 EUR/os. Jest tu także niedrogi kemping.
- **Hotel San Rufino****, Via Porta Perlici 7; tel.: +39 07 5812803; www.hotelsanrufino.it; jedynka 30–46 EUR, dwójka 43–58 EUR, śniadanie za dopłatą 5 EUR. Usytuowany w zabytkowym centrum niedaleko katedry, ma 11 stylowo urządzonych pokoi z łazienką i tv.
- **Ostello della Pace**, Via Valecchie 177; tel.: +39 075 816767; www.assisihostel.com; nocleg 18 EUR/os. ze śniadaniem, dodatkowo 2 EUR za oddzielną łazienkę, pokój od 21 EUR. Poza murami miasta (przy drodze w stronę stacji), jednak dość blisko centrum. Dysponuje przestronnymi, przyzwoitymi pokojami 6- i 8-osobowymi. Do dyspozycji internet, bar, pralnia, ogród.

Wyżywienie

Typowym dla Asyżu smakołykiem jest *la rocciata* – wypełniona bakaliami rolada; smaczna, choć bardzo słodka i ciężkostrawna. Można jej skosztować np. w tradycyjnej cukierni **Sensi** przy Corso Mazzini 14.

- **La Piazzetta dell'Erba**, Via San Gabriele dell'Addolorata 15b. Bardzo dobra *osteria*, łącząca tradycję i nowoczesność. Polecana sałatka z serem *pecorino*, gruszkami, orzechami i miodem (*insalata con pecorino, pere, noci e miele*). Duży wybór lokalnych win.
- **Trattoria degli Umbri**, Piazza del Comune 40; czw. nieczynne. Lokal oferuje tradycyjną umbryjską kuchnię.

Wydarzenia kulturalne

W maju w Asyżu organizowane jest święto **Calendimaggio** – festyn przywołujący czasy średniowiecza i renesansu z ich muzyką, spektaklami, strojami, turniejami i pochodami.

W październiku obchodzi się **święto św. Franciszka** (*celebrazioni in onore di San Francesco*), obejmujące uroczystości kościelne i świeckie z udziałem władz państwowych, którym towarzyszą prezentacje tańców i koncerty muzyki tradycyjnej z różnych regionów Włoch.

Sakramentu oprócz XIV-wiecznych fresków można zobaczyć krucyfiks, który wg legendy przemówił do św. Franciszka.

Inne sakralne zabytki Asyżu to pochodzące z XII w. **kościół Santa Maria Maggiore** (dawna katedra) i **kościół San Pietro**, w którego architekturze mieszają się elementy romańskie i gotyckie. Oprócz nich warto obejrzeć **Rocca Maggiore** – zamek na skale, przebudowany w XIV w. (można

▲ Uliczka w Asyżu

do niego dojść ścieżką, która rozpoczyna się przy Via Santa Maria delle Rose). Z kolei przy szlaku prowadzącym do kolejnego zamku – Rocca Minore, znajdują się **pozostałości amfiteatru rzymskiego**.

Idąc z Piazza Matteotti i przez Porta dei Cappuccini wychodząc poza obręb murów miasta, dociera się do **Eremo delle Carceri** – otoczonego lasem klasztoru, zbudowanego w miejscu, gdzie św. Franciszek i jego towarzysze oddawali się modlitwie.

OKOLICE

W pobliżu Asyżu, w nowszej części miasta **SANTA MARIA DEGLI ANGELI** znajduje się **kościół Santa Maria degli Angeli** ℹ otwarte: 6.15–12.40 i 14.30–19.30. Tam właśnie narodził się zakon franciszkański i tam zmarł św. Franciszek. Powstała w XVI w. świątynia kryje słynną kaplicę – **Capella della Porziuncola**, w której modlił się święty i jego towarzysze. Zdobią ją freski z końca XIV i XV w. W prezbiterium, po prawej stronie, znajduje się Capella del Transito, gdzie św. Franciszek zmarł. Na ołtarzu stoi statua świętego dłuta Andrei della Robbia. Po prawej stronie od kościoła widać XIV-wieczny klasztor, siedzibę dwóch **muzeów** (etnograficznego i placówki przechowującej obraz Cimabuego z XIII w., przedstawiający św. Franciszka).

Loreto

Około 130 km na północny wschód od Asyżu, na jednym z zielonych wzgórz prowincji Marche rozłożyło się Loreto – słynne przede wszystkim ze względu na wspaniałe sanktuarium maryjne, do którego co roku przybywają rzesze pielgrzymów. Legenda mówi, że właśnie tutaj został przeniesiony przez anioły dom Maryi, kiedy Nazaret ponownie przeszedł w ręce muzułmanów. Naukowe hipotezy zakładają natomiast transport tego obiektu drogą morską przez rycerzy powracających z jednej z krucjat.

Sanktuarium Świętego Domu ℹ otwarte: X–III 6.15–19.00, IV–IX 6.15–19.30 znajduje się przy głównym placu miejskim (Piazza della Madonna) zdobnym w fontannę z XVII-wiecznymi figurami z brązu. Budowa świątyni, łączącej elementy gotyckie i renesansowe, rozpoczęła się w 2. poł. XV w., a zakończona została ponad 100 lat później. Późnorenesansowe są fasada i troje drzwi z brązu (ze scenami biblijnymi). Zbudowane na planie krzyża łacińskiego wnętrze podzielone jest na trzy nawy. W nawach bocznych sanktuarium znajduje się 12 kaplic. Marmurowa obudowa Domu Świętego wykonana wg projektu Bramantego to swoiste arcydzieło renesansu. Przedstawiono tu płaskorzeźby ze scenami z życia Maryi. Przy wyjściu z bazyliki mieści się Sala Pomarancia (skarbiec), ok. 1610 r. ozdobiona przez tego artystę freskami. Na prawo od wyjścia znajduje się atrium skarbca z obrazami i sztukateriami z początku XVII w.

Museo Antico Tesoro otwarte: pn.–pt. 10.00–13.00 i 15.00–18.00, sb. i nd. 10.00–13.00 i 15.00–19.00, wstęp: 7 EUR przechowuje malowidła Lotta i Pomarancia oraz kolekcję ceramiki i sztukę współczesną.

Informacja turystyczna

Biuro informacji turystycznej znajduje się przy Via Solari 3 (tel.: +39 071 970276; otwarte: pn. i nd. 9.00–13.00, wt.–sb 9.00–13.00 i 15.00–18.00).

Noclegi

- **Dom misjonarzy Villa Scalabrini**, Via Marconi 94; tel.: +39 071 976714; www.scalabriniloreto.it; jedynki, dwójki, pok. wieloosobowe; nocleg ze śniadaniem od 29 EUR. Park, internet.
- **Hotel Delfino Azzurro****, Piazza Giovanni XXIII 15; tel.: +39 071 977283; www.hoteldelfinoazzurro.it; jedynka 45 EUR, dwójka 65–70 EUR. Oddalony o 60 m od sanktuarium rodzinny hotel. Jasne, czyste pokoje z łazienką i tv. Na miejscu restauracja.

Wyżywienie

- **Ristorante Andreina**, Via Buffolarecia 14; wt. nieczynne. Blisko dworca. W menu potrawy z dziczyzny i trufli, smaczne desery, duży wybór regionalnych win. Warto spróbować tutejszego *ragù*.

▼ Sanktuarium w Loreto

Bergamo

Leżące na północny wschód od Mediolanu Bergamo powstało jako osada celtycka, następnie znalazło się pod władzą Rzymian i Longobardów. W średniowieczu miało status wolnej komuny miejskiej, po czym przechodziło kolejno w ręce wszystkich niemal okolicznych hegemonów.

Bergamo dzieli się na dwie części. Bergamo Alta to otoczone murami historyczne centrum na wzgórzu (stacja kolejki prowadzącej do Bergamo Alta znajduje się przy Via Vittorio Emmanuele), a Bergamo Bassa rozwinęło się w kolejnych epokach na leżącej poniżej równinie.

WARTO ZOBACZYĆ

Głównym wejściem do historycznego centrum jest **Porta Sant'Agostino** – brama w XVI-wiecznych murach miejskich. Były **kościół Sant'Agostino** z freskami z XIV i XV w. rozpoczyna stromą Via Porta Dipinta. Ulica ta prowadzi na Piazza Mercato delle Scarpe, gdzie w XIV-wiecznym budynku znajduje się górna stacja **wyciągu** ℹ można nim dojechać do Bergamo Bassa; bilet: 1,25 EUR.

Przy Via Porte Dipinta wznoszą się dwa **kościoły: San Michele al Pozzo Bianco** i **San Andrea**. Pierwszy pochodzi z XII w. – wnętrze ozdobione jest freskami z XIII–XV w., drugi to świątynia neoklasyczna.

Via Gombito prowadzi do serca miasta, skupionego przy dwóch placach: Piazza Vecchia i Piazza del Duomo. Piazza Vecchia zdominowany jest przez zabytki świeckie: **Pallazzo della Ragione** (w trakcie konserwacji) z XII w. reprezentuje wenecki gotyk. Pałac otwiera się na parterze portykiem z **Torre Civica** z XII w. – na szczyt tej wieży można wjechać windą ℹ otwarte: XI–III wt.–pt. 9.30–13.00 i 14.30–18.00, sb.–nd. 9.30–18.00, IV–X wt.–pt. 9.30–18.00, sb.–nd. 9.30–20.00, wstęp: 5 EUR. W rezydencji zachowały się freski z XIV i XV w. autorstwa m.in. Bramantego (postaci filozofów).

▲ Piazza Vecchia

Jeziora przedalpejskie

▲ Lecco

Północne Włochy to nie tylko górski świat alpejskich szczytów, ale też kraina jezior. Za najpiękniejsze uważa się jezioro Como, a największym bez wątpienia jest jezioro Garda.

Jezioro Como

Jezioro Como to przedalpejskie jezioro polodowcowe (powierzchnia: 146 km^2, głębokość: 410 m). Uważane jest za jedno z najpiękniejszych na świecie. Posiada charakterystyczne trzy odnogi – w stronę Como, w stronę Lecco i w kierunku północnym. Piękno jeziora już w starożytności sławili wielcy artyści, a w XIX stuleciu stało się ono scenerią dla jednego z najważniejszych dzieł literatury włoskiej – *Narzeczonych* Alessandra Manzoniego.

Nad jeziorem, u stóp Monte Brunate leży słynące niegdyś z produkcji jedwabiu miasto **COMO**. W jego średniowiecznym centrum zachowało się kilka wspaniałych zabytków, m.in. romańsko-gotycki **Palazzo Broletto**, **katedra** z XV–XVI w. stanowiąca wspaniały przykład renesansu lombardzkiego i modernistyczny **Casa del Terragni**. To w Como urodził się Alessandro Volta – włoski fizyk i wynalazca, na którego cześć nazwano jednostkę napięcia elektrycznego.

Nad jeziorem znajduje się jeszcze jedno większe miasto – **LECCO**. Od XVII w. utrzymywało się ono z kowalstwa. Wszyscy wielcy odwiedzający miasto zwracali uwagę na **Ponte Vecchio** (Stary Most) na rzece Adda, wybudowany w połowie XIV w.

▲ Jezioro Garda koło Torbole

Jezioro Garda

Cieszące się sporą popularnością wśród turystów polodowcowe jezioro Garda to największy we Włoszech zbiornik wodny (powierzchnia: 370 km^2, głębokość: 346 m). Najchętniej odwiedzanym jego brzegiem jest odcinek od Salò po Gargnano. Charakteryzuje się on bardzo łagodnym klimatem i bujną roślinnością śródziemnomorską, a w przeszłości był ulubionym miejscem wypoczynku mieszkańców regionu. Wybrzeże Gardy ma znakomicie rozwiniętą infrastrukturę turystyczno-sportową.

Nad jeziorem leży sporo miejscowości, między którymi można podróżować regularnie kursującymi statkami. Na małym półwyspie ulokowało się **SIRMIONE**, jedno z ulubionych miejsc wypoczynku rzymskich patrycjuszy. Dziś warto tu zobaczyć m.in. XIII-wieczną **fortecę**, ozdobiony XV- i XVI-wiecznymi freskami **kościół Santa Maria Maggiore** czy park archeologiczny **Groty Katullusa** ⓘ otwarte: III–X wt.–sb. 8.30–19.30, nd. 9.30–18.30, XI–II wt.–sb. 8.30–17.00, nd. 8.30–14.00; wstęp: 6 EUR, ulg. 3 EUR.

Nad **DESENZANO DEL GARDA** dominuje XIV-wieczny **zamek**, a w samym miasteczku można obejrzeć **ruiny willi rzymskiej** z IV w. z mozaikami podłogowymi.

W **SALÒ**, gdzie podczas II wojny światowej powstała Włoska Republika Socjalna pod władzą Mussoliniego, zachowały się m.in. XVI-wieczny **Palazzo della Magnifica Patria** i gotycka **katedra** z XV w.

W **GARDONE RIVIERA** zaczyna się wybrzeże z luksusowymi willami, ogrodami i domkami letnimi. Można tu zwiedzić **Vittoriale** – willę Gabriele'a D'Annunzia, włoskiego pisarza z przełomu XIX/XX w. – i **ogród botaniczny**. Z kolei **CASTELNUOVO DI GARDA** słynie z wielkiego **parku rozrywki Gardaland** ⓘ www.gardaland.it; wstęp na 1 dzień: 36 EUR, ulg. 32,50 EUR.

W **LAZISE** do dziś można podziwiać niemalże w całości zachowane średniowieczne **mury miejskie**, zaś XII-wieczny **kościół San Severo** z freskami z XII i XIII w. i **kościółek San Zeno** z IX w. to główne zabytki słynącego z produkcji wina **BARDOLINO**.

Imienniczka jeziora, **GARDA**, to popularna miejscowość wypoczynkowa, słynąca z doskonałego klimatu.

▼ Sirmione

WŁOCHY PÓŁNOCNE | BERGAMO

Na Piazza del Duomo znajduje się **katedra** po XVI-wiecznej przebudowie, z drewnianym XVIII-wiecznym chórem i freskami Tiepolo (*Męczeństwo św. Jana biskupa*). Na tym samym placu zobaczymy też XII-wieczną romańską **bazylikę Santa Maria Maggiore**. Zwiedzających uderza barokowy przepych świątyni: złocenia i stiuki wnętrza pochodzą z XVI–XVII w. Niezmiernie ciekawie prezentuje się też barokowy konfesjonał rzeźbiony w drewnie. W kościele znajduje się grób włoskiego kompozytora Gaetano Dionizettiego.

Do bazyliki przylega **kaplica Colleoniego** ℹ otwarte: III–X 9.00–12.30 i 14.00–18.30, XI–II 9.00–12.30 i 14.00–16.30, pn. zamkn., wstęp wolny wybudowana pod koniec XV w. To perła renesansu lombardzkiego. Dekoracja wnętrza pochodzi z XVIII w., pod kopułą znajdują się freski Tiepolo. Baptysterium jest XIX-wieczną rekonstrukcją oryginalnej budowli z XIV w.

Jedną z atrakcji Bergamo Alta jest spacer wzdłuż murów miejskich z widokiem na Bergamo Bassa i okolicę. Natomiast już na terenie Bergamo Bassa warto odwiedzić **Museo Diocesiano dell'Arte Sacra** ℹ otwarte: wt.–nd. 15.00–18.30; wstęp: 5 EUR, ulg. 3 EUR. To Diecezjalne Muzeum Sztuki Sakralnej posiada ciekawe zbiory przedmiotów i szat liturgicznych średniowiecznych i późniejszych.

Museo Donizettiano ℹ otwarte: X–V wt.–sb. 9.30–13.00, sb. także 14.30–18.00, VI–IX wt.–nd. 9.30–13.00 i 14.30–18.00, wstęp: 3 EUR utworzone na cześć Donizettiego ma w swych zbiorach nie tylko przedmioty związane z kompozytorem, lecz również zabytkowe instrumenty muzyczne.

La Cittadella, XIII-wieczny budynek obronny, dzisiaj mieści w swych wnętrzach dwa muzea: **Scienze Naturali** (przyrodnicze) ℹ otwarte: 9.30–12.30 i 14.30–18.00 (zimą do 17.30), sb.–nd. 10.00–13.00 (zimą do 12.30) i 14.30–18.30 (zimą do 17.30), pn. zamkn., wstęp: 3 EUR i **Muzeo Archeologico** (archeologiczne) ℹ otwarte: IV–IX wt.–pt.

9.00–12.30 i 14.30–18.00, sb. i nd. 10.00–13.00 i 14.30–18.30, X–III wt.–nd. 9.00–12.30 i 14.30–17.30, sb.–nd. 10.00–12.30 i 14.30–17.30, pn. zamkn.; wstęp: 3 EUR.

Porta Nuova otwiera drogę do nowoczesnej części Bergamo, której budowa zakończyła się w 1927 r. Tutaj, pomiędzy ulicami Tasso i XX Settembre, znajduje się centrum handlowe miasta.

Mimo iż centrum Bergamo Bassa powstało na początku XX w., zobaczymy w nim kilka zabytków z wcześniejszych epok, np. **kościół San Bartolomeo** z XIX-wieczną fasadą i XVI-wieczną nadstawą ołtarza. Innym godnym uwagi obiektem sakralnym jest **kościół Sant'Alessandro della Croce** z XVII w., z fasadą przebudowaną w latach 30. XX wieku.

W neoklasycznym Palazzo dell'Accademia przy Piazza Carrara 82 mieści się **Pinacoteca dell'Accademia Carrara** ⓘ otwarte: X–IV codz. 9.30–17.30, V–IX 10.00–19.00, wt. zamkn., wstęp: 10 EUR, ulg. 8 EUR ze zbiorami sztuki lombardzkiej i włoskiej od średniowiecza po wiek XIX oraz zbiorem płócien mistrzów europejskich (m.in. Rafaela, Tycjana, van Dycka). Naprzeciwko znajduje się **Galleria d'Arte Moderna e Contemporanea** ⓘ www.gamec.it; otwarte: śr.–pn. 9.00–13.00 i 15.00–18.00, wstęp wolny na wystawy stałe, wystawy czasowe ok. 12 EUR, gdzie zobaczyć można dzieła m.in. de Chirico i Kandinsky'ego.

▼ Kaplica Colleoniego

Informacja turystyczna

Biura informacji turystycznej znajdziemy zarówno w Bergamo Alta (Via Gombito 13; tel.: +39 035 242226, www.turismo.bergamo.it; otwarte: 9.00–17.30), jak i w Bergamo Bassa (Viale Papa Giovanni XXIII 57; tel.: +39 035 210204; www.comune.bergamo.it; otwarte: 9.00–12.30 i 14.00–17.30), a także na lotnisku (Aeroporto „Il Caravaggio"; tel.: +39 035 320402; info@turismo.bergamo.it; otwarte: pn.–sb. 8.00–21.00, nd. 10.00–18.00).

Noclegi

- **Hostel Nuovo Ostello di Bergamo**, Via Ferraris 1; tel.: +39 035 361724; www.ostellodibergamo.it; nocleg w dormitorium 18–20 EUR, jedynka 35 EUR, dwójka 50 EUR. Tanio, ale dość daleko od zabytkowego centrum.
- **Hotel Agnello d'Oro****, Via del Gombito 22; tel.: +39 035 249883; www.agnellodoro.it. Choć hotel jest godny polecenia, nie warto jeść w tutejszej restauracji, gdyż jakość dań zupełnie rozmija się z ich cenami.
- **Hotel Piemontese****** (Best Western)**, Piazza Marconi 11; tel.: +39 035 242629; www.hotelpiemontese.com; dwójka od 80 EUR. Hotel świetnie usytuowany (Bergamo Alta w zasięgu ręki), pokoje przestronne, wygodne, każdy z prywatną łazienką. Komfortowo, ale drogo.

Wyżywienie

W Bergamo warto spróbować jednego z wielu gatunków wytwarzanych tu serów. Poza tym miasto słynie z polenty (danie z kaszy kukurydzianej). Specjalnością Bergamo są też liczne bary z winem, które znakomicie smakuje z serami i wędlinami.

- **Trattoria Parietti**, Via Costantino Beltrami 52. Położona 10 min spacerem od centrum Bergamo Alta. Tradycyjna kuchnia. Trzeba koniecznie spróbować polenty!

Bolonia

Położona u stóp Apeninu Toskańskiego, Bolonia (Bologna) jest stolicą prowincji, a zarazem regionu Emilia-Romania. Słynie przede wszystkim z najstarszego w Europie, założonego w 1088 r., uniwersytetu. Do dzisiaj zresztą jest tętniącym życiem ośrodkiem studenckim przyciągającym młodych ludzi z całych Włoch i nie tylko. Cechą rozpoznawczą Bolonii jest jej średniowieczna zabudowa z czerwonej cegły, z portykami, które ciągną się dosłownie kilometrami. Niegdyś charakterystyczne dla miasta były także liczne wieże, głównie mieszkalne. W średniowieczu było ich prawdopodobnie ponad 100, do naszych czasów zachowało się niestety tylko kilka, w tym najbardziej charakterystyczna: krzywa Torre Garisenda, wspomniana już przez Dantego w *Boskiej komedii*.

HISTORIA

Losy Bolonii od samego początku były zmienne i burzliwe. Znajdująca się w tym miejscu osada została w VI w. p.n.e. zdobyta przez Etrusków, którzy nadali jej nazwę Felsina. Kolejno przeszła w ręce Galów, a w 189 r. p.n.e. Rzymian, którzy założyli tu najpierw kolonię, a później miasto nazwane *Bononia*. Po upadku cesarstwa zostało zniszczone przez barbarzyńców, a następnie weszło w skład egzarchatu Rawenny (posiadłości cesarstwa bizantyjskiego w Italii w latach 565–671,

▼ Bolonia z lotu ptaka

pozostające pod władzą zależnego od Konstantynopola urzędnika zwanego egzarchą). Kolejno miasto dostało się pod panowanie Longobardów, by wreszcie, po dokonanym przez Karola Wielkiego podboju, zostać częścią Państwa Kościelnego.

Z początkiem wieku XI Bolonia stała się wolnym miastem, co przyczyniło się do znacznego jej rozwoju, a także utworzenia, prawdopodobnie w 1088 r., uniwersytetu, do którego zaczęła wkrótce ściągać młodzież z całej Europy. Przystępując do pierwszej i drugiej Ligi Lombardzkiej, Bolonia walczyła przeciwko Fryderykowi Barbarossie i Fryderykowi II. Wiek XIII to dla miasta okres wewnętrznej rywalizacji o władzę pomiędzy najważniejszymi rodami. W XIV w. rodzina Pepoli ustanowiła signorię (ustrój niektórych miast włoskich w okresie przekształcania się wolnych komun w monarchie, cechował się silną pozycją pana miasta – *signore*). Później władzę przejmowały kolejno rody Visconti

i Bentivoglio (XV w.). W 1500 r. Bolonia została ponownie włączona do Państwa Kościelnego, a wreszcie w 1860 r. stała się częścią Królestwa Włoch.

Podczas II wojny światowej z wojskami niemieckimi walczył tu 2. Korpus Polski – zmagania te zakończyły jego działania w kampanii włoskiej. W sierpniu 1980 r., światem wstrząsnął zamach terrorystyczny na dworcu w Bolonii, w wyniku którego zginęło 85 osób, a ponad drugie tyle zostało rannych.

WARTO ZOBACZYĆ

Piazza Maggiore i Piazza del Nettuno

Centralnym punktem miasta jest Piazza Maggiore, gdzie znajduje się część głównych zabytków Bolonii, przede wszystkim monumentalna ★ **bazylika San Petronio** ℹ otwarte: pn.–czw. 7.45–13.00 i 14.00–18.00, pt.–nd. 7.45–18.00 (św. Petroniusz jest patronem miasta). Świątynia ta jest jednym z najlepszych przykładów sakralnej architektury gotyckiej na południe od Alp. Jej budowę rozpoczęto pod koniec XIV w. wg projektu Antonia di Vincenzo, a zakończono dopiero w XVII stuleciu. Niezwykle interesująca jest fasada bazyliki, której dolną część zdobi marmurowa okładzina (XV w.), wykonana przez Jacopa della Quercia. Jej górna część nie została nigdy dokończona, pozostawiono jedynie ceglany mur. Uwagę przykuwają również ostrołukowe okna, które zdają się być ucięte w połowie.

Obszerne wnętrze świątyni kryje wiele bocznych kaplic, w których znajduje się kilka godnych zobaczenia dzieł. W pierwszej kaplicy po lewej znajdują się dwa XV-wieczne freski Giovanniego da Modena. W czwartej kaplicy po lewej uwagę przykuwa sugestywny cykl fresków tego samego artysty, przedstawiający po lewej *Raj* i *Piekło*, po prawej *Historię Trzech Króli*, na ścianie w głębi natomiast *Uświęcenie św. Petroniusza*. W kolejnej kaplicy znajduje się interesująca posadzka, wykonana w wieku XV z wytwarzanej w pobliskiej Faenzie majoliki. W innych kaplicach zobaczymy m.in. obraz Parmigianina oraz figurę św. Antoniego z Padwy przypisywaną Sansovinowi.

Cały kościół sprawia wrażenie niedokończonego. Nie bez przyczyny: bazylika San Petronio miała być symbolem niezależności Bolonii od władzy papieskiej. Rozmiarami miała przyćmić ówczesną Bazylikę św. Piotra

▲ Archiginnasio

w Rzymie. Plany zostały jednak zmodyfikowane, gdy papież Pius VI zlecił wzniesienie tuż obok, na terenie początkowo przeznaczonym na nawę boczną kościoła, gmachu **Archiginnasio**. Zbudowany w XVI w. w miejscu wcześniej istniejących budynków, stał się **pierwszą wspólną siedzibą** wszystkich **wydziałów uniwersytetu**. Obecnie mieści się tu biblioteka miejska. Warto wejść choćby tylko na dziedziniec – jego mury ozdobione są herbami wybitnych absolwentów wszechnicy (w tym licznych Polaków) oraz krajów i miast, z których pochodzili. Na parterze znajduje się też kaplica z pozostałościami cyklu fresków XIV-wiecznego bolońskiego malarza Bartolomea Cesiego. Trzeba wspomnieć też, że w XIX w. powstała tutaj, z inicjatywy m.in. Teofila Lenartowicza i Jana Matejki, Akademia Historii i Literatury Polskiej i Słowiańskiej im. Adama Mickiewicza.

▼ Palazzo del Podestà

Największą atrakcją Archiginnasio jest ★ **Teatro Anatomico** 🛈 otwarte: pn.–pt. 10.00–18.00, sb. 10.00–19.00, nd. 10.00–14.00; wstęp: 3 EUR – sala sekcyjna wydziału medycznego. Dokonywano w niej niegdyś sekcji zwłok, podczas których na widowni zasiadali nie tylko studenci czy artyści, ale także zwykli mieszczanie, dla których był to rodzaj ciekawego widowiska. Środek sali zajmuje oryginalny stół podpierany przez dwie postaci zwane *gli spellati* („odarci ze skóry"). Na piętrze Archiginnasio mieszczą się dwie aule uniwersyteckie: Aula Artystów – obecnie czytelnia biblioteki miejskiej, oraz udostępniona zwiedzającym Aula Prawników, zwana „Stabat Mater" na pamiątkę pierwszego wykonania utworu Gioacchina Rossiniego, które odbyło się właśnie tutaj.

Wracając na Piazza Maggiore, warto zwrócić uwagę na wznoszący się naprzeciwko bazyliki XV-wieczny **Palazzo del Podestà**, nad którym góruje jedna z zachowanych bolońskich wież: XIII-wieczna **Torre dell'Arengo**. Pałac ten łączy się z **Palazzo Re Enzo**, również z XIII w. Nazwany tak został ze względu na syna Fryderyka II, króla Sycylii: Enza, który po bitwie pod Fossaltą w 1249 r. był tutaj przetrzymywany przez stronników papieskich jako jeniec przez 23 lata, aż do swojej śmierci. W obydwu budynkach niekiedy organizowane są wystawy.

Sąsiedni Piazza del Nettuno wziął nazwę od znajdującej się tu XVI-wiecznej **fontanny Neptuna**, dzieła Giambologni. Jest to tradycyjne miejsce spotkań młodych ludzi, jeden z najważniejszych punktów miasta.

W zachodniej części Piazza Maggiore wznosi się **Palazzo Comunale** (Palazzo d'Accursio) – monumentalny kompleks zabudowań, składający się z kilku połączonych obiektów. Nad głównym portalem znajduje się loggia z wykonaną z brązu statuą Grzegorza XIII. Wewnętrzny dziedziniec otoczony jest z trzech stron podcieniami. Na piętrze pałacu mieszczą się galerie: **Collezioni Comunali d'Arte** 🛈 otwarte: wt.–pt. 9.00–18.30, sb., nd. i święta 10.00–18.30; wstęp: 5 EUR, ulg. 3 EUR ze zbiorami głównie malarstwa szkoły bolońskiej oraz **Museo Morandi** 🛈 zbiory czasowo wystawiane są w Museo d'Arte Moderna di Bologna przy Via Don

Giovanni Minzoni 14; otwarte: wt.–śr., pt.–nd. 10.00–18.30, czw. 10.00–22.00; wstęp: 6 EUR, ulg. 4 EUR, gdzie można podziwiać ok. 200 prac tego futurystycznego włoskiego malarza, a także jego pracownię.

Na południowej pierzei placu, na prawo od bazyliki San Petronio, wznosi się kolejny gotycki gmach: pięknie wykończony **Palazzo dei Notai** z XIV w. Kiedyś była to siedziba słynnych na całą Europę bolońskich prawników, którzy w dużym stopniu przyczynili się do stworzenia kontynentalnego systemu prawnego.

Naprzeciwko Palazzo Comunale znajduje się kolejna ozdoba Piazza Maggiore: **Palazzo dei Banchi** utworzony przez połączenie w spójną całość wcześniej istniejących tu budynków za pomocą jednolitej renesansowej fasady zaprojektowanej przez Vignolę. Pomiędzy Palazzo dei Banchi a Archiginnasio znajduje się interesujące ★ **Museo Civico Archeologico** ⓘ otwarte: wt.–pt. 9.00–18.00; sb., nd. i święta 10.00–18.30; część pomieszczeń jest remontowana do wiosny 2019, do tego czasu wstęp: 3 EUR z bogatymi zbiorami sztuki egipskiej, rzymskiej, a przede wszystkim etruskiej.

Uliczki na wschód od Piazza Maggiore tworzą jeden z najbardziej uroczych zakątków Bolonii. To właśnie tutaj, na Via Clavature, Via Pescherie Vecchie czy Via Orefici znajdują się stoiska, na których znaleźć można wszystko, co rodzi się w tym żyznym regionie i z czego słynie tradycyjna emiliańska kuchnia, z mortadelą, parmezanem i szynką parmeńską na czele. Przy Via Clavature usytuowany jest także niewielki **kościół Santa Maria della Vita** ⓘ otwarte: wt.–nd. 10.00–19.00, zamkn. w VIII, którego główną atrakcją jest rzeźba *Opłakiwanie Chrystusa* Niccolò dell'Arca. Dzieło składa się z siedmiu terakotowych figur przedstawiających m.in. Maryję, Marię Magdalenę oraz św. Jana, zebranych nad ciałem Chrystusa.

Piazza della Mercanzia i Piazza di Porta Ravegnana

Idąc od Piazza Maggiore Via Orefici, dochodzi się do trójkątnego Piazza della Mercanzia, nad którym dominuje przepiękny gotycki **Palazzo della Mercanzia** z XIV w. Swoim północnym krańcem Piazza della Mercanzia przylega do Piazza di Porta Ravegnana, skąd promieniście

▼ Fontanna Neptuna

▲ Wnętrze kościoła Santa Maria della Vita

rozchodzi się kilka ulic. Kiedyś każda prowadziła do bramy miejskiej. Zresztą prawie wszystkie bramy istnieją do dzisiaj. Najlepiej zachowała się Porta Saragozza w południowo-zachodniej części miasta, a także Porta Maggiore, Porta San Vitale czy Porta Mascarella u wylotu ulic o tych samych nazwach.

Nad placem górują ★ **Due Torri** – te dwie wieże to symbol Bolonii. Niższa z nich – XI-wieczna **Torre Garisenda**, bardzo szybko zaczęła się niebezpiecznie pochylać, w związku z tym już w średniowieczu musiano rozebrać jej górną część. Tuż obok stoi znacznie wyższa (98 m) i niemal całkiem prosta XII-wieczna **Torre Asinelli** ℹ otwarte: III–5 XI 9.30–19.30, 6 XI–II 9.30–17.45; wstęp: 5 EUR, ulg. 3 EUR, z której wierzchołka podziwiać można panoramę miasta.

▲ Widok z Torre Asinelli

Via Zamboni

Od Piazza di Porta Ravegnana odchodzi m.in. Via Zamboni, prowadząca do dzielnicy uniwersyteckiej. Przy jednej z jej przecznic, Via Valdonica (po lewej), znajduje się **Museo Ebraico** otwarte: nd.–czw. 10.00–18.00, pt. 10.00–16.00; wstęp: 4 EUR, ulg. 2 EUR, jedno z ciekawszych muzeów poświęconych społeczności żydowskiej. Jego usytuowanie nie jest przypadkowe – właśnie w tej okolicy znajdowało się niegdyś bolońskie getto.

Idąc dalej Via Zamboni, dochodzi się do Piazza Rossini, nad którym dominuje romański **kościół San Giacomo Maggiore** otwarte: pn.–pt. 7.30–12.30 i 15.30–18.30, sb., nd. 8.30–12.30 i 15.00–18.30 wzniesiony w 1267 r. Wewnątrz znajdują się m.in. nagrobek Antona Galeazza Bentivoglia dłuta Jacopa della Quercia (za prezbiterium), kaplica Bentivogliego z ciekawymi freskami, a także obraz *Święty Roch* Ludovica Carracciego (w 10. kaplicy po prawej stronie).

Wzdłuż murów kościoła San Giacomo ciągną się renesansowe podcienia z dekoracjami z terakoty. Można nimi dojść m.in. do XV-wiecznego **Oratorio di Santa Cecilia** otwarte: IV–IX 10.00–13.00 i 15.00–19.00, X–V 10.00–13.00 i 14.00–18.00, gdzie zachowały się XVI-wieczne freski przedstawiające żywoty św. Cecylii i św. Waleriana.

Idąc dalej Via Zamboni, dochodzi się do Piazza Verdi, stanowiącego serce dzielnicy uniwersyteckiej. To przy nim znajdują się siedziby kilku wydziałów uniwersytetu, a także Teatro Comunale. Nieco dalej, po prawej stronie ulicy, usytuowany jest główny gmach uniwersytetu – **Palazzo Poggi** otwarte: wt.–pt. 10.00–16.00, sb. i nd. 10.00–18.00; wstęp: 5 EUR, ulg. 3 EUR. Mieszczą się w nim także dwa muzea uniwersyteckie. Na pierwszym piętrze – **Museo di Anatomia Umana**, w którym można obejrzeć woskowe modele ciał niegdyś wykorzystywane podczas pokazów medycznych. Charakteryzują się one nieprawdopodobną wprost wiernością i dbałością o szczegóły. Na ostatnim piętrze znajduje się natomiast **Specola** www.smaunibo.it, zwiedzanie od 10.30 (nd. od 12.00) w grupach do 15 os., po rezerwacji, czyli obserwatorium astronomiczne liczące już 300 lat, oraz **Museo di Astronomia** z przyrządami służącymi kiedyś badaczom nieba.

Przechodząc za Palazzo Poggi, wychodzi się na Piazza Puntoni. Tam Via Zamboni krzyżuje się z Via delle Belle Arti, przy której znajduje się ★ **Pinacoteca Nazionale** otwarte: IX–VI wt.–nd. 8.30–19.30, VII–VIII wt., śr. 8.30–14.00, czw.–nd. 13.45–19.30; wstęp: 6 EUR, ulg. 3 EUR. Zgromadzono w niej m.in. dzieła lokalnych artystów, takich jak Vitale da Bologna, Francesco Francia czy Tibaldi.

Strada Maggiore i Piazza di Santo Stefano

Na południowy zachód odchodzi od Piazza della Mercanzia szeroka Strada Maggiore. Tutaj, w **Palazzo Davia-Bargellini** otwarte: wt.–pt. 9.00–13.00, sb. i nd. 10.00–18.30, wstęp wolny mieści się muzeum przechowujące dzieła sztuki zgromadzone przez rodzinę Davia, a także tkaniny, meble i wyroby ze szkła.

Naprzeciwko, po drugiej stronie Strada Maggiore, przykuwa uwagę gotycki **kościół Santa Maria dei Servi** otwarte: pn. 7.30–12.30, wt.–nd. 7.30–12.30 i 16.00–19.00 z przełomu XIV i XVI w. Wewnątrz znajdują się pochodzące z XVI w. freski Vitalego da Bologna oraz (w jednej z kaplic) obraz Cimabuego *Madonna na tronie*. Przed świątynią znajduje się dziedziniec otoczony podcieniami – w grudniu odbywa się tu Targ św. Łucji (*Fiera di Santa Lucia*).

Kierując się Strada Maggiore w stronę centrum i skręcając w lewo, w Via Gerusalemme, dochodzi się do uroczego Piazza di Santo Stefano, przy którym mieści się jeden z najpiękniejszych bolońskich kościołów, a właściwie ★ **zespół kościołów** ℹ otwarte: zimą 9.15–18.00, latem 9.15–19.15, który kiedyś składał się z siedmiu świątyń pod wezwaniem św. Stefana (Santo Stefano). Do kompleksu wchodzi się poprzez **kościół Crocifisso**, z którego przejść można do ośmiokątnego **kościoła San Sepolcro**. Znajduje się tam nagrobek św. Petroniusza. Następnie przechodzi się do surowego **kościoła Santi Vitale e Agricola**, wzniesionego w V w. na bazie pozostałości rzymskich budowli. Na jednym z dwóch dziedzińców zespołu umieszczono tzw. misę Piłata z VIII w.

Na południe od Piazza Maggiore

Via Santo Stefano krzyżuje się z Via Farini, którą można dojść na Piazza Cavour i, skręcając tam w lewo, dotrzeć do kolejnej interesującej świątyni. Jest nią XIII-wieczny **kościół San Domenico** ℹ otwarte: pn.–pt. 9.00–12.00 i 15.30–18.00, sb. 9.00–12.00 i 15.30–17.00, nd. 15.30–17.00, gdzie w wykonanym w XV w. przez Nicolę Pisana grobowcu, przechowywane są relikwie św. Dominika. W tej samej kaplicy znajdują się rzeźby Michała Anioła: *San Procolo*, *San Petronio* oraz figura anioła (1494). W prezbiterium można podziwiać *Zaślubiny św. Katarzyny* Filippa Lippiego (1501), a w innych kaplicach dzieła Ludovica Carracciego, Guida Reniego, Francesca Francii i innych. Z kolei w kaplicy św. Jacka znajdują się prochy polskiego dominikanina Marcina Polaka, spowiednika papieży, zmarłego w 1279 r. W należącym do kościoła **Museo di San Domenico** znajdują się m.in. bogato inkrustowane XVI-wieczne drewniane stalle. Przed kościołem, na Piazza San Domenico, zobaczymy osłonięte baldachimami nagrobki, w których spoczywają ciała średniowiecznych prawników.

▲ Kościół San Domenico

Nieopodal San Domenico, przy Via d'Azeglio, usytuowany jest jeden z piękniejszych świeckich budynków miasta: renesansowy **Palazzo Bevilacqua** z XV w., którego fasada została wykonana z równo obrobionych ciosów.

Na północ od Piazza Maggiore

Nieco na północ od Piazza Maggiore, przy Via dell'Indipendenza, stoi **katedra San Pietro** otwarte: codz. 7.30–18.45. Pochodzący z X w. kościół był wielokrotnie przebudowywany, dziś przyciąga więc uwagę głównie swymi rozmiarami. W stojącym nieco dalej Palazzo Fava mieści się **Museo Civico Medievale e del Rinascimento** otwarte: wt.–nd. 10.00–18.30; wstęp: 5 EUR, ulg. 3 EUR, w 1. nd. mies. bezpł., muzeum średniowiecza i renesansu, którego zbiory stanowią m.in. wyroby ceramiczne i rzeźby, np. *Madonna ze świętymi* Jacoba della Quercia.

Inne ciekawe miejsca

Jeszcze jednym ciekawym zabytkiem Bolonii jest, wzniesiona nieco na zachód od ścisłego centrum, za Piazza Malpighi, XIII-wieczna **bazylika San Francesco** otwarte: 6.30–12.00 i 15.00–19.00 wspierana przez charakterystyczne łuki i przypory. Świątynia poważnie uszkodzona podczas II wojny światowej, w 1949 r. została odrestaurowana. Szczególne wrażenie robi jej majestatyczna fasada. We wnętrzu warto zwrócić uwagę na nagrobek papieża Aleksandra V i XIV-wieczny marmurowy ołtarz ze scenami z życia św. Franciszka (w prezbiterium).

W zachodniej części Bolonii znajduje się zabytkowy cmentarz ★ **Certosa di Bologna** otwarte: III–2 XI 7.00–18.00, 3 XI–II 8.00–17.00. W 1334 r. został w tym miejscu ufundowany klasztor kartuzów pw. św. Hieronima. A kiedy, ok. 1800 r., pojawiła się potrzeba utworzenia dużego cmentarza miejskiego poza ścisłym centrum, wybór padł właśnie na spełniające wszystkie wymagane warunki okolice klasztoru. Przepiękne krużganki i sam kościół cmentarny z całą pewnością zasługują na uwagę. Można też wybrać się stąd na krótką wycieczkę, gdyż wielokilometrowe podcienia, rozpoczynające się w okolicach cmentarza, prowadzą na jedno ze wzgórz na peryferiach miasta, gdzie wznosi się XVIII-wieczne **Santuario di Madonna di San Luca** otwarte: codz. XI–II 7.00–18.00, III–X 7.00–19.00. Długi rząd podcieni prowadzących na szczyt ciągnie się też od jednej z dawnych bram miejskich: Porta Saragozza.

▼ Santuario di Madonna di San Luca

Informacja turystyczna

Biura informacji turystycznej mieszczą się w Palazzo del Podestà przy Piazza Maggiore 1 (tel.: +39 051 239660, 251947, 6472113; www.bolognawelcome.com; otwarte: pn.–sb. 9.00–19.00, nd. od 10.00), na lotnisku i na dworcu kolejowym (Piazza Medaglie d'Oro; otwarte: pn.–sb. 9.00–19.00, nd. do 16.00). Za 20 EUR można tam kupić 48-godzinną **Bologna Welcome Card** – kartę uprawniającą m.in. do bezpłatnego wejścia do 10 bolońskich muzeów i zabytków, za 30 EUR – 72-godz.

Noclegi

W Bolonii na bazę noclegową nie można narzekać. Miejsce do spania znajdzie się i w centrum, i na obrzeżach miasta.

- **Kemping Centro Turistico Città di Bologna**, Via Romita 12/4a; tel.: +39 051 325316, 325318; www.hotelcamping.com; ok. 10 EUR/os. plus 13 EUR/namiot. Także bungalowy.
- **Hotel Pallone***, Via del Pallone 4; tel.: +39 051 4210533; www.albergopallone.it; 28 pokoi, nie wszystkie mają łazienki; dormitorium 20 EUR/os., jedynka 38 EUR, dwójka 59 EUR. Bar, winda dla niepełnosprawnych.
- **Hotel Marconi***, Via Marconi 22; tel.: +39 051 262832; www.pensionemarconi.it; 47 pokoi; jedynka 38–45 EUR (bez osobnej łazienki), dwójka 55–68 EUR (bez osobnej łazienki), z łazienką 12 EUR drożej, trójka 90–114 EUR. Skromnie, ale przyjemnie.
- **Hotel Centrale****, Via della Zecca 2; tel.: +39 051 225114, 253162; www.albergocentralebologna.it; pokoje ze śniadaniem, bez osobnej łazienki – jedynka ok. 50 EUR, dwójka ok. 80 EUR, z łazienką – odpowiednio 80 i 100 EUR. Ładny hotel w centrum starego miasta. Internet, bar.
- **Hotel Rossini****, Via dei Bibiena 11; tel.: +39 051 237716; www.mchotels.it/albergorossini; 21 pokoi; jedynka bez łazienki 48 EUR, z łazienką 60 EUR, dwójka od 75 EUR. Niewielki, miły hotel w centrum.

Wyżywienie

Ze znalezieniem klimatycznego miejsca (także cukierni czy lodziarni) nie ma tu problemu. Warte polecenia są zwłaszcza lokale z tradycyjną kuchnią regionalną.

- **Caminetto d'Oro**, Via dè Falegnami 4; zamkn. w nd. Specjalizuje się w daniach regionalnych (*tortellini*, *tagliatelle*); smaczne ciasta i lody własnej produkcji.
- **La Sorbetteria Castiglione**, Via Castiglione 44. Świetna tradycyjna lodziarnia w starym stylu.
- **Osteria Al 15**, Via Mirasole 15. Klimatyczna *osteria* tłumnie odwiedzana przez miejscowych. Świetna *pasta* własnej produkcji; warto spróbować *tortelli ai carciofi*. Niedrogo.
- **Ristorante Biagi**, Via Savenella 9. Sympatyczna, nieco rustykalnie urządzona rodzinna restauracja z typowymi daniami kuchni bolońskiej.
- **Trattoria da Vito**, Via M. Musolesi 9; zamkn. śr. Charakterystyczny lokal o swojskim klimacie; świetna lokalna kuchnia. Przeważnie trzeba czekać na miejsce.
- **Trattoria del Rosso**, Via Augusto Righi 30; Tania, tradycyjna *trattoria*, pełny posiłek już za 11,50 EUR.
- **Trattoria Fantoni**, Via del Pratello 11. Studencki lokal z miłą atmosferą; dania lokalne.

OKOLICE

DOZZA to mała miejscowość, dawna osada obronna, na trasie do Imoli. Nad miasteczkiem góruje **zamek** ℹ otwarte: IV–X wt.–sb. 10.00–12.30 i 15.00–18.30, nd. 10.00–13.00 i 15.00–19.30, XI–III wt.–sb. 10.00–12.30 i 14.30–17.00, nd. 10.00–13.00 i 14.30–18.00, wstęp: 5 EUR, z przełomu XV i XVI w. W jego podziemiach znajduje się *wine bar*. Jednak tym, co wyróżnia Dozzę, są malunki na ścianach domów mieszkalnych. Tradycja malunków jest długa, lecz większość z tych, które można oglądać, pochodzi z ostatnich dziesięcioleci.

Ferrara

Niezwykle piękna, a nieodkryta jeszcze przez turystów Ferrara wyróżnia się wśród miast Emilii-Romanii nowożytnym planem urbanistycznym. To właśnie ze względu na swoją zachwycającą renesansową zabudowę została wpisana na Listę Dziedzictwa Kulturowego i Przyrodniczego UNESCO.

HISTORIA

Ferrara narodziła się jako miasto bizantyjskie w VI w., chociaż jako osada istniała już w VII w. p.n.e. W średniowieczu została przez papieża ustanowiona stolicą księstwa i oddana we władanie rodowi Canossa. Jednak już w XII stuleciu, po śmierci ostatniego spadkobiercy, Ferrara stała się wolną komuną miejską. W XIII w. do władzy doszła rodzina Este. Po opieką tego rodu miasto przeżywało okres prosperity. Od końca XVI w. aż do momentu wyzwolenia przez Napoleona Ferrara wchodziła w skład Państwa Kościelnego.

WARTO ZOBACZYĆ

Najważniejszymi zabytkami w Ferrarze są dwa obiekty, jeden świecki, a drugi sakralny: Castello Estense (Zamek Estów) i katedra. ★ **Katedra** (XII–XIV w.) ma wspaniałą marmurową romańsko-gotycką fasadę (elementy gotyckie w górnej części, romańskie – w dolnej). Dzwonnica i absyda pochodzą z XV w. W środku na szczególną uwagę zasługują dzieła m.in. Garofala (*Matka Boska i święci*) i Bastianina (*Sąd Ostateczny*). Z atrium przechodzi się do muzeum katedralnego, gdzie można obejrzeć prace Jacopa della Querci, Filippiego czy Garofala.

Naprzeciw katedry znajduje się **Palazzo Comunale**, dawna siedziba rodu Estów. Na dziedzińcu zobaczymy piękne renesansowe schody, którymi można dotrzeć do Stanzino delle Duchesse (pokoiku księżnych).

Symbolem miasta jest wzniesiony w XIV w. na potrzeby rodziny Estów majestatyczny ★ **Castello Estense** ℹ otwarte:

▼ Katedra

Wały miejskie
Kemping Estense
Pizzeria Pulcinella
Trattoria Ai Tre Scalini
Dom Ludovica Ariosta
Klasztor San Cristoforo
Cimitero della Certosa
Estense
Palazzo Prosperi-Sacrati
Parco Massari
Palazzo dei Diamanti
Orto Botanico
PIAZZA ARIOSTEA
Cafe Teatro
Castello Estense
PIAZZETTA DEL CASTELLO
Dei Teatini
Palazzo Comunale
Leon d'Oro
Katedra
PIAZZA TRENTO E TRIESTE
Santa Chiara
San Francesco
Parco Pareschi
Palazzo Pareschi
Uniwersytet
Muzeum Wyposażenia Wnętrz
Albergo degli Artisti
Lupa
Pizzeria Estebar
Palazzo Romei
Antica Osteria delle Volte
Corpus Domini
Palazzo Schifanoia
S. Maria in Vado
Klasztor Sant'Antonio in Polesine
Museo Archeologico
Dom Biagia Rossettiego
Canale di Burana
Via Ariosto
Via Guarini
Via Borso
Corso Biagio Rosetti
Via delle Erbe
Via delle Vigne
Corso Porta Mare
Via Renata di Francia
Via Luigi Borsari
Via Montebello
Via del Gregorio
Vicolo del Voltino
Via Mascheraio
Via Palestro
Via Mentana
Via Monsignor Ruggero Bovelli
Via della Resistenza
Via Bellaria
Corso della Giovecca
Via Savonarola
Via Ugo Bassi
Via Aurelio Saffi
Via Cisterna del Follo
Via Scandiana
Via Madama
Via Borgo di Sotto
Via Carlo Mayr
Via Coperta
Via XX Settembre
Via Beatrice II d'Este
Via Ludovico il Moro
Via Cantarana
Via Porta Romana
Via dei Baluardi
Via della Ghiara
Via Quartieri
Via Volano
Via Otello Putinati
Corso Ercole I d'Este
Via Borgo dei Leoni
Via Cosmè Tura
Via degli Armari
Via Alberto Lollio
Viale Cavour
Largo Castello
Via Cairoli
Via Guglielmo degli Adelardi
Via Contrari
Via G. Mazzini
Via Vignatagliata
Via Vittoria
Via delle Volte
V. della Scienze
Vic. della Lupa
Via de Romiti
Via Carlo Mayr
Via Carri
Via Voltapaletto
Via Terranuova
Via del Pozzo
Piazza Travaglio
Corso Porta Reno
Via San Romano
Via Frescobaldi
Via Previati
Via Giuseppe Mazzini
oprac. R. Bletek
Ferrara
0
200 m
N

▲ Castello Estense

I, X–XII wt.–nd. 9.30–17.30, II–IX codz. 9.30–17.30; wstęp: 6 EUR, ulg. 4 EUR. Zamek z czterema wieżami został zbudowany na planie kwadratu i otoczony fosą. Godny uwagi jest XV-wieczny dziedziniec oraz kilka sal zamkowych: Sala dei Giochi (Sala Zabaw) oraz Sala Aurory z freskami Sebastiano Filippiego i szkoły artystów działającej w Ferrarze, a także kaplica Renaty Francuskiej, żony Fryderyka II Este, wyznawczyni kalwinizmu.

Corso della Giovecca dawniej była prestiżową ulicą miasta, a i dziś jest jedną z bardziej tłocznych arterii Ferrary. Na jej początku, niedaleko zamku, znajduje się **kościół dei Teatini** (początek XVII w.), gdzie w trzecim ołtarzu lewej nawy zobaczymy *Wizytę w świątyni* Guercina. Dalej wznosi się barokowy **kościół Santa Chiara**, znany też jako delle Capuccine. W jego wnętrzu można podziwiać obrazy Scarsellina. Idąc w kierunku bramy miejskiej, po prawej stronie mija się pochodzący z połowy XVI w. pałacyk Marfisy d'Este, który dziś mieści **Muzeum Wyposażenia Wnętrz** ❶ otwarte: wt.–nd. 9.30–13.00 i 15.00–18.00; wstęp: 4 EUR, ulg. 2 EUR.

Przy Piazza San Francesco znajduje się **kościół San Francesco** z końca XV w. Prawa nawa ozdobiona jest freskami Garofala, a w lewej nawie znajduje się sarkofag bizantyjski z V w., przywieziony tu z Rawenny. W jednej z kaplic lewej nawy widnieją dwa ważne freski: Scarsellina i Garofala (*Wygnanie Jezusa*).

Przy Via Savonarola znajdują się renesansowe budynki mieszkalne, a wśród nich **Palazzo Pareschi**, gdzie dzisiaj mieści się główna siedziba uniwersytetu, i **Palazzo Romei**, który jest typową XV-wieczną siedzibą szlachecką z dwoma malowniczymi dziedzińcami i pięknymi malowidłami ściennymi.

Nieopodal znajduje się **klasztor i kościół Corpus Domini** ❶ aby go zwiedzić, trzeba dzwonić do drzwi klasztoru pn.–pt. 15.30–17.30 (oprócz świąt); jedna z sióstr udziela informacji zza krat klauzury podczas zwiedzania, gdzie pochowano wielu członków rodziny Estów. Świątynia powstała na przełomie XIV i XV w., zaś portal z dekoracjami w terakocie pochodzi z XIV w.

Pobliski **Palazzo Schifanoia** ℹ niedczynny na czas renowacji powstał w XIV w. Po przebudowie w XV w. (wg projektu Rossettiego) stał się pierwszym przykładem architektury renesansowej w Ferrarze. Większość pomieszczeń mieści kolekcję muzealną (brązy, ceramika, dawne księgi z psalmami itp.), natomiast zachowana sala z malowidłami ściennymi rekompensuje brak oryginalnych dekoracji w innych pomieszczeniach. Na tyłach rezydencji znajduje się **kościół Santa Maria in Vado** zaprojektowany przez Rossettiego na początku XVI w.

Idąc na południe, dotrzemy do **Palazzo di Ludovico il Moro** z XVI w. Posiada on piękny, acz nieukończony dziedziniec z dwoma rzędami arkad; na parterze można podziwiać zachowane freski autorstwa Garofala (XVI w.). Na piętrze pałacu ma siedzibę **Museo Archeologico** ℹ otwarte: wt.–nd. 9.30–17.00; wstęp: 6 EUR, ulg. 3 EUR. W jego zbiorach znajdują się m.in. przedmioty pochodzące z pobliskich nekropolii etruskich.

Od ulicy Beatrice d'Este wchodzi się do **klasztoru Sant'Antonio in Polesine**, do którego przynależy kościół złożony z trzech kaplic z cennymi freskami z XIII–XV w.

Na wschód od Museo Archeologico, przy Via XX Settembre, znajduje się **dom Biagia Rossettiego** – słynnego miejscowego architekta. Budynek pochodzi z XV w. (warto zwrócić uwagę na ciekawe terakotowe dekoracje okien).

Podążając spod Castello Estense na północ Corso Ercole d'Este, dotrzemy do **Palazzo dei Diamanti**, pięknego „pałacu diamentowego", który swą nazwę zawdzięcza niezwykłej „diamentowej" fakturze murów. Powstały w końcu XV w. (wg projektu Rossettiego) dzisiaj jest siedzibą **Pinakoteki Narodowej** ℹ otwarte: wt., śr. 8.30–17.30, czw. 8.30–19.00, pt.–nd. 10.00–19.00, pn. zamkn.; wstęp: 6 EUR, ulg. 3 EUR , w 1. nd. mies. bezpł., gdzie warto

▼ Piazza Trento e Trieste, dzwonnica katedralna

obejrzeć zbiory malarstwa średniowiecznego, oraz **Muzeum Sztuki Nowożytnej** ℹ nieczynne na czas restauracji. Naprzeciwko niego wznosi się równie reprezentacyjny **Palazzo Prosperi-Sacrati**, gdzie zostały nakręcone niektóre sceny filmu *Po tamtej stronie chmur* Antonioniego i Wendersa.

Niedaleko Piazza Ariostea znajduje się **klasztor San Cristoforo** z XV–XVI w. Elegancka świątynia klasztorna z czerwonej cegły powstała prawdopodobnie wg projektu Rossettiego. Jego dziełem są też dwa symetryczne dziedzińce. W kościele można podziwiać m.in. malowidła Bastianina.

Corso Ercole d'Este prowadzi do wałów miejskich, które są ulubionym miejscem spacerów mieszkańców Ferrary. Jedna z przecznic corso (Via Arianuova) biegnie do **domu Ludovica Ariosta** ℹ otwarte: wt.–nd. 10.00–12.30 i 16.00–18.00, w święta 10.00–12.30; wstęp wolny, największego włoskiego poety doby renesansu. W tym skromnym budynku znajduje się muzeum poświęcone twórcy i – na parterze – galeria sztuki.

Informacja turystyczna

Biuro informacji turystycznej znajduje się w Castello Estense (Largo Castello 1; tel.: +39 532 209370; www.ferrarainfo.com; otwarte: codz. 9.00–18.00). Można tu kupić **MyFE Card**, która upoważnia do bezpłatnego wejścia do wszystkich muzeów w mieście i wielu innych zniżek, ważna jest 2, 3 lub 6 dni i kosztuje odpowiednio 12, 14 lub 18 EUR.

Noclegi

W Ferrarze warto zatrzymać się w centrum – przyjemność mieszkania w tak pięknym mieście sama w sobie jest atrakcją.

- **Hostel Estense**, Corso Rossetti 24; tel.: +39 0532 201158; www.en.ostelloferrara.it; 90 miejsc; nocleg w dormitorium 6-osobowym 17 EUR, dwójka 34 EUR, trójka 51 EUR. Przyjemny hostel w centrum. Internet, wypożyczalnia rowerów (6 EUR/dzień), pralka na żetony.
- **Hotel Albergo degli Artisti***, Via Vittoria 66; tel.: +39 0532 761038; www.albergoartisti.it; 20 pokoi; od 28 EUR/os. Skromny hotel w centrum; łazienki w większości na korytarzu, bar.
- **Hotel Lupa***, Vicolo Della Lupa 8; tel.: +39 340 7179621; www.hotelupa.it. Ładnie urządzony hotelik w centrum, pokoje z łazienką.
- **Kemping Estense**, Via Gramicia 76; tel.: +39 0532 752396; www.campeggioestense.it; 5–6 EUR/os., 6,50–9 EUR/namiot; otwarte cały rok.

Wyżywienie

W Ferrarze warto spróbować lokalnej specjalności: *capellacci di zucca*, czyli rodzaju dużych pierogów z dynią, podawanych zazwyczaj ze śmietaną.

- **Antica Osteria Delle Volte**, Via delle Volte 37a. Tradycyjna *trattoria* nieco w starym stylu. Świetna lokalna kuchnia i wina z regionu.
- **Cafè Teatro**, Corso Gioveca 1. Niewielki przyjemny lokal, gdzie można się napić dobrej kawy i wina, ale także zjeść *cappellacci*, a na deser regionalne ciasto *pampapata* przypominające piernik.
- **Leon d'Oro**, Piazza Cattedrale 8. Godna polecenia cukiernia i kawiarnia przy katedrze.
- **Pizzeria Estebar**, Via delle Scienze 15; zamkn. pn. Niedaleko katedry, smaczna pizza na grubym cieście. Niedrogo.
- **Pizzeria Pulcinella**, Corso Porta Po 94. Prawdziwa pizza neapolitańska.
- **Trattoria Ai Tre Scalini**, Via Darsena 52 (okolice parkingu); tel.: +39 0532 761670. Smaczna kuchnia lokalna. Warto spróbować *il fritto misto al italiana*. Miejsce lepiej rezerwować.

Florencja

Florencja (Firenze) to miejsce, gdzie narodził się włoski renesans. Miasto miało niegdyś gigantyczne znaczenie polityczne i kulturalne, odgrywając wiodącą rolę w Italii i samej Toskanii. Florencja jest także jednym z najbardziej popularnych wśród turystów miast we Włoszech. Wpływa to niestety na jakość zwiedzania, przypominającego czasem przepychanki w tłumie. Nie można się jednak temu dziwić, wszak stolica Toskanii słynie z zabytków o niezwykłych walorach artystycznych.

Z Florencją związane są nazwiska urodzonych tu wybitnych postaci, takich jak: Brunelleschi, Leon Battista Alberti, Sandro Botticelli, Dante Alighieri, Giovanni Boccaccio, Niccolò Machiavelli czy Amerigo Vespucci i wielu, wielu innych. O znaczeniu miasta dla rozwoju europejskiej sztuki świadczą wspaniałe zbiory florenckich muzeów (Galleria Uffizi, Galeria dell'Accademia, Bargello). W 1982 r. Florencja została wpisana na Listę Światowego Dziedzictwa Kulturowego i Przyrodniczego UNESCO.

HISTORIA

Miasto zostało założone przez Rzymian w 59 r. p.n.e. na urodzajnym brzegu rzeki Arno, w miejscu istniejącej od prawie tysiąca lat osady nazywanej Florentia. Już od momentu powstania wspaniale prosperowało, a było to możliwe dzięki położeniu przy ważnych szlakach komunikacyjnych. W IV w. decyzją Dioklecjana Florencja stała się stolicą VII regionu (składającego się z Toskanii i Umbrii). Już w pierwszych wiekach naszej ery powstawały tu wspólnoty chrześcijańskie, a pod koniec IV w. św. Ambroży założył tu pierwsze biskupstwo, którego katedrą został kościół św. Wawrzyńca (San Lorenzo). Upadek cesarstwa i całe wczesne średniowiecze upłynęły pod znakiem walk, grabieży i zniszczeń. Zarówno Goci, jak i Longobardowie na swoją stolicę obrali Lukkę.

W XII w. Florencja stała się wolną komuną miejską, co spowodowało ponowny rozwój miasta i nieprzerwaną już dominację nad innymi miastami regionu. Dwa kolejne wieki to okres ekspansji, przede wszystkim gospodarczej i politycznej, który zakończył się podbojem

▼ Florencja z lotu ptaka

większości ziem toskańskich. Miastem rządziły wtedy cechy zawodowe. Symbol Florencji – lilia, miał odzwierciedlać kwitnącą gospodarkę miasta. Od początku XIII w. w mieście trwała zażarta walka, przypominająca wojnę domową, między gwelfami (zwolennikami papieża) i gibelinami (zwolennikami cesarza). W stronnictwie gwelfów doszło do rozłamu: do gwelfów białych należeli głównie rzemieślnicy, do czarnych – arystokracja.

Koniec XIII w. dla miasta oznaczał również początek rozbudowy i początki rządów ludu. Na ten okres datuje się ostatni pierścień murów obronnych, zburzony pod koniec XIX w. Wiek XIV to początek rozkwitu kulturalnego Florencji i jej prymatu w sztuce – wystarczy wspomnieć żyjących tu Dantego czy Boccaccia. To jednocześnie wiek klęsk żywiołowych i epidemii dziesiątkujących miasto.

W wieku XV rodzina bogatych kupców, Medyceuszy (wł. Medici), stanęła na czele rewolty w mieście i przy poparciu innych bogatych rodzin ustanowiła signorię. Władza Medyceuszy we Florencji trwała z małymi przerwami trzy wieki. Za rządów Kosmy, jego synów, a przede wszystkim wnuka, Wawrzyńca (Lorenzo il Magnifico), miasto stało się kolebką renesansu. Tworzyli tu m.in. Michał Anioł, Leonardo da Vinci, Botticelli, Brunelleschi, Masaccio, Donatello. Krótki okres zawieszenia rządów Medyceuszy (1494) spowodowany był działalnością Girolama Savonaroli – charyzmatycznego reformatora i przywódcy religijno-politycznego. Został on jednak w 1498 r. spalony na stosie, a Medyceuszom udało się powrócić do Florencji i umocnić swą władzę dzięki dwóm papieżom Medyceuszom oraz powinowactwu z rodziną cesarską. Rok 1569 to triumf Medyceuszy – uzyskali godność wielkich książąt Toskanii. Dwieście lat później, po śmierci ostatniego z Medyceuszy, Giana Gastonego, tytuł przeszedł na Habsburgów.

W roku 1861 Florencja została włączona do nowo utworzonego Królestwa Włoch, którego stolicą była w latach 1865–71. Fakt ten zaważył na układzie centrum – wyburzono pierścień murów średniowiecznych, a w jego miejsce wybudowano wały miejskie.

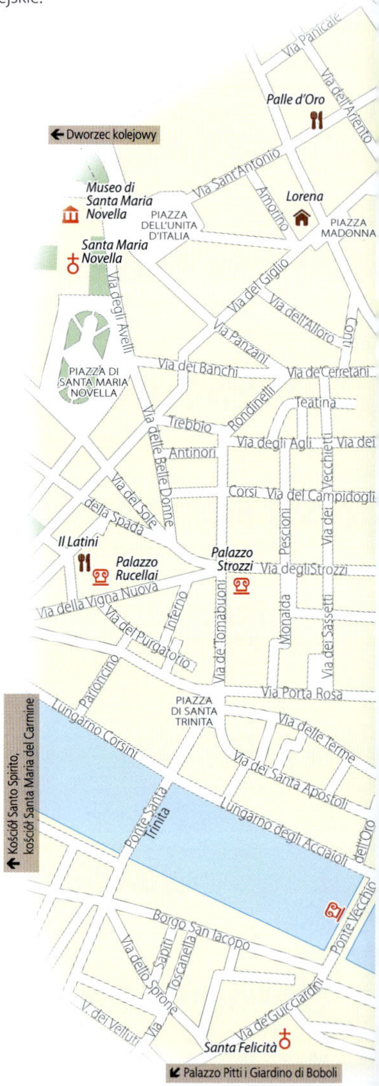

oprac. R. Bletek
Florencja
0
100 m
N
Museo di San Marco
San Marco
PIAZZA DI SAN MARCO
Via San Gallo
Via Cavour
Via Giorgio La Pira
Via Cesare Battisti
Galleria dell'Accademia
SS. Annunziata
Via Gino Capponi
PIAZZA DELLA SANTISSIMA ANNUNZIATA
Ospedale degli Innocenti
Via della Colonna
Museo Archeologico Nazionale
Klasztor Santa Maria Maddalena dei Pazzi
Via degli Alfani
Via Taddea
Sant'Orsola
PIAZZA DEL MERCATO CENTRALE
Borgo la Noce
Via della Stufa
Via de' Ginori
Via Ricasoli
Via dei Servi
Via del Castellaccio
San Lorenzo
PIAZZA DI SAN LORENZO
V. L. Gori
Palazzo Medici-Riccardi
Biblioteca Laurenziana
Borgo San Lorenzo
Via della Stufa
Academy Hostel
Via de' Martelli
Via de' Pucci
Via Maurizio Bufalini
Via della Pergola
Fiaschetteria Nuvoli
Il Perseo
Baptysterium
Katedra Santa Maria del Fiore
Museo dell'Opera del Duomo
Pecori
Dzwonnica
PIAZZA DEL DUOMO
Via Roma
Portinari
Oil Shoppe
Via Sant'Egidio
Via dell'Oriuolo
Via della Canonica
Via dei Tosinghi
Via delle Oche
Trattoria Le Mossacce
Via del Proconsolo
PIAZZA DELLA REPUBBLICA
Via degli Speziali
Via del Corso
Borgo degli Albizi
PIAZZA GAETANO SALVEMINI
Oratorium Orsanmichele
Calimala
Pellicceria
Via dei Calzaiuoli
Via dei Cerchi
Via Dante Alighieri
Via de' Pendolfini
Via Matteo Palmieri
Museo Nazionale (Pal. Bargello)
Florence Youth Hostel
Via Ghibellina
Via Giuseppe Verdi
Via dell'Acqua
V. della Condotta
Via della Vigna Vecchia
Via dei Pepi
Calimaruzza
PIAZZA DELLA SIGNORA
PIAZZA SAN FIRENZE
Burella
Fontanna Neptuna
Via dell'Anguillara
Via Torta
Via Vacchereccia
Dei Gondi
Via Por Santa Maria
Palazzo Vecchio
Baroncelli
Lambertesca
Loggia dei Lanzi
Piazzale degli Uffizi
della Ninna
Via de' Leoni
Borgo dei Greci
PIAZZA DI SANTA CROCE
De Benci
Santa Croce
Via Vinegia
Galleria Uffizi
Via de' Castellani
Guanto
Via dei Neri
Via de' Magalotti
Via dei Rustici
delle Brache
Via Benci
Borgo Santa Croce
Via della Mosca
Via A. Magliabechi
Lungarno Anna Maria Luisa de' Medici
Via dei Saponai
dei Vagellai
Malenchini
Corso dei Tintori
Trattoria del Fagioli
Arno
Lungarno Generale Diaz
Lungarno Torrigiani
Kościół San Miniato al Monte

▲ Kościół Santa Maria Novella

WARTO ZOBACZYĆ

Wizytę w mieście warto rozpocząć od **Piazza di Santa Maria Novella**, gdzie znajduje się ★ **kościół** o tej samej nazwie ℹ zwiedzanie: pn.–czw. 9.00–17.30, pt. 11.00–17.30, sb. 9.00–17.00, nd. 12.00–17.00 (X–VI 13.00–17.00); wstęp: 5 EUR, ulg. 3 EUR. Budowę tej pięknej gotyckiej świątyni rozpoczęto w połowie XIII w. Natomiast jej główna fasada zbudowana została przez Leona Battistę Albertiego już w stylu późniejszym i jest jednym z lepszych przykładów florenckiego renesansu.

Trzynawowe wnętrze ze sklepieniem żebrowym podzielone jest pilastrami, których położenie zwiększa głębię perspektywy. Kolejne kaplice zdobią freski największych włoskich twórców późnego średniowiecza i wczesnego renesansu. W prawym transepcie znajduje się kaplica Rucellai, gdzie można zobaczyć m.in. *Matkę Boską z Dzieciątkiem* dłuta Nina Pisana i płytę nagrobną autorstwa Ghibertiego. Kaplicę zdobią freski ze szkoły Giotta. Na ścianach kolejnej kaplicy – Bardich, zachowały się fragmenty fresków autorstwa Duccia di Buoninsegna (XIII w.) oraz cykl późniejszych fresków (XIV w.) obrazujących żywot św. Grzegorza Wielkiego. **Kaplica Strozzich** zdobiona jest freskami Filippa Lippiego (XV i XVI w.). Krucyfiks do **ołtarza głównego** wykonał Giambologna,

▼ Panorama Florencji

a freski na otaczających go ścianach i sklepieniu – Ghirlandaio i jego szkoła. Nad tymi freskami, przedstawiającymi żywoty Maryi i św. Jana, pracował w warsztacie Ghirlandaia prawdopodobnie także młody Michał Anioł. Przedstawione postacie mają twarze uznanych osobistości Florencji tamtych czasów.

Po lewej stronie kaplica Gondich zaprojektowana przez Giuliana da Sangallo kryje krucyfiks wykonany przez Filippa Brunelleschiego – jest to najprawdopodobniej jedyna rzeźba w drewnie tego artysty. Warto jeszcze zobaczyć freski Bronzina w kaplicy Gaddich, a w kaplicy Strozzich z Mantui XIV-wieczne freski przedstawiające za *Boską komedią* Dantego piekło, raj i czyściec.

Przy wejściu do zakrystii znajduje się krucyfiks uważany za jedną z wczesnych prac Giotta, a dalej, w lewej nawie, freski Masaccia: *Święta Trójca* (po raz pierwszy zastosowano tu perspektywę, 1427). Po prawej stronie kościoła położony jest cmentarz, gdzie spoczywają członkowie najważniejszych rodzin miasta.

W przylegającym do kościoła klasztorze działa **Museo di Santa Maria Novella**. Jego częścią są krużganki, zwane Chiostro Verde, gdzie można zobaczyć cykl fresków Paola Uccella.

Pobliski **kościół San Lorenzo** ℹ otwarte: XI–II pn.–sb. 10.00–17.30, III–X pn.–sb. 10.00–17.30, nd. 13.30–17.30; wstęp: 6 EUR, powstał ok. IV w., a ok. roku 1000 nadano mu kształty romańskie. W XV w. świątynia została przebudowana wg nowatorskiego projektu Brunelleschiego. Wnętrze składa się z dużej nawy głównej ze stropem kasetonowym i dwóch mniejszych naw. Freski Rossa Fiorentina, rzeźby i płaskorzeźby Donatella i Michała Anioła to tylko niektóre arcydzieła znajdujące się w kościele. Z tyłu kościoła znajduje się wejście do ★ **Kaplicy Medyceuszy** ℹ otwarte: codz. 8.15–13.50, wstęp: 8 EUR, ulg. 4 EUR, w 1. nd. mies. bezpł., której jedna część – Nowa Zakrystia, w rzeczywistości kaplica nagrobna – została zaprojektowana przez Michała Anioła. Mistrz umieścił tu wspaniałe nagrobki Medyceuszy, które wyszły spod jego dłuta.

Znajdująca się przy kościele San Lorenzo XVI-wieczna ★ **Biblioteca Laurenziana** ℹ bilet łączony do kościoła i biblioteki 8,50 EUR, została założona przez Kosmę Starego z rodu Medyceuszy i uznawana jest za największe dzieło architektoniczne Michała Anioła i jeden z pierwszych zwiastunów baroku. Struktury nośne są ukryte tak, by sprawiały wrażenie elementów dekoracyjnych. W bibliotece przechowywane są stare, drogocenne rękopisy.

Na wschód od kościoła San Lorenzo znajduje się renesansowy **Palazzo Medici-Riccardi** ℹ otwarte: 9.00–17.00, śr. zamkn.; wstęp: 7 EUR, ulg. 4 EUR, powstały w połowie XV w. Obecnie jest on siedzibą prefektury. Harmonijne kształty budynek zawdzięcza

▲ Baptysterium

budowniczemu Michelozzowi, a zdobienia m.in. Michałowi Aniołowi. Posąg na dziedzińcu to *Orfeusz* Bandinellego. W kaplicy Trzech Króli znajduje się fresk Gozzolego z początku XV w. przedstawiający orszak Trzech Króli, w którym – zgodnie z ówczesnym zwyczajem – artysta uwiecznił swych chlebodawców, w tym przypadku członków rodziny Medyceuszy i rajców miejskich.

Przy Piazza San Giovanni znajduje się ★ **baptysterium** 🛈 zwiedzanie: pn.–pt. 8.15–10.15 i 11.15–19.30, sb.–nd. 8.15–13.30; wstęp: 15 EUR, bilet łączony do baptysterium, dzwonnicy, krypty, na kopułę i do galerii Opera del Duomo – najstarszy budynek o charakterze religijnym w centrum Florencji. Powstało ono prawdopodobnie ok. V w. w miejscu wcześniejszego budynku rzymskiego, a dzisiejszy kształt został mu nadany w 1150 r. Budowla w białym i zielonym marmurze, wzniesiona na planie ośmiokąta, ma dwa piętra i trzy pary drzwi z brązu, z których najstarsze (XIV w.) wykonał Andrea Pisano. Pokrywające je płaskorzeźby przedstawiają sceny z życia Jana Chrzciciela, patrona Florencji. Kolejne drzwi, z elementami złoconymi, to XV-wieczne dzieło Lorenza Ghibertiego ukazujące sceny z życia Chrystusa, czterech ewangelistów i ojców Kościoła. Jedna z głów znajdujących się na przecięciach linii dzielących drzwi na 28 kwadratów (2. pionowa, 5. pozioma) to autoportret Ghibertiego. Ostatnie drzwi, również Ghibertiego, przedstawiają dziesięć scen ze Starego Testamentu. Wykończone marmurem wnętrze baptysterium podzielone jest na dwa poziomy z rzędami kolumn. Stoi tu XV-wieczny renesansowy nagrobek (z baldachimem) antypapieża Jana XXIII. Warto również zwrócić uwagę na pochodzącą z 2. poł. XIII w. mozaikę sklepienia, na której przedstawione są sceny z życia Jana Chrzciciela oraz Sąd Ostateczny. Wzorowana jest ona na mozaikach weneckich.

Wznosząca się obok baptysterium świątynia to florencka ★ **katedra Santa Maria del Fiore** ℹ zwiedzanie: pn., wt., śr., pt. 10.00–17.00, czw. 10.00–16.30, sb. 10.00–16.45, nd. 13.30–16.45; wstęp wolny. Jest ona, obok Bazyliki św. Piotra w Rzymie i katedry w Mediolanie, jednym z największych kościołów na świecie. Budowa świątyni rozpoczęła się w 2. poł. XIII w., a imponująca **kopuła** ℹ można na nią wejść: pn.–pt. 8.30–19.00, sb. 8.30–17.00, nd. 13.00–16.00; wstęp: zob. baptysterium, projektu Brunelleschiego, została dobudowana w latach 1417–71. Na lewej ścianie od północnego wejścia do świątyni (tzw. Porta della Mandorla) znajdują się płaskorzeźby: *Prorocy* Donatella i *Madonna* Nanniego di Banco – zapowiadające narodziny nowego stylu: renesansu. Natomiast umieszczone w lunecie *Zwiastowanie* jest dziełem Giotta. Katedra, której strzelistości przydają gotyckie łuki i sklepienie, podzielona jest na trzy nawy i ozdobiona pilastrami. Witraże są dziełem m.in. Ghibertiego, a te znajdujące się w kopule zaprojektowali Donatello, Paolo Uccello oraz Ghiberti. Freski kopuły (*Sąd Ostateczny*) są autorstwa Vasariego oraz Federica Zuccariego, który po śmierci mistrza dokończył dzieła. Podłoga z kolorowego marmuru została położona w XVI i XVII w. W lewej nawie można podziwiać fresk Paola Uccella przedstawiający Johna Hawkwooda – słynnego kondotiera, znanego też jako Giovanni Acuto. Miał tu wprawdzie stać jego pomnik, lecz względy finansowe pozwoliły jedynie na fresk. Drewniany krzyż nad ołtarzem głównym to XV-wieczne dzieło Benedetta da Maiano. Dwie zakrystie zdobione są dziełami Luki della Robbia: w lewej zakrystii znajduje się luneta ze sceną *Wniebowstąpienia*, w prawej – *Zmartwychwstanie*. W absydzie znajduje się relikwiarz św. Zenobiusza z płaskorzeźbami w brązie Lorenza Ghibertiego.

Naprzeciw absydy jest wejście do ★ **Museo dell'Opera del Duomo** ℹ otwarte: codz. 9.00–19.00; wstęp: zob. baptysterium. Można tu zobaczyć dzieła, które niegdyś zdobiły katedrę (wiele z nich zostało w świątyni zastąpionych kopiami).

Wznosząca się obok katedry **dzwonnica** ℹ zwiedzanie: 8.15–19.00; wstęp: zob. baptysterium, to dzieło Giotta z początku XIV w. Cykl płaskorzeźb u dołu budowli przedstawia zajęcia ludzi podzielone wg kategorii: *necessitas*, *virtus* i *sapientia* (konieczne, nobliwe i związane z wiedzą) oraz cnoty chrześcijańskie, sakramenty, sztuki wyzwolone, sceny ze Starego Testamentu. Projekt wykonał Giotto, lecz same płaskorzeźby są dziełem Andrei Pisana i Luki della Robbia. Rzeźby znajdujące się na wyższych poziomach są kopiami

▼ Katedra Santa Maria del Fiore

oryginałów Donatella i Pisana, wystawionymi w Museo dell'Opera del Duomo.

Jeżeli spod katedry ruszymy Via dei Servi, dotrzemy do Piazza della Santissima Annunziata. Z trzech stron plac okalają budowle z podcieniami; za kolumnadą na wprost (północna pierzeja) kryje się **Basilica della Santissima Annunziata** ⓘ zwiedzanie: 7.30–12.30 i 16.00–18.30; wstęp wolny, natomiast budynek po prawej stronie to Ospedale degli Innocenti (sierociniec). Bazylika powstała w połowie XV w. wg projektu Michelozza. Jego autorstwa jest również atrium z wymyślnymi łukami i kapitelami, ozdobione freskami Andrei del Sarto (*Narodziny Maryi*), Rossa Fiorentina i Pontorma.

Z kolei **Ospedale degli Innocenti** to, ufundowany przez cech jedwabny, pierwszy sierociniec w Europie. Ta jedna z pierwszych budowli w stylu renesansowym zaprojektowana została przez Brunelleschiego ok. 1419 r. Na przeznaczenie budynku wskazują rzeźbione postaci dzieci znajdujące się między łukami. Niewielkie **muzeum** ⓘ otwarte: pn.–nd. 10.00–19.00; wstęp: 7 EUR, ulg. 5 EUR, przechowuje freski (m.in. Ghirlandaia, Michała Anioła, Luki della Robbia) oraz obrazy.

W sąsiednim Palazzo della Crocetta mieści się dzisiaj **Museo Archeologico Nazionale** ⓘ otwarte: sb.–pn. 8.30–14.00, wt.–pt. 8.30–19.00; wstęp: 4 EUR, ulg. 2 EUR, z wielką ekspozycją poświęconą obecności Etrusków w Toskanii.

Na wschód od Ospedale degli Innocenti, przy Via Borgo Pinti na wysokości numeru 58, stoi benedyktyński **klasztor i kościół Santa Maria Maddalena dei Pazzi** z XIII w., w sto lat później przebudowany. Przed kościołem znajduje się ciekawy XVI-wieczny dziedziniec, a w jednej z sal przyległego klasztoru oglądać można *Ukrzyżowanie* Perugina.

Z kolei na północny zachód od Ospedale degli Innocenti, na placu św. Marka (Piazza di San Marco), stoi dominikański **kościół San Marco**, w którym (podobnie jak w mieszczącym muzeum przyległym klasztorze) przechowywane są liczne dzieła Fra Angelica (Beato Angelico), który był jednym z tutejszych zakonników. Jego dzieła można oglądać m.in. na ołtarzu (*Ukrzyżowanie*) oraz w kaplicy Strozzich (*Zdjęcie z krzyża*). Jego freskami ozdobione są również ściany klasztorne.

★ **Galleria dell'Accademia** ⓘ otwarte: wt.–nd. 8.15–18.50; wstęp: 8 EUR, ulg. 3,25 EUR, znajduje się w rogu Piazza di San Marco. Założona w 1563 r. przez Kosmę I Akademia Sztuk Pięknych mieściła szkołę i galerię. To właśnie tutaj znajduje się oryginał rzeźby *Dawid*

▼ Ospedale degli Innocenti

▲ Palazzo Vecchio

Michała Anioła i inne rzeźby tego mistrza oraz malarstwo florenckie z XIII–XVI w.

W części Florencji położonej pomiędzy kościołem San Lorenzo a rzeką Arno warto zobaczyć renesansową budowlę o wspaniałych proporcjach: **Palazzo Strozzi**. Jej budowę rozpoczęto pod koniec XV w. wg projektu Benedetta da Maiano, a dokończono w XVI w. pod nadzorem Simone del Pollaiolo, zwanego Il Cronaca. Obecnie organizowane są tu wystawy.

Bardziej na zachód, przy Via della Vigna Nuova, wznosi się **Palazzo Rucellai**. Został wybudowany wg projektu Leona Battisty Albertiego w 2. poł. XV w. na zamówienie bogatej rodziny Ruccelai. Charakterystyczne dla tego budynku są duże okna, pooddzielane pilastrami.

Jeżeli spod Palazzo Rucellai udamy się na wschód, przy Via dei Calzaiuoli zobaczymy **oratorium Orsanmichele** ⓘ zwiedzanie kościoła i muzeum: codz. 10.00–17.00, wstęp wolny. Powstało ono w 1. poł. XIV w. na miejscu kościoła z VIII w., którego patronem był San Michele in Orto. W XIV w. zbudowano tu kościół, który miał prawo do wystawiania w zewnętrznych niszach figury swego patrona. Tutejsze rzeźby powstały na początku XV w. W ołtarzu znajduje się XIV-wieczna *Madonna delle Grazie* Bernarda Daddiego. W geście dziękczynienia za przetrwanie epidemii dżumy w 1348 r. wierni podarowali kościołowi tabernakulum.

Via dei Calzaiuoli doprowadzi nas do **Piazza della Signoria**. Plac ten istniał już w XIII w. i w ciągu stuleci wzbogacano go kolejnymi klejnotami sztuki i architektury. Znajdują się tu Palazzo Vecchio, Loggia dei Lanzi oraz fontanna Neptuna (koniec XVI w.). Przed fontanną zaznaczone jest miejsce, w którym stracony został Savonarola.

★ **Palazzo Vecchio** ⓘ muzeum otwarte: X–III 9.00–19.00, czw. 9.00–14.00, IV–IX 9.00–23.00, czw. 9.00–14.00; wstęp: 10 EUR, ulg. 8 EUR – siedziba rady miasta, a następnie signorii – powstał wg projektu Arnolfa di Cambio pod koniec XIII w. Na ten sam okres datuje się **wieżę** zwaną **Arnolfo** ⓘ zwiedzanie: X–III 10.00–17.00, czw. 10.00–14.00, IV–IX 9.00–21.00, czw. 9.00–14.00; wstęp: 6,50 EUR; bilet do muzeum i wieży: 14 EUR. W gotyckiej fasadzie odnaleźć można

▲ Galleria Uffizi

elementy charakterystyczne dla fortecy obronnej. Zdobienie pałacu było procesem długotrwałym i zlecano je najlepszym artystom, np. pod koniec XVI w. Vasariemu, któremu budynek zawdzięcza także obecny wystrój wnętrza. W czasach Medyceuszy przed pałacem stanęły posągi, które dziś zastąpiono kopiami (*Dawid* Michała Anioła, *Kosma I na koniu* Giambologni, *Judyta i Holofernes* Donatella oraz *Herkules* Baccia Bandinellego). Znakomite rzeźby kryje też Loggia dei Lanzi z końca XIV w. Zdobiące dziedziniec pałacu podcienie i fontanna powstały na przełomie XV i XVI w., ukończono je pod kierunkiem Vasariego.

Wewnątrz pałacu, w Sali del Cinquecento, podziwiać można dzieła Vasariego i jego uczniów oraz marmurowe posągi. Po prawej stronie znajduje się Sala dell'Udienza, a po prawej *Il genio della Vittoria* – grupa rzeźb Michała Anioła. Gabinet Franciszka I (Studiolo di Francesco I) ozdobiony jest m.in. dziełami malarskimi Vasariego. Z kolei mały skarbiec (Tesoretto) z bogatymi dekoracjami był ulubionym miejscem relaksu Kosmy I. Kolejne sale, m.in. z freskami Vasariego i gobelinami, zajmuje urząd miejski. Na drugim piętrze zwiedzić można Salę dei Gigli z imponującym freskiem Ghirlandaia i stropem autorstwa Giuliana da Maiano.

W sąsiednim Palazzo Uffizi (miały się tu znajdować urzędy miejskie), wybudowanym przez Vasariego w 2. poł. XVI w., mieści się ★ **Galleria Uffizi** ℹ otwarte: wt.–nd. 8.15–18.50; wstęp: XI–II 12 EUR, ulg. 6 EUR, III–X 20 EUR, ulg. 10 EUR, w 1. nd. mies. bezpł.; by uniknąć wielogodzinnej kolejki, można zarezerwować bilet, najpóźniej dzień wcześniej, w biurze pałacu – telefonicznie: +39 055 2388651 lub poprzez stronę muzeum www.uffizi.it, wtedy koszt jest większy: 24 EUR, jedno z najważniejszych muzeów świata. Złożyły się na nie zbiory Medyceuszy i członków dynastii habsbursko-lotaryńskiej, które były następnie sukcesywnie wzbogacane. Znajdziemy wśród nich obrazy Michała Anioła, Rafaela, Caravaggia, Sandra Botticellego (*Narodziny Wenus*, *Wiosna*, *Madonna*), Filippa Lippiego, Cimabuego, Giotta, Holbeina i wielu innych. Można tu także zobaczyć portrety wielu polskich królów (Stanisława Augusta Poniatowskiego, Jana III Sobieskiego, władców z dynastii Wazów i innych).

Niedaleko, bo przy Piazza di San Firenze, wznosi się **Bargello**. Jest to jeden z najciekawszych architektonicznie pałaców florenckich, a jego budowę zaczęto w końcu XIII w. Najstarsza część znajduje się od strony południowej, natomiast wieża istniała jeszcze przed powstaniem pałacu. Znajdująca się na dziedzińcu loggia pochodzi z roku 1280 – tu od XVI do XVIII w. wykonywano wyroki śmierci przez ścięcie. Dzisiaj w pałacu działa **Museo Nazionale** ℹ otwarte: codz. 8.15–13.50; wstęp: 4 EUR (w czasie wystaw: 9 EUR), w 1. nd. mies. bezpł., prezentujące m.in. cenne dzieła Ghibertiego, Donatella, Verrocchia, Michelangela i Celliniego.

Kierując się na wschód, dotrzemy na rozległy plac – **Piazza di Santa Croce**. Było to miejsce zawodów, gier oraz kazań franciszkanów. To oni właśnie zapragnęli nowej świątyni i, dzięki wsparciu bogatych rodzin miejskich, pod koniec XIV w., po prawie stu latach budowy, powstał imponujący **kościół Santa Croce** ℹ www.santacroceopera.it; zwiedzanie: pn.–sb. 9.30–17.00, nd. 14.00–17.00; wstęp: 8 EUR, ulg. 6 EUR. Marmurowa fasada, dzwonnica i pomnik Dantego powstały w XIX w. Kościół miał w zamyśle przypominać rzymskie bazyliki wczesnochrześcijańskie. Trzy nawy, pilastry i łuki są szczytowym osiągnięciem architektury gotyckiej. Z XIV w. pochodzą freski Giotta i jego uczniów, z XV w. bogate wyposażenie wnętrza (pulpit, tabernakulum oraz krucyfiks Donatella) i renesansowe nagrobki. W prawej nawie znajduje się płaskorzeźba Donatella przedstawiająca Zwiastowanie. Druga kaplica w absydzie została ozdobiona freskami przez Giotta. Po prawej stronie kaplicy znajdują się sceny z życia Jana Chrzciciela, po lewej – z życia Jana Ewangelisty. O tym, jak ważne jest to miejsce, świadczą nazwiska pochowanych tu osobistości; są wśród nich: Galileusz, Machiavelli, Michał Anioł, Leonardo Bruni, Gioacchino Rossini, Lorenzo Ghiberti.

Na drugą stronę rzeki Arno warto przejść przez ★ **Ponte Vecchio – most Złotników**. Został skonstruowany w 1345 r. w miejscu, gdzie już w czasach rzymskich stał most drewniany. Od początku istnienia most był sukcesywnie zabudowywany sklepami i warsztatami (od XVI w. głównie złotniczymi). W 1565 r. na życzenie Kosmy I Vasari wybudował biegnący nad kramami korytarz (tzw. korytarz Vasariego) łączący nową siedzibę Medyceuszy – Palazzo Pitti, z Palazzo Vecchio.

Za mostem znajduje się **kościół Santa Felicità**, prawdopodobnie najstarsza świątynia florencka (IV w.), której przedsionek

▼ Kościół Santa Croce

znalazł się w korytarzu Vasariego. Dzisiejszy wygląd kościoła to rezultat przebudowy w XVIII w. Ozdobą świątyni są XVI-wieczne freski (w tym *Zwiastowanie*) oraz nastawa ołtarza autorstwa Pontorma.

Przy Piazza dei Pitti znajduje się wspaniały renesansowy ★ **Palazzo Pitti**. Ogromny budynek pełnił w przeszłości funkcję rezydencji książęcej Medyceuszy i powstał w 2. poł. XV w. na zamówienie bogatego bankiera Lukki Pittiego. W połowie XVI w. pałac został zakupiony przez Kosmę I i rozbudowany o dwa tylne skrzydła. Na początku XVII w. została rozszerzona fasada. Przez trzy wieki pałac był rezydencją wielkich książąt Toskanii, a następnie członków rodziny królewskiej. Dzisiaj stał się on muzeum – niezwykle bogate wyposażenie i zdobienia oraz sama architektura czynią go jednym z najważniejszych zabytków sztuki XV w. Już sam dziedziniec i ogród robią na zwiedzającym spore wrażenie.

Mieszcząca się w pałacu ★ **Galleria Palatina** ⓘ otwarte: wt.–nd. 8.15–18.50; wstęp: XI–II 10 EUR, ulg. 5 EUR, III–X 16 EUR, ulg. 8 EUR; bilet obejmujący także zwiedzanie apartamentów i galerii sztuki nowoczesnej, jest otwarta dla publiczności od początku XIX w.

Galleria Palatina (nazwana tak od tytułu używanego przez ostatnią przedstawicielkę rodu Medyceuszy, Annę Marię Ludwikę) to właściwie olbrzymia pinakoteka. Słynie z obszernej kolekcji dzieł renesansowych i barokowych. Obrazy m.in. Rafaela, Tycjana, Tintoretta i Rubensa do dziś zdobią muzeum. W galerii zobaczymy najpierw statuy z początków naszej ery. Po prawej stronie znajduje się Sala del Castagnoli, gdzie umieszczono XIX-wieczne dzieła florenckiej szkoły układania kamieni oraz płótno Sodomy *Męczeństwo św. Sebastiana*. Po prawej stronie od wejścia znajdują się bogato zdobione w XVII w. przez da Cortonę sale przyjęć. Na lewo od sali wejściowej mieści się Sala Wenus z płótnami Tycjana (*Koncert*, *Aretino*, *Bella*) oraz *Wenus* Canovy z początku XIX w. Dalej, w Sali Apollina, umieszczone są obrazy van Dycka oraz dwa płótna Tycjana

(w tym *Magdalena*). W kolejnej sali, poświęconej Marsowi, znajdują się dzieła o charakterze sakralnym Bartolomego Murilla, *Czterech filozofów* Rubensa oraz portret kardynała Bentivoglia pędzla van Dycka. Następnie przechodzi się do Sali Jowisza, która mieści dzieła Rafaela (*Dama w welonie*), Rubensa, Fra Bartolomea i Perugina. W Sali Saturna jest osiem wspaniałych płócien Rafaela, w tym dwie słynne Madonny (*Madonna del Granduca* i *Madonna della Saggiola*) oraz *Maria Magdalena* Perugina. W Sali *Iliady* wystawione są głównie płótna oficjalnego portrecisty Medyceuszy z XVII w. Sustermansa oraz kilka płócien Velazqueza i Rafaela. W jednej z dwu mniejszych salek, na prawo, można podziwiać dzieła Caravaggia (*Portret Antonia Martellego* i *Portret kawalera maltańskiego*), a w drugiej, zdobionej majolikami, znajdowała się pokryta freskami przez da Cortonę łazienka książęca. Kolejna mała salka to łazienka z początku XIX w. W Sali Ulissesa umieszczono jeszcze jedną *Madonnę* Rafaela. W Sali Prometeusza można podziwiać *Matkę Boską z Dzieciątkiem* Filippa Lippiego. Po drugiej stronie wewnętrznego dziedzińca znajduje się neoklasyczna sala muzyczna, a po jej lewej stronie – trzy ostatnie sale: Alegorii, Sztuk Pięknych (wystawione jest tu malarstwo włoskie z XVI i XVII w.) oraz neoklasyczny Salon Herkulesa.

W pałacu Pitti można również zwiedzić apartamenty królewskie. Służyły one w przeszłości nie tylko Medyceuszom, lecz również królom Włoch – dynastii sabaudzkiej. Mieszczą się one naprzeciw wejścia z dziedzińca, a po jego lewej stronie w kolejnych salach znajdują się drogocenne płótna, freski i inne dekoracje.

Nad Galerią Palatina znajduje się **Galleria d'Arte Moderna**, w której możemy się zapoznać z rozwojem sztuki włoskiej od XVIII do XX w. Mieszczą się tu również **muzea: Srebra, Porcelany i Kostiumów** ℹ otwarte: wt.–nd. 8.15–18.50; wstęp: 8,50 EUR, ulg. 4,25 EUR. Na tyłach pałacu rozciąga się **Giardino di Boboli** – jeden z najpiękniejszych parków w całych Włoszech

▼ Most Złotników – Ponte Vecchio

otwarte: 8.15–16.30 zimą, latem do 18.50, zamkn. w 1. i ost. pn. mies., wstęp: III–X 10 EUR, ulg. 5 EUR, XI–II 6 EUR, ulg, 3 EUR.

Z pobliskim **kościołem Santo Spirito** Piazza Santo Spirito; zwiedzanie: 9.30–12.30 i 16.00–17.30, nd. 11.30–12.30 i 16.00–17.30, śr. zamkn. wiąże się następująca historia: w XIII w. przybyli do Florencji eremici św. Augustyna i postanowili wybudować kościół. Jednak dopiero w połowie XV w. zebrano na ten cel wystarczającą sumę pieniędzy, a budowę powierzono Brunelleschiemu. Prace przerwała śmierć architekta – fasada do dziś pozostała nieukończona. W zamyśle kościół miał być bliski klasycznemu ideałowi budynku na planie centralnym. Barokowy ołtarz wysadzany jest drogocennymi kamieniami. Czterdzieści kaplic zachowało w większości oryginalny wystrój (do dziś na swoich miejscach znajdują się renesansowe ramy obrazów). Z końca XV w. pochodzi ciekawy obraz *Madonna del Soccorso* mało znanego artysty, przedstawiający Matkę Boską odganiającą diabła od dziecka.

Barokowy dzisiaj **kościół Santa Maria del Carmine** został wybudowany w miejscu spalonego kościoła Karmelitów, z którego pozostały jedynie dwie XV-wieczne kaplice (Corsinich i Brancaccich) i zakrystia. Freski **kaplicy Brancaccich** otwarte: pn., śr.–sb. 10.00–17.00, nd. 13.00–17.00, wstęp: 6 EUR, ulg. 4,50 EUR wykonało trzech największych malarzy epoki: Masolino, Masaccio i Filippino Lippi. Można tam zobaczyć m.in. *Kuszenie Adama i Ewy* Masolina, *Wygnanie z raju* i *Zmartwychwstanie syna Teofila* Masaccia (drugi obraz odrestaurował i uzupełnił Filippino Lippi).

Usytuowany na wzgórzu (stąd nazwa) na południowy wschód od centrum (na lewym brzegu Arno) kościół **San Miniato al Monte** zwiedzanie: pn.–sb. 9.30–19.00, nd. 8.15–13.00 i 15.00–19.00 (latem do 19.30), jest ważnym przykładem architektury romańskiej. Już od roku 250 czczony był tu św. Miniasz, męczennik. W XI w. budynek przeszedł w ręce zakonu benedyktynów, którzy wybudowali kryptę grobową, gdzie spoczęły szczątki świętego. Fasada wykończona jest białym i zielonym marmurem – jej dolna część pochodzi z 1070 r. Mozaikę górnej części odnowiono w XIX w. Wnętrze składa się z trzech poziomów architektonicznych: podziemnej krypty, części głównej i podwyższonego

▼ Kościół Santa Maria del Carmine

prezbiterium. W XIX w. nowe pokrycie otrzymały trzony kolumn i odnowiona została mozaika w absydzie. Marmurowa podłoga pochodzi z początku XIII w. W zakrystii znajduje się cykl fresków z końca XIV w. ze scenami z życia św. Benedykta.

Informacja turystyczna

- **Biura informacji turystycznej** znajdują się na Via Cavour (Via Cavour 1; tel.: +39 055 290832, 290833; infoturismo@provincia.fi.it; otwarte: pn.–sb. 9.00–18.00), przy stacji kolejowej (Piazza della Stazione 4; tel.: +39 055 212245; turismo3@comune.fi.it; otwarte: pn.–sb. 9.00–19.00, nd. 9.00–14.00) oraz w pobliżu katedry (Piazza San Giovanni 1; tel.: +39 055 288496; bigallo@comune.fi.it; otwarte: pn.–sb. 9.00–19.00, nd. 9.00–14.00). Można w nich kupić **Firenzecard** (72-godzinna za 72 EUR; www.firenzecard.it), która uprawnia do bezpłatnych przejazdów komunikacją miejską i bezpłatnego korzystania z internetu, a także do korzystnych zniżek w ponad 70 muzeach i zabytkach.
- Przy Via delle Farine 2 można wypożyczyć elektroniczne **audioprzewodniki** (www.audioguide.it).

Noclegi

We Florencji można łatwo znaleźć dość tani nocleg, gdyż działa tu zaskakująco dużo hosteli. Hotele są zwykle dość drogie.

- **Academy Hostel**, Via Ricasoli 9; tel.: +39 055 2398665; www.academyhostel.eu; łóżko w dormitorium od 28 EUR, jedynka ok. 40 EUR w zależności od sezonu, dwójka ok. 85 EUR. Hostel w XVII-wiecznym pałacu.
- **De Benci B&B**, Via de Benci 19; tel.: +39 055 2345227; www.debencisuite.com; jedynka 75–100 EUR, dwójka 90–150 EUR.
- **Florence Youth Hostel**, Via della Condotta 4; tel.: +39 055 214484; www.florence-youth-hostel.com; nocleg w dormitorium ok. 20 EUR, jedynka ok. 50 EUR, dwójka ok. 60 EUR. Bardzo ładny i często polecany hostel.
- **Hotel Il Perseo*****, Via Cerretani 1; tel.: +39 055 212504; www.hotelperseo.it; jedynka od 70 EUR, dwójka od 90 EUR, śniadanie w cenie. Hotel w pobliżu katedry; ładne pokoje z łazienką.
- **Hotel Lorena****, Via Faenza 1; tel.: +39 055 282785; www.hotellorena.com; jedynka od 30 EUR, dwójka od 45 EUR. Dobra lokalizacja, ale nie wszystkie pokoje mają łazienki.

Wyżywienie

Typowe dla „biednej" florentyńskiej kuchni jest *lampredotto*, czyli rodzaj flaków gotowanych w warzywach, często jedzony w bułce. W mieście można znaleźć wiele budek sprzedających tę potrawę (*lampredottai*), w których można się pożywić za 3–4 EUR. Popularne w Toskanii są też *ribolitta*, zupa na bazie czerstwego chleba, i *pappa al pomodoro*, której podstawowymi składnikami są pomidory i suchy chleb. Klasykiem jest również *fiorentina*, czyli krwisty befsztyk.

- **Fiaschetteria Nuvoli**, Piazza dell'Olio 15 (blisko baptysterium); *primi* od 4 EUR, *secondo* od 7 EUR. Smaczne i tanie dania regionalne; dobre wina.
- **Oil Shoppe**, Via Sant'Egidio 22. Sklep z regionalną oliwą, w którym można zjeść świetne *panini* (kanapki; 4–5 EUR) na ciepło.
- **Palle d'Oro**, Via Sant'Antonino 43/45. Rustykalny wystrój, smaczna kuchnia florencka i toskańska.
- **Ristorante Il Latini**, Via dei Palchetti 6. Można tu spróbować świetnej fiorentiny i ribollity; minusem są wysokie ceny i tłok.
- **Trattoria Del Fagioli**, Corso dei Tintori 47. Typowa *trattoria*; jej specjalnością jest *fiorentini*.
- **Trattoria Le Mossacce**, Via del Proconsolo 55R. Mały i zawsze pełny lokal w centrum. Smaczne dania regionalne. Niedrogo.

Genua

Genua (Genova) – stolica prowincji i regionu Liguria – położona jest nad zatoką, która od niej bierze swoją nazwę (Zatoka Genueńska). Miasto rozciąga się wzdłuż wybrzeża na długości ok. 35 km. Stanowi ważny ośrodek handlowy i przemysłowy, jest też najważniejszym portem we Włoszech.

WARTO ZOBACZYĆ

Okolice dworca Brignole i Piazza della Vittoria

Przed dworcem Brignole rozciąga się Piazza Giuseppe Verdi, a za nim kolejny rozległy plac – Piazza della Vittoria, pośrodku którego wznosi się **Arco Trionfale dei Caduti** (1931), łuk triumfalny poświęcony poległym za ojczyznę. Po zachodniej stronie placu, przy Via Brigata Liguria, znajduje się **Museo di Storia Naturale Giacomo Doria** ⓘ otwarte: wt.–nd. 10.00–18.00; wstęp: 5 EUR, ulg. 3 EUR, w którym zgromadzono ciekawe zbiory, głównie zoologiczne.

Idąc w stronę centrum Via XX Settembre i mijając tzw. **Ponte Monumentale**, czyli wiadukt wybudowany pod koniec XIX w. nad jedną z najruchliwszych arterii nowego miasta, dochodzi się do romańsko-gotyckiego **kościółka Santo Stefano** z XII–XIV w., w którego wnętrzu na szczególną uwagę zasługuje obraz *Męczeństwo św. Szczepana* autorstwa Giulia Romana.

Skręcając w lewo, w Via Fieschi, dociera się do **kościoła Santa Maria Assunta in Carignano**. Jest to jedna z najbardziej znanych konstrukcji architekta Galeazza Alessiego. Budowę świątyni rozpoczęto w 1550 r., a ukończono po ok. 50 latach.

Na północ od Via XX Settembre, a na wschód od Viale IV Novembre znajduje się przestronny park miejski, zwany **Spianata dell'Acquasola**, na terenie którego w 1657 r. pogrzebano ofiary epidemii dżumy. Nieco dalej, po przeciwnej stronie Piazza Corvetto, rozciąga się kolejny park: **Villetta di Negro**, zaprojektowany początkowo jako

▲ Arco Trionfale dei Caduti

▲ Piazza de Ferrari

ogród botaniczny, stąd też znaleźć w nim można wiele egzotycznych i śródziemnomorskich roślin. W parku znajduje się **Museo di Arte Orientale E. Chiossone** ⓘ otwarte: 11 X–26 III wt.–pt. 9.00–18.30, sb. i nd. 9.30–18.30, 28 III–8 X wt.–pt. 9.00–19.00, sb.–nd. 10.00–19.30; wstęp: 5 EUR, ulg. 3 EUR gromadzące dzieła sztuki Dalekiego Wschodu z okresu od III w. p.n.e. do 2. poł. XIX w.

Wzdłuż Via Roma, prowadzącej do Piazza de Ferrari, ciągnie się **Galleria Mazzini** – przestronny, pokryty szklanym dachem pasaż z lat 1870–80, w którym mieszczą się liczne sklepy, kawiarnie i restauracje.

Piazza de Ferrari i okolice

O ile stara, średniowieczna Genua nie posiadała właściwie jednego głównego placu, przy którym skupiałoby się życie miasta, o tyle dzisiaj centrum takim można nazwać właśnie ★ **Piazza de Ferrari** (niegdyś zwany Piazza San Domenico, od gotyckiego kościoła św. Dominika, zburzonego, aby zrobić miejsce pod budowę teatru). Jest on nie tylko tradycyjnym miejscem spotkań genueńczyków, ale także punktem rozgraniczającym starą i nową część miasta. Na placu uwagę zwraca fasada **Palazzo Ducale**. Wzniesiono go na przełomie XVI i XVII w., a następnie przebudowano w XVIII w. i uzupełniono neoklasyczną fasadą. Niegdyś pałac był siedzibą dożów, a dziś jest dynamicznym centrum kulturalnym miasta. Przy placu znajduje się również **Palazzo dell'Accademia Linguistica di Belle Arti**, w którym mieści się **Museo dell'Accademia** ⓘ otwarte: wt.–sb. 14.30–18.30; wstęp: 5 EUR, 3 EUR ulg., gromadzące bogate zbiory malarstwa genueńskiego z XIV–XX w.

Nieopodal znajdziemy kolejny plac: Piazza Mateotti, przy którym wznosi się XVI-wieczny **kościół Il Gesù** (albo Sant'Ambrogio) z barokowym wnętrzem bogato ozdobionym kolorową marmurową okładziną oraz cennymi dziełami sztuki, w tym *Wniebowzięciem* Guida Reniego oraz dwoma obrazami Rubensa.

W pobliżu, przy Via San Lorenzo, wznosi się ★ **katedra San Lorenzo** ⓘ otwarte: 8.00–11.45 i 15.00–18.45. Typowa dla miejscowej architektury fasada ozdobiona jest czarnymi i białymi pasami oraz trzema bogatymi portalami w stylu gotyku francuskiego

(XIII w.), podtrzymywanymi przez dwa lwy. Wewnątrz na szczególną uwagę zasługuje usytuowana na prawo od prezbiterium kaplica Lercarich, a także freski Tavaronego zdobiące chór (1624) oraz kaplica św. Jana Chrzciciela zaprojektowana przez Domenica i Elię Gaginich (1450–65), uczniów Filippa Brunelleschiego. W kaplicy tej przechowywano kiedyś relikwie św. Jana Chrzciciela, za sprawą którego, wg legendy, miasto zostało

opracc. R. Bletek

uratowane podczas potężnej burzy. W katedrze mieści się również mające bogate zbiory **Museo del Tesoro di San Lorenzo** otwarte: pn.–sb. 9.00–12.00, 15.00–18.00, nd. 15.00–18.00; wstęp: 6 EUR, ulg. 5 EUR, bilet łączony z Museo Diocesano: 12 EUR, ulg. 10 EUR, w którym podziwiać można m.in. cenne wyroby ze srebra i złota, a także przedmioty związane z kultem św. Jana Chrzciciela.

Przy położonym za kościołem Il Gesù Piazza Dante stoi przebudowany w XVII w. **dom Kolumba**, w którym urodził się i wychował wielki odkrywca, a tuż obok niego zobaczymy XII-wieczny **krużganek św. Andrzeja**. Nieopodal wznosi się natomiast monumentalna średniowieczna brama, **Porta Soprana** zwana również Porta di Sant'Andrea, z dwoma imponującymi wieżami po bokach (XII w.).

Niedaleko stąd, przy Piazza Negri, znajduje się **kompleks klasztorny Sant'Agostino**, którego część stanowi XIII-wieczny kościół o dwukolorowej fasadzie i gotyckim portalu, odrestaurowany i częściowo odbudowany po zniszczeniach, jakich doznał podczas bombardowań w 1943 r. Na uwagę zasługują też z pewnością dzwonnica i dwa krużganki (jeden z nich, trójkątny, pochodzi z przełomu XIV i XV w., drugi z XVIII w.). Mieści się tutaj **Museo di Sant'Agostino** otwarte: zimą wt.–pt. 9.00–18.30 (latem do 19.00), sb.–nd. od 9.30 (latem 10.00–19.30), wstęp: 5 EUR, ulg. 3 EUR, zawierające nie tylko bogatą dokumentację dotyczącą rozwoju rzeźby genueńskiej od średniowiecza do XVIII w., ale także znakomite dzieła sztuki (m.in. della Porta, Pugeta czy Canovy). Na szczególną uwagę zasługuje jednak wspaniały nagrobek

▲ Palazzo San Giorgio

Małgorzaty Brabanckiej dłuta Giovanniego Pisana.

Na północny zachód od klasztoru, przy stromej, pnącej się w górę uliczce znajduje się być może najstarsza genueńska świątynia: **kościół Santa Maria di Castello**. Odbudowano go w XII w., a następnie przebudowano na przełomie XV i XVI w. Fasada i dzwonnica pozostały jednak oryginalne. Wewnątrz znajdują się obrazy Pioli, Ansalda i innych malarzy. Z zakrystii przechodzi się do **Museo di Santa Maria di Castello** ℹ otwarte: 9.00–12.00 i 15.30–18.30, które gromadzi prace artystów z XIV i XV w. Do kościoła przylega **klasztor Dominikanów** z trzema krużgankami pochodzącymi z przełomu XV i XVI w. Bardzo blisko znajduje się niewielki kościół św.św. Kosmy i Damiana, zwany po prostu **San Cosimo**. Pochodzi on z XI w. Jako jedyny spośród genueńskich kościołów zachował oryginalne płytkie absydy.

Dawniej Genua była jednym z najbogatszych miast Włoch. Dziś o tym fakcie świadczą liczne wspaniałe gmachy, jakie można napotkać, spacerując po mieście. Przy Piazza Caricamento wznosi się **Palazzo San Giorgio** (zwany tak od banku, którego był siedzibą), znany również jako Palazzo del Mare (Pałac Morski). Jest to budynek częściowo gotycki (1260), częściowo renesansowy (1571). Co ciekawe został on zbudowany przy użyciu kamieni pochodzących ze zdobytych wcześniej weneckich fortec.

Nieco dalej, przy Piazza dei Banchi – placu stanowiącym do końca XVII w. centrum handlowe i urbanistyczne miasta, znajduje się tzw. **Loggia dei Mercanti** z XVI w. Przy nieodległym Piazza Campetto stoi natomiast XVI-wieczny **Palazzo Imperiale** o pięknej fasadzie ozdobionej stiukami.

Pobliski niewielki, lecz pełen uroku Piazza San Matteo niemal całkowicie zachował swój średniowieczny charakter. Znajdziemy przy nim romańsko-gotycki **kościółek San Matteo**, wybudowany w 1125 r., z fasadą z 1278 r. w biało-czarne pasy, ozdobiony dużą rozetą oraz cenną mozaiką. Wewnątrz na szczególną uwagę zasługuje krypta, w której umieszczono wykonany przez Montorsolego nagrobek Andrei Dorii, a także piękny krużganek z początku XIV w.

Północno-zachodnia część starego miasta

Przez Via Luccoli dochodzi się do średniowiecznego **kościoła Santa Maria delle Vigne** z XV--wiecznym portalem. Świątynię przebudowano w XVI w., a w dwa stulecia później dodano nową fasadę. Przy nieodległej Via San Luca znajduje się **kościół San Luca**, również średniowieczny, ale kompletnie przebudowany w XVII w. Wewnątrz na szczególną uwagę zasługuje cykl fresków wykonanych przez Piolę.

W pobliskim XVI-wiecznym **Palazzo Spinola di Pellicceria** mieści się obecnie ★ **Galleria Nazionale di Palazzo Spinola** ℹ otwarte: wt.–sb. 8.30–19.30; wstęp: 6 EUR, ulg. 3 EUR; bilet łączony z Museo di Palazzo Reale: 9 EUR, w 1. nd. mies. 13.30–19.30 wstęp wolny, prezentująca, oprócz cennych mebli, tkanin i wyrobów złotniczych, bogatą kolekcję malarstwa, szczególnie największych artystów genueńskich i europejskich.

Przy położonej nieco dalej na wschód Piazza delle Fontane Marose wznosi się ozdobiony biało-czarnymi pasami gotycki **Palazzo Spinola dei Marmi** (XV w.). Stąd można skręcić w XVI-wieczną Via Garibaldi, przy której znajdują się pochodzące z tego wieku pałace bogatych rodzin genueńskich: **Palazzo Cambiaso** i **Parodi** (zaprojektowane przez Alessiego) oraz **Palazzo Podestà** (Palazzo Lomellini), którego niewątpliwą atrakcją są fontanna i grota na dziedzińcu, i **Palazzo Doria Tursi**, gdzie podobno znajduje się oryginalna kość z ręki Krzysztofa Kolumba.

▲ Palazzo Rosso

Przy końcu ulicy stoją dwa inne wielkie budynki. Pierwszym z nich jest **Palazzo Bianco** (Biały Pałac) z klasycyzującą fasadą, mieszczący jedną z najważniejszych kolekcji sztuki w Genui, ★ **Galleria di Palazzo Bianco** ℹ otwarte: zimą wt.–pt. 9.00–18.30 (latem do 19.00), sb.–nd. 9.30–18.30 (latem 10.00–19.30); wstęp: bilet obejmujący także Palazzo Rosso i Palazzo Tursi: 9 EUR, ulg. 7 EUR. Prezentuje ona bogate zbiory malarstwa włoskiego, flamandzkiego, holenderskiego, francuskiego i hiszpańskiego.

Po drugiej stronie ulicy wznosi się XVII--wieczny barokowy **Palazzo Rosso** (Czerwony Pałac) mieszczący niezwykle wartościową pinakotekę: ★ **Galleria di Palazzo Rosso** ℹ wstęp: zob. Palazzo Bianco. Oprócz fresków największych liguryjskich malarzy XVII w. (Domenico i Paolo Gerolamo Piola, Gregorio de Ferrari) oraz cennych mebli zobaczymy tu bogatą kolekcję malarstwa zgromadzonego na przestrzeni wieków przez rodzinę Brignole--Sale (Dürer, Guercino, Veronese, Caravaggio, Strozzi, Castiglione, Van Dyck, Rigaud).

Idąc dalej Via Garibladi, a później skręcając w lewo, dochodzi się do XVI-wiecznego **kościoła San Siro** z neoklasyczną fasadą. W XVII-wiecznym wnętrzu uwagę zwraca przede wszystkim piękny ołtarz główny wykonany przez Pugeta w 1670 r. z marmuru i złota.

Genua to miasto „piętrowe", które od morza pnie się w górę. Przy pobliskim Largo della Zecca usytuowana jest początkowa stacja **kolejki linowej**, którą można dostać się do **Righi**, jednego z najlepszych punktów widokowych w mieście (302 m n.p.m.). Oprócz przepięknej panoramy portu turystów przyciąga tu park (**Parco urbano delle Mura**), a także liczne zabytkowe fortyfikacje (**Forte Puin, Forte Diamante**), które dziś wykorzystywane są jako tło dla wydarzeń kulturalnych w mieście. Z kolei na Piazza Portello można wsiąść w miejską windę i wyjechać na taras widokowy, znany jako **Castelletto**. Roztacza się stąd widok na całą Genuę. Nieopodal prowadzi tzw. **Circonvallazione a Monte**, trasa widokowa, przebiegająca zboczami wzgórz przez całe niemal miasto.

Z Largo della Zecca niedaleko już do **kościoła Santissima Annunziata** z XVI–XVII w., charakteryzującego się neoklasyczną fasadą. Mimo zniszczeń z czasów ostatniej wojny, kościół ten pozostaje jednym z najpiękniejszych i najbardziej reprezentatywnych przykładów genueńskiego baroku. Wewnątrz podziwiać można dzieła najlepszych lokalnych artystów z XVII w. W pobliżu stoi **Porta dei Vacca**, XII-wieczna brama miejska, przebudowana w XVIII w.

Przy Via Balbi wznosi się XVII-wieczny **Palazzo Reale**, w którym niegdyś mieszkali przedstawiciele dynastii sabaudzkiej. Gmach został przebudowany w XVIII stuleciu przez Fontanę, który jest twórcą m.in. monumentalnych podwójnych schodów oraz rozległego ogrodu, skąd rozciąga się widok na port i zatokę. W pałacu mieści się obecnie **Museo di Palazzo Reale** ⓘ otwarte: wt.–pt. 9.00–19.00, sb.–nd. 13.30–19.00; wstęp: 6 EUR, ulg. 3 EUR , w 1. nd. mies. bezpł., bilet łączony z Galleria Nazionale di Palazzo Spinola: 9 EUR.

Równolegle do Via Balbi ciągnie się wąska Via dei Pré, na końcu której stoją romańsko-gotycki **kościół San Giovanni di Pré** (XII–XIV w.) oraz **Commenda di San Giovanni di Pré**, znana też jako Loggia dei Cavalieri Gerosolimitani (Loggia Rycerzy Jerozolimskich) – niegdyś oferowała ona schronienie pielgrzymom wyruszającym do Ziemi Świętej.

Przy znajdującym się na końcu Via Balbi Piazza Acquaverde stoi **pomnik Krzysztofa Kolumba** (1846). Stąd można wjechać windą do XIX-wiecznego **zamku d'Albertis**, wybudowanego w stylu neoromańskim przez podróżnika i odkrywcę D'Albertisa, a następnie przekazanego miastu wraz z cenną kolekcją etnograficzną, która stała się zaczątkiem znajdującego się dziś w zamku **Museo Etnografico d'Albertis** ⓘ otwarte: wt.–pt. X–III 10.00–17.00, IV–IX 10.00–18.00, w sb. i nd. o godzinę dłużej; wstęp: 6 EUR, ulg. 4,5 EUR.

▼ Port w Genui; na pierwszym planie model ziemskiej ekosfery

Na wschód od muzeum stoi imponujący XVI-wieczny gmach **Albergo dei Poveri**, wybudowany jako przytułek dla ubogich.

Jedną z najbardziej znanych atrakcji Genui jest z pewnością jej ★ **latarnia** ❶ otwarte: sb.–nd. 14.30–18.30; wstęp: 6 EUR, ulg. 5 EUR. Znajduje się ona w zachodniej części miasta, w sporej odległości od centrum. Można się do niej dostać po tzw. Passeggiata della Lanterna, ścieżce wiodącej

Informacja turystyczna

Informacji można zasięgnąć na lotnisku (9.00–17.20), na Via Garibaldi 18R (9.00–18.20), w terminalu promowym Stazione Marittima (8.30–11.30) oraz przy Porto Antico obok kas akwarium, na Piazza Caricamento (latem 9.00–18.20, zimą 9.00–17.50; tel.: +39 010 5572903; www.visitgenoa.it). W biurach można nabyć **Card Musei**, która uprawnia do bezpłatnego wstępu do 22 muzeów w mieście, a także do zniżek w wielu obiektach turystycznych (karta 24-godzinna 12 EUR, 48-godzinna 20 EUR).

Noclegi

Genua – jedno z najchętniej odwiedzanych przez turystów włoskich miast – dysponuje bogatą ofertą noclegową.

- **Hostel Genova**, Via Costanzi 120N; tel.: +39 010 2422457; nocleg w dormitorium 15 EUR, jedynka od 23 EUR, dwójka od 38 EUR. Bardzo ładne i czyste pokoje, miła obsługa.
- **Hotel Barone***, Via XX Settembre 2/23; tel.: +39 010 587578; www.hotelbarone-genova.it; jedynka od 43 EUR, dwójka od 58 EUR. Część pokoi bez łazienki.
- **Hotel Bel Soggiorno****, Via XX Settembre 19; tel.: +39 010 542880; www.belsoggiornohotel.com; jedynka 51–120 EUR, dwójka 67–145 EUR. W pokojach klimatyzacja, tv, internet. Na miejscu bar.
- **Hotel Brignole*****, Vico del Corallo 13R; tel.: +39 010 561651; www.hotelbrignole.it; jedynka 40–150 EUR, dwójka 40–200 EUR. Hotel usytuowany w pobliżu handlowego centrum Genui, blisko sławnego genueńskiego akwarium. Po renowacji, oferuje przestronne, komfortowe pokoje.
- **Hotel Bruxelles Margherita****, Via XX Settembre 19/7; tel.: +39 010 589191; www.hotelbruxellesmargherita.it; jedynka 50 EUR, dwójka 75 EUR, śniadanie 5 EUR.
- **Hotel Cairoli****, Via Cairoli 14/4; tel.: +39 010 2461454; www.hotelcairoligenova.com; jedynka ok. 55 EUR, dwójka ok. 80 EUR. Hotel w sercu Genui. Całodobowy bar, siłownia, internet. Oprócz zwykłych pokoi do dyspozycji gości są też dwa apartamenty z kuchnią, które nadają się doskonale na dłuższe wakacje dla rodziny.
- **Hotel Chopin****, Via Andrea Doria 22R; tel.: +39 010 255287; www.hotelchopingenova.it. Bardzo miła i pomocna obsługa, jednak ciszę nocną mogą zakłócać hałasy dochodzące z pobliskich barów i restauracji.

Wyżywienie

Kuchnia Ligurii, w tym także Genui, jest uboga w dania mięsne. Tereny te słyną jednak z uprawy niezwykle aromatycznych ziół. Rozmaryn, tymianek, szałwia i bazylia rosnące dziko na stokach liguryjskich wzgórz, nabierają tu niepowtarzalnego smaku. To w okolicy Genui z najlepszych listków bazylii połączonych z oliwą wytwarza się słynne na całym świecie zielone pesto (*pesto genovese*).

- **Antica Osteria di Vico Palla**, Vico Palla 15R. Lokal z tradycjami, kuchnia genueńska, znakomite ryby. W menu sporo miejsca zajmują dania sezonowe.
- **Barisone**, Via Siracusa 2R; 25–35 EUR; nd. wieczór i pn. nieczynne. Tradycyjny lokal.
- **Da Maria**, Vico Testadoro 14R (róg Via XXV Aprile); ok. 11 EUR. Wyśmienite potrawy regionalne; warto spróbować genueńskiej zupy warzywnej (*minestrone alla genovese*) i *risotto alla genovese*.
- **Sa Pesta**, Via dei Giustiniani 16R; 20–35 EUR. Tradycyjna kuchnia lokalna. Wnętrze przywodzi na myśl lata 50.

Park Narodowy Cinque Terre

▼ Manarola

Park Narodowy Cinque Terre (Parco Nazionale delle Cinque Terre), w 1997 r. wpisany na Listę UNESCO, obejmuje niezwykły fragment wybrzeża włoskiego na wschód od Genui, gdzie surowa przyroda i od lat przekształcający ją człowiek utworzyli iście bajkowy krajobraz. Urokliwe miasteczka, tarasy na stromych zboczach wzgórz, winnice i pola uprawne, które zdają się być zawieszone między morzem a niebem, urwiska i dzikie plaże – wszystko to tworzy jeden z najpiękniejszych zakątków Włoch.

Miasteczka leżące na terenie parku: Monterosso al Mare, Vernazza, Corniglia, Manarola, Riomaggiore, połączone są siecią szlaków różnej długości i o różnym stopniu trudności. (Informacji na temat wytyczonych tras należy szukać w punktach informacji turystycznej, które znajdują się blisko stacji kolejowych w każdej z wymienionych miejscowości). Na szczególną uwagę zasługuje **Via dell'Amore** (Droga Miłości) – szlak łączący Manarolę z Riomaggiore. Pozwala on podziwiać piękno regionu, ale przede wszystkim jest krótki i jako taki nadaje się nie tylko dla zakochanych par, ale i dla rodzin z dziećmi. Wiele tras można pokonać, korzystając z lokalnych środków transportu, co jest o tyle ważne, że wjazd do miejscowości na terenie parku własnym samochodem jest niezwykle trudny, a drogi są kręte, wąskie i niebezpieczne.

Każde miasteczko Cinque Terre ma do zaoferowania zwiedzającym coś niepowtarzalnego. W **MONTEROSSO AL MARE** ścieżka

▼ Vernazza

▼ Riomaggiore

biegnąca nad morzem łączy stare miasto z nowoczesną dzielnicą Fegina. Na uwagę zasługuje tu późnoromański **kościół San Giovanni Battista** z charakterystyczną fasadą w czarno-białe pasy.

VERNAZZA, naturalnie chroniona przed inwazją morskich fal przez wysokie skały, ma piękny **kościół** z oryginalną **dzwonnicą** wzniesioną na planie ośmiokąta.

W położonej wśród winnic miejscowości **CORNIGLIA** na uwagę zasługuje **sanktuarium San Bernardino**, a także **kościół San Pietro** z przepiękną rozetą.

Manarola i Riomaggiore zdają się być wykute w skałach i jako takie robią wrażenie najbardziej niedostępnych. W **MANAROLI** warto zobaczyć romański **kościół Madonna della Salute**, natomiast w **RIOMAGGIORE sanktuarium La Madonna di Montenero** i **Museo Della Memoria** ℹ otwarte: sb. i nd. 10.30–12.30; wstęp: 0,50 EUR, pozwalające zapoznać się z przyrodą, historią i tradycjami Cinque Terre.

Na wybrzeżu dominują urwiska skalne i plaże kamieniste. Jednak można znaleźć tu również **plaże** żwirowe (Riomaggiore, Vernazza), a w Monterosso al Mare znajduje się szeroka i zadbana plaża piaszczysta. Na miłośników morskich kąpieli czeka niezwykle czysta woda, bowiem strefa morska parku objęta jest szczególną ochroną (Area Marina Protetta di Cinque Terre). Organizowane są tu podwodne eskapady dla **płetwonurków**, chcących bliżej zapoznać się z miejscową morską fauną i florą.

do latarni od Via Milano (na wschód od dworca Principe).

Drugą „morską" atrakcją miasta jest ogromne (trzecie pod względem wielkości w Europie) ★ **akwarium** ℹ otwarte: VII, VIII codz. 8.30–22.30, III–VI i IX–X pn.–pt. 9.00–20.00, sb. i nd. 8.30–21.00, XI–II pn.–pt. 9.30–20.00, sb. i nd. 9.30–21.00; wstęp: 26 EUR, ulg. 18 EUR. Znajduje się ono na nabrzeżu, w pobliżu Piazza del Caricamento.

Będąc w Genui, warto również poświęcić nieco czasu na spacer po porcie, gdzie błękit morza miesza się z bielą nowoczesnych statków. Zacumowany jest tam też ogromny **statek piracki Il Galeone Neptune** ℹ otwarte: codz. 10.00–17.00; wstęp: dorośli 6 EUR, ulg. 4 EUR, który posłużył jako scenografia w filmie Romana Polańskiego *Piraci*.

OKOLICE

Około 10 km na wschód od centrum Genui leży niewielkie miasteczko, jeden z modnych na przełomie XIX i XX w. kurortów – **NERVI** – z willami, hotelami, ogrodami i ulicami ocienionymi palmami. Nervi uważane jest właściwie za dzielnicę Genui, w której domy posiadają zamożni genueńczycy szukający chwili wytchnienia po ciężkim dniu pracy. Do Nervi warto przyjechać, by przespacerować się nadmorską drogą, z której rozciąga się niezwykły widok na Zatokę Genueńską.

Kolejnym interesującym miasteczkiem położonym w pobliżu Genui jest

Noclegi i wyżywienie

Tym, którzy chcą pozostać w **Rapallo** nieco dłużej, można polecić **hotel Portofino** (Corso Matteotti 53/1; tel.: +39 0185 231103; www.hotelportofinorapallo.it; dwójka ok. 65 EUR). Także w Rapallo warto zajrzeć do **Hostaria Vecchia Rapallo** (Via Fratelli Cairoli). Podają tu wiele dań charakterystycznych dla kuchni liguryjskiej, np. *pansoti* (pierożki nieco podobne do *ravioli*, ale bez mięsnego nadzienia) z sosem orzechowym.

RAPALLO. To typowa miejscowość letniskowa z rozbudowaną bazą hotelową. Miasto podzielone jest na dwie strefy: turystyczną z nadmorską promenadą i przystanią, oraz położoną bardziej w głębi lądu strefę, w której z dala od gwaru przybyszów żyją spokojnie mieszkańcy miasteczka. Główną atrakcją części turystycznej jest niewielki kamienny **zamek**, którego mury obmywa morska woda. Dawniej w zamku znajdowało się więzienie, dziś organizowane są tu przede wszystkim wystawy. W pobliżu zamku można znaleźć fragment piaszczysto-żwirowej plaży, które w tutejszym skalistym terenie są rzadkością.

W głębi lądu na podróżników poszukujących lokalnego kolorytu i tradycji czeka Piazza Venezia, plac na którym odbywa się wielki targ. Pobliskie uliczki kryją wiele sklepików, gdzie można zakupić specjały kulinarne i oryginalne pamiątki.

▼ Rapallo

Lukka

Lukka, w przeciwieństwie do sąsiedniej Pizy, jest miastem, gdzie na ulicach centrum można ciągle spotkać więcej Włochów niż turystów. Nie znaczy to jednak, że nikt tu nie zagląda – wszak Lukka posiada bardzo atrakcyjne zabytki, jak chociażby romańskie kościoły czy wspaniały plac Anfiteatro Romano. Liczba zwiedzających nie przekroczyła jednak granic przyzwoitości, co dodaje miastu atrakcyjności.

HISTORIA

Lukka była siedzibą Etrusków, następnie przeszła pod panowanie Cesarstwa Rzymskiego. Na początku XII w. stała się wolnym miastem, co zapoczątkowało okres jej największego rozkwitu. Miasto dostało się wprawdzie na krótko pod władzę Pizy, jednak już w XIV w. odzyskało niezależność. W początkach XIX w. Napoleon przekazał je swojej siostrze jako Księstwo Lukki. Później, po krótkim panowaniu Burbonów, została w 1860 r. włączona do Królestwa Włoch.

WARTO ZOBACZYĆ

Lukka jest jednym z tych wyjątkowych włoskich miast, w których do dziś zachowały się w całości **mury obronne**. Tuż przy murach, w południowej części miasta, niedaleko od dworca kolejowego, wznosi się jeden z najcenniejszych zabytków Toskanii: ★ **katedra San Martino** ℹ pn.–pt. 9.30–18.00, sb. do 18.45, nd. 12.00–18.00, wstęp: 3 EUR. Kościół powstał w VI w., jednak w XI w. rozpoczęła się jego całkowita przebudowa, która trwała aż do XIV w. Guidetto da Como, twórca fasady, musiał dostosować ją do istniejącej już **dzwonnicy** ℹ codz. 10.00–18.00, wstęp: 3 EUR – tym właśnie należy tłumaczyć jej rzucającą się w oczy asymetrię. Fasada dzieli się wyraźnie na dwie części: dolną z trzema arkadami i górną z trzema rzędami arkad, w których każda kolumna jest ozdobiona w oryginalny sposób. Także na fasadzie umieszczono kopię rzeźby nieznanego artysty przedstawiającą św. Marcina z żebrakiem (ok. 1240; oryginał – wewnątrz katedry). Wzrok przyciągają również płaskorzeźby zdobiące portale.

WŁOCHY PÓŁNOCNE | LUKKA

▼ Panorama Lukki

oprac. R. Bletek

W lunecie lewego portalu zobaczymy *Złożenie do grobu*, poniżej zaś, na architrawie – *Zwiastowanie*, *Narodzenie* i *Hołd Trzech Króli*. Płaskorzeźby pomiędzy portalami przedstawiają sceny z życia św. Marcina, a także typowe prace wykonywane w poszczególnych miesiącach roku.

W trzynawowym gotyckim wnętrzu na uwagę zasługuje umieszczony w ośmiobocznej kaplicy zwanej **Tempietto del Volto Santo** (stanowiącej osobną, zamkniętą kopułą budowlę) wizerunek Chrystusa na krzyżu (*Volto Santo*) z przełomu XII i XIII w., wg legendy będący dziełem biblijnego Nikodema (tego, który wraz z Józefem z Arymatei pochował ciało Jezusa) po wielu wiekach odnalezionym na północnym wybrzeżu Toskanii. W **zakrystii** znajdują się dwa cenne dzieła sztuki: przepiękna *Madonna z Dzieciątkiem* (przedstawiona w otoczeniu świętych Piotra, Klemensa, Pawła i Sebastiana) Domenica Ghirlandaia z ok. 1479 r. oraz uznawany za arcydzieło rzeźbiarskie grobowiec Ilarii del Carretto wykonany ok. 1410 r. przez Jacopa della Quercia.

Romański **kościół San Michele in Foro** – nazwany tak, gdyż wybudowany został na miejscu dawnego rzymskiego forum – wyróżnia się przede wszystkim niezwykle wysoką, znacznie przewyższającą korpus świątyni, fasadą z czterema rzędami arkad i sporych rozmiarów figurą Archanioła Michała na szczycie. Wewnątrz na uwagę zasługuje terakotowa rzeźba Luki della Robbia *Madonna z Dzieciątkiem* oraz obraz Filippina Lippiego przedstawiający świętych Sebastiana, Hieronima, Rocha i Helenę.

Nieco bardziej na zachód, w XVII-wiecznym Palazzo Mansi, mieści się **Pinacoteca Nazionale** ℹ www.luccamuseinazionali.it; otwarte: wt.–sb. wstęp o 10.30, 12.30, 14.30 i 16.30; wstęp: 4 EUR, ulg. 2 EUR, bilet łączony

z Museo Nazionale di Villa Guinigi 6,50 EUR, ulg. 3,25 EUR, gdzie można zobaczyć m.in. malarstwo renesansowe, w tym znakomity portret Aleksandra Medyceusza namalowany przez Pontorma.

Przy Via degli Asili znajduje się **Palazzo Pfanner** ℹ www.palazzopfanner.it; otwarte: IV–XI 10.00–18.00; wstęp: do pałacu i ogrodu 6 EUR, ulg. 5 EUR, tylko ogród lub tylko pałac 4,50 EUR, ulg. 4 EUR z przepięknym ogrodem w stylu włoskim. W pałacu, oprócz wspaniałych wnętrz z zabytkowym wyposażeniem, można obejrzeć wystawę instrumentów medycznych (także chirurgicznych) z przełomu XIX i XX w.

Tuż obok wznosi się **kościół San Frediano** z połowy XII w. W górnej części fasady znajduje się imponująca mozaika *Wniebowstąpienie*. W trzynawowym wnętrzu na uwagę zasługuje przede wszystkim romańska marmurowa misa chrzcielna – Fontana Lustrale (poł. XII w.). W pobliżu zobaczymy *Zwiastowanie* Luki della Robbia. Interesująca jest też kaplica św. Zyty, w której spoczywają szczątki tej świętej. W innej kaplicy podziwiać można freski Amica Aspertiniego przedstawiające sceny z życia św. Augustyna, przywiezienie do Lukki *Volto Santo* (całun z Manoppello) oraz św. Fridianusa, biskupa Lukki, ratującego miasto przed powodzią.

Nieopodal świątyni znajduje się jedna z ważniejszych atrakcji turystycznych Lukki – okrągły plac otoczony średniowiecznymi budynkami: ★ **Piazza dell'Anfiteatro**. Regularny krąg kamienic wzniesiony został na

▲ Katedra San Martino

▲ Mozaika na fasadzie kościoła San Frediano

fundamentach znajdującego się tu wcześniej rzymskiego amfiteatru.

Na południe od placu znajduje się kompleks XIV-wiecznych domów i wież znany jako **Case Guinigi**. Najciekawiej prezentuje się stojący przy Via Sant'Andrea budynek z jednym z symboli Lukki – wysoką wieżą, na której szczycie wyrosło dość okazałe drzewo.

We wschodniej części miasta, za kanałem ciągnącym się wzdłuż Via del Fosso, w pięknej XV-wiecznej Villi Guinigi znajduje się **Museo Nazionale** ℹ otwarte: wt.–sb. 8.30–19.30; wstęp: 4 EUR, ulg. 2 EUR, bilet łączony z Pinacoteca Nazionale 6,50 EUR, ulg. 3,25 EUR. Zgromadzono tu prehistoryczne, etruskie i rzymskie znaleziska archeologiczne, a ponadto rzeźby średniowieczne i renesansowe (m.in. *Ecce Homo* Civitalego) oraz malarstwo, w tym nastawy ołtarzowe Fra Bartolomea i Amica Aspertiniego.

Informacja turystyczna

Punkt informacji turystycznej znajduje się przy Piazza Guidiccioni 2 (tel.: +39 0583 91991; www.turismo.provincia.lucca.it).

Noclegi

W Lukce warto zatrzymać się w centrum lub blisko niego – plusem takiej lokalizacji, oprócz niezwykłej atmosfery zabytkowego miasta, jest bliskość atrakcji.

- **Albergo San Martino*****, Via della Dogana 9; tel.: +39 0583 469181; www.albergosanmartino.it; jedynka 50–80 EUR, dwójka 80–110 EUR, apartament 120–170 EUR. Hotel w centrum, niedaleko katedry; 10 przyzwoitych pokoi.
- **B&B Liberty**, Via Borgo Giannotti 19; tel.: +39 348 5594368; www.bbliberty.com; dwójka 50–100 EUR. Pensjonat blisko ścisłego centrum.
- **Hotel Bernardino*****, Via di Tiglio 109; tel.: +39 0583 953356; www.hotelbernardino.it; jedynka 40–65 EUR, dwójka 70–85 EUR. Hotel ma 27 skromnych pokoi z łazienką, telewizorem i klimatyzacją.
- **Ostello San Frediano**, Via della Cavallerizza 12; tel.: +39 0583 469957; www.ostellolucca.it; dormitorium 20–22 EUR/os., dwójka 65 EUR, trójka 80 EUR, czwórka 105 EUR, śniadanie 3 EUR, ciepły obiad i kolacja 11 EUR. Przyzwoity, surowy hostel AIG ulokowany w dawnym pałacu.

Wyżywienie

- **Buatino**, Borgo Gianotti 508. *Trattoria* z domową kuchnią.
- **Buca di Sant'Antonio**, Via della Cervia 1–3. Popularna restauracja serwująca wyśmienite dania regionalne. Duży wybór potraw, zarówno mięsnych, rybnych, jak i wegetariańskich, świetne wina i *grappa*. Dość drogo.
- **Trattoria da Giulio**, Via delle Conce 47. Smaczne dania regionalne, sympatyczna obsługa, niewygórowane ceny.

Mantua

Mantua (Mantova) otoczona z trzech stron sporymi jeziorami i często pogrążona w gęstej mgle to miasto, w którym na świat przyszedł Wergiliusz. Choć prawdopodobnie początki miejscowości sięgają czasów osadnictwa etruskiego, bardzo długo pozostawała ona miejscem zagubionym pośród bagien. Dopiero w XII i XIII w. władze Mantui uregulowały otaczające ją moczary. Rozpoczął się wtedy okres szybkiego rozwoju miasta. Do XVII w. Mantua była centrum politycznym i kulturalnym na miarę światową. Właśnie z tego okresu pochodzą najwspanialsze zabytki miasta, z uwagi na które w 2008 r. centrum zostało wpisane na Listę UNESCO.

WARTO ZOBACZYĆ

Kierując się od dworca kolejowego na północ, dochodzi się najpierw do XIV-wiecznego gotyckiego **kościoła San Francesco**. Nieco dalej znajduje się sporych rozmiarów skwer – Piazza Virgiliana, w głębi którego stoi **pomnik Wergiliusza**. Stąd Via Fratelli Cairoli prowadzi prosto do miejsca niegdyś stanowiącego tętniące życiem serce miasta: na Piazza Sordello. Wznosi się tam XVI-wieczna **katedra św. Piotra**. W jej murach zachowały się fragmenty wcześniejszej gotyckiej budowli, zobaczymy tu również romańską dzwonnicę. Pięcionawowe wnętrze tego potężnego kościoła jest bardzo obszerne i jasne. Zaprojektowane zostało przez Giulia Romana na wzór rzymskich bazylik wczesnochrześcijańskich. Na uwagę zasługuje m.in. sarkofag z wczesnego okresu chrześcijaństwa (V w.) oraz fragmenty XIV-wiecznych fresków w baptysterium.

Obok katedry znajduje się największa chyba atrakcja Mantui – ★ **Palazzo Ducale** ℹ otwarte: wt.–nd. 8.15–19.15; wstęp: 12 EUR (cały kompleks), ulg. 7,50 EUR, tylko Corte Vecchia: 6,50 EUR, ulg. 3,25 EUR. Książęcy pałac Gonzagów to sporych rozmiarów kompleks rozbudowywany sukcesywnie w okresie XIII–XVII w., aby pomieścić jeden z najwystawniejszych w Europie dworów. Zespół składa się z kilku budynków: Palazzo del Capitano, Magna Domus (oba z XIII–XIV w.),

▼ Katedra św. Piotra

Domus Nova (XV w.), Corte „Rustica" i Corte Nuova (oba z XVI w.) oraz XIV-wiecznej fortecy Castello di San Giorgio. W salach zgromadzono obrazy (w tym *Książęta i księżne Gonzaga* Rubensa), rzeźby (np. popiersie Francesca Gonzagi przypisywane Mantegni) i sarkofagi. Na uwagę zasługują na pewno apartamenty książęce (XVI–XVII w.), *appartamento dei Nani* (karłów) będący zminiaturyzowaną kopią rzymskiej bazyliki św. Jana na Lateranie, Apartament Metamorfoz, którego ściany zdobią dekoracje zainspirowane dziełem Owidiusza, oraz bogato dekorowana Sala di Manto (XVI w.), której nazwa pochodzi od imienia mitycznej założycielki miasta. Szczególnie interesujący jest tu cykl fresków Pisanella (1446–47).

Tak zwanymi schodami Eneasza przechodzi się do XIV-wiecznego **Castello di San Giorgio**; w jednej z narożnych wież tego zamku mieści się sławna Camera degli Sposi (Pokój Nowożeńców), z cyklem fresków Mantegni poświęconych Ludovicowi Gonzadze i jego rodzinie.

▲ Palazzo Ducale (część zabudowy kompleksu)

Tuż obok Piazza Sordello znajduje się niewielki Piazza Broletto, a przy nim stoi XII-wieczny **Palazzo del Broletto**, znany też jako Palazzo del Podesta, z wysoką wieżą narożną, która niegdyś była siedzibą władz miejskich. W jednej z nisz XIV-wiecznej fasady umieszczono rzeźbę przedstawiającą Wergiliusza. Piazza Broletto ma mroczną historię. Tutaj bowiem władcy z rodu Gonzagów torturowali swoich politycznych przeciwników. Do dziś na placu zachowały się resztki narzędzi tortur – metalowe obręcze oraz klatka, w której wystawiano więźniów na widok publiczny.

Sąsiednia Piazza delle Erbe stanowi centrum współczesnego miasta, ale historia zostawiła tu niezwykle ciekawe ślady. Jedną z pierzei placu ogranicza XIII-wieczny **Palazzo della Ragione** ℹ do IX 2018 pałac i wieża nieczynne z powodu remontu z pięknymi XV-wiecznymi podcieniami. Wnętrza gmachu zdobione są freskami przedstawiającymi m.in. kometę. Również XV-wieczna jest wieża – **Torre dell'Orologio**, z zegarem skonstruowanym przez Bartolomea Manfrediego. Warto też odwiedzić pobliską romańską **rotundę San Lorenzo** ℹ otwarte: pn.–pt. 10.00–13.00 i 14.30–18.00, sb.–nd. 10.00–19.00, zbudowaną w XI w. na polecenie księżnej Matyldy z Canossy na wzór Grobu Pańskiego w Jerozolimie. Wnętrze na planie koła z dziesięcioma solidnymi kolumnami przykrywa półokrągła kopuła. Jest to najstarszy kościół w mieście.

Przeciwną pierzeję placu zajmuje ★ **bazylika Sant'Andrea**. Kościół został zaprojektowany przez Loena Battistę Albertiego w 1470 r. i stanowi jedno z arcydzieł architektury renesansowej. Imponująca barokowa kopuła jest późniejsza – to XVIII-wieczne dzieło Juvarry. Zwrócona w stronę Piazza Mantegna harmonijna fasada wyraźnie odwołuje się do motywu rzymskiego łuku triumfalnego. Wnętrze, choć jednonawowe, jest bardzo przestronne, a w kaplicach bocznych zobaczyć można m.in. grób Mantegni oraz obrazy jego uczniów. Na lewo od kościoła wznosi się gotycka dzwonnica (1413), pozostałość po wcześniejszej świątyni.

Niedaleko, przy Via dell'Accademia, w Palazzo dell'Accademia Virgiliana mieści się **Teatro Scientifico del Bibiena** ℹ otwarte: wt.–pt. 10.00–13.00 i 15.00–18.00, sb. i nd. 10.00–18.00; wstęp: 2,00 EUR, ulg. 1,20 EUR.

Podobno w uroczystości otwarcia teatru brał udział 13-letni Mozart.

Idąc na południe Via Roma i dalej w kierunku Palazzo Te, należy zwrócić uwagę na stojący przy Via Acerbi (po prawej) **dom Mantegni**, być może zaprojektowany przez samego mistrza. Niemal naprzeciwko wznosi się kolejna świątynia: **kościół San Sebastiano**, zaprojektowany przez Leona Battistę Albertiego (1460). Niestety jego odrestaurowana w XX w. fasada nie dochowuje wierności oryginalnemu projektowi znakomitego architekta.

Podążając dalej na południe, zobaczymy imponujący ★ **Palazzo Te** ℹ otwarte: zimą pn. 13.00–18.30 (latem do 19.30), wt.–nd. 9.00–18.30 (latem do 19.30); wstęp: 12 EUR, ulg. 8 EUR, którego nazwa nawiązuje do miejscowości Teieto. Budynek wzniesiono wg projektu Giulia Romana dla Federica Gonzagi, który chciał tu ukryć przed światem swą kochankę Isabellę Boschetto. Na szczególną uwagę zasługują: Sala di Psiche ze scenami mitologicznymi na ścianach i sklepieniu, Sala di Fentonte, znana także jako Sala delle Aquile (Sala Orłów), oraz Sala dei Giganti z freskami przedstawiającymi upadek gigantów umieszczonymi na ścianach i sklepieniu. To ostatnie pomieszczenie ma też niezwykłe walory akustyczne (echo). Warto dłużej zatrzymać się w Camera del Sole e della Luna, gdzie Słońce i Księżyc przedstawione są pod postaciami koni zaprzężonych do rydwanu. Obecnie w Palazzo Te organizowane są wystawy czasowe. Pałac otoczony jest bardzo ładnym parkiem.

Nieco dalej od centrum, na wschód od Corso Garibaldi, wznosi się XIII-wieczny gotycki **kościół Santa Maria del Gradaro** z interesującymi freskami naśladującymi bizantyjskie malowidła.

Informacja turystyczna

Informacja turystyczna znajduje się przy Piazza Mantegna 6 (tel.: +39 0376 432432; www.turismo.mantova.it; otwarte: IV–IX pn.–pt. 9.00–13.30 i 14.30–18.00, sb. 9.00–18.00, nd. 9.00–13.00, X–III pn.–pt. 9.00–13.30 i 14.30–17.00, sb. i nd. 9.00–17.00) oraz w Casa di Rigoletto przy Piazza Sordello 23 (tel.: +39 0376 288208; otwarte: 9.00–18.00).

Noclegi

W Mantui warto się zatrzymać nie tylko po to, by spokojnie zwiedzać miasto, ale też, by móc potraktować ją jako świetny punkt wypadowy wycieczek do wielu innych miejscowości (Parma, Werona).

- **Albergo Bianchi*****, Piazza Don Eugenio Leoni 24; tel.: +39 0376 326465; www.albergobianchi.com; jedynka 70–80 EUR, dwójka 90 EUR. Klasyczny hotel w pobliżu stacji kolejowej.
- **Hostel Rivalta sul Mincio – Ostello del Mincio**, Via Porto 23; tel.: +39 0340 9300509; www.ostellodelmincio.it. Usytuowany blisko parku, ceny niewysokie, ale trzeba się liczyć z koniecznością mieszkania w kilkuosobowym pokoju (20 EUR/os.). Warto spróbować specjalności tutejszej restauracji – *ravioli* z dynią.
- **Hotel Italia*****, Piazza Cavallotti 8; tel.: +39 0376 322609; www.hotelitaliamantova.com; jedynka 40–100 EUR, dwójka 50–170 EUR. Mały, spokojny hotel blisko centrum; pokoje bardzo małe, ale wygodne.

Wyżywienie

- **Due Cavallini**, Via Salnitro 5. Latem goście mogą zdecydować się na stolik w ogrodzie. Warto spróbować tu deserów.
- **Al Portichetto**, Via Portichetto 14. Tradycyjna domowa kuchnia w przystępnych cenach.
- **Osteria dell'Oca**, Via Trieste 37. Dania tradycyjnej kuchni włoskiej przyrządzane wg starych receptur; mankamentem są wysokie ceny.

Mediolan

Mediolan (Milano) jest drugim co do wielkości miastem Włoch (po Rzymie). Jednak jeśli się weźmie pod uwagę całą aglomerację, to zdecydowanie nie ma on sobie równych. Stolica prowincji i regionu Lombardia leży na Nizinie Padańskiej, pomiędzy rzekami Ticino (zachód), Addą (wschód) i Padem. Zwana *capitale morale* (stolicą moralną), jest przede wszystkim centrum finansowym, gospodarczym i przemysłowym kraju (sławna fabryka Alfa Romeo czy Pirelli). To tutaj mieszczą się siedziby wielkich koncernów i banków. Mediolan to miasto nie tylko przedsiębiorców, ale i sławnych domów mody. Ponadto kwitnie tu życie kulturalne i naukowe. Choć nowoczesność miasta wysuwa się na plan pierwszy, Mediolan wciąż potrafi oczarować przybyszów zabytkami z dawno minionych epok.

HISTORIA

Mediolan został założony prawdopodobnie przez Celtów, wg Liwiusza ok. 600 r. p.n.e. W 222 r. p.n.e. miejscowość podbili Rzymianie, którzy nadali mu nazwę Mediolanum, prawdopodobnie od celtyckiego słowa *medhelan*, czyli „ziemia środka". Następnie od 293 do 404 r., w czasach biskupa Ambrożego i cesarza Teodozjusza, miasto było stolicą imperium zachodniorzymskiego. W IV w. ówczesny cesarz Konstantyn wydał słynny edykt mediolański.

Po okresach przynależności do państw Ostrogotów i Longobardów, w XI w. miasto zaczęło wzmacniać swoją pozycję i uniezależniło się od Świętego Cesarstwa Rzymskiego Narodu Niemieckiego. Zniszczone przez Fryderyka Barbarossę zdołało się podźwignąć – od XII w. Mediolan był wolnym miastem. Poczynając od XIV w., rządziły nim, a także całą Lombardią, kolejno dwa znakomite rody: Viscontich i Sforzów. Był to okres rozkwitu miasta. Wtedy też powstały budowle, które zachwycają po dziś dzień (zamek, katedra).

Z początkiem XV w. Mediolan został podbity przez Francuzów, a następnie, po bitwie pod Pawią w 1525 r., przeszedł w ręce Habsburgów. Dominacja hiszpańska trwała do początku XVIII w., kiedy to podczas hiszpańskiej wojny sukcesyjnej miasto okupowały

▼ Piazza del Duomo

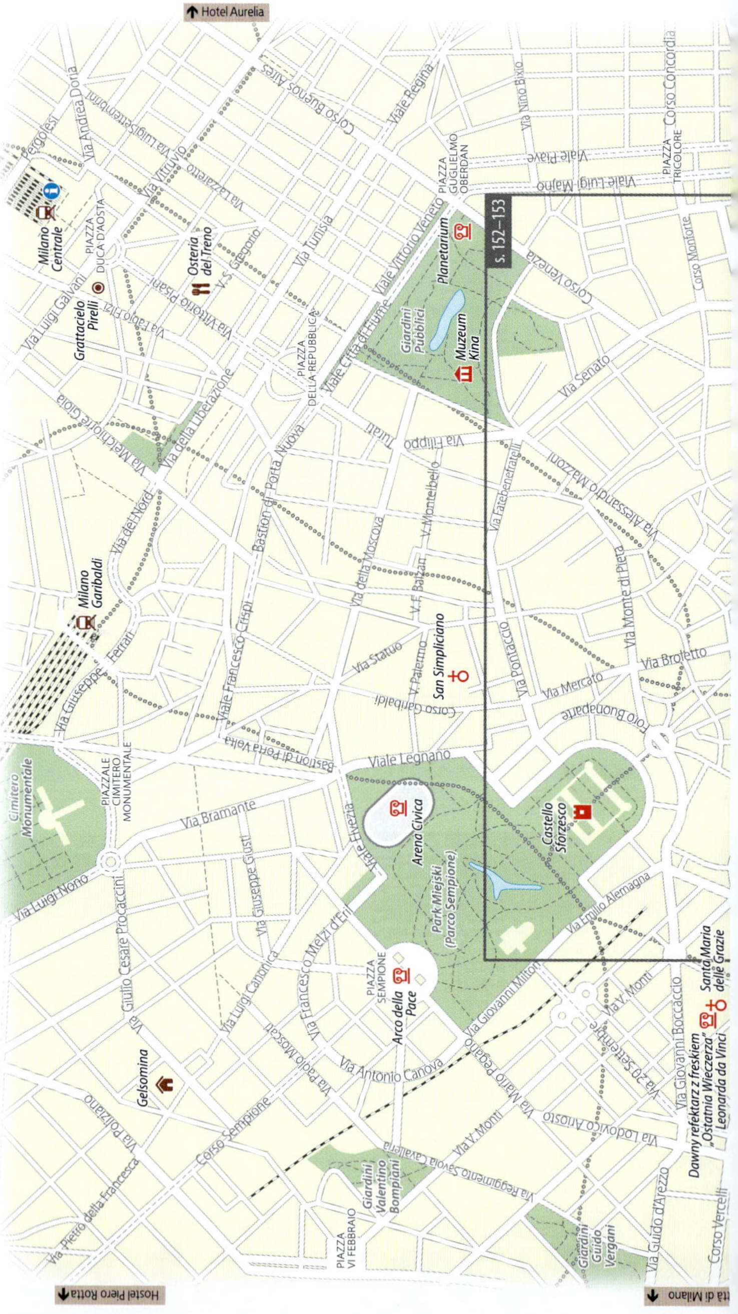
Hotel Aurelia
Hostel Piero Rotta
Città di Milano
s. 152–153
Milano Centrale
Grattacielo Pirelli
Osteria del Treno
Milano Garibaldi
Cimitero Monumentale
PIAZZALE CIMITERO MONUMENTALE
PIAZZA DUCA D'AOSTA
PIAZZA DELLA REPUBBLICA
PIAZZA GUGLIELMO OBERDAN
PIAZZA TRICOLORE
PIAZZA SEMPIONE
PIAZZA VI FEBBRAIO
Giardini Pubblici
Planetarium
Muzeum Kina
San Simpliciano
Arena Civica
Park Miejski (Parco Sempione)
Castello Sforzesco
Arco della Pace
Gelsomina
Giardini Valentino Bompiani
Giardini Guido Vergani
Santa Maria delle Grazie
Dawny refektarz z freskiem „Ostatnia Wieczerza" Leonarda da Vinci
Corso Buenos Aires
Viale Regina
Via Andrea Doria
Via Vitruvio
Via Lazzaretto
Via Luigi Settembrini
Pergolesi
Via Luigi Galvani
Via Fabio Filzi
Via Vittorio Pisani
V. S. Gregorio
Via Tunisia
Viale Vittorio Veneto
Viale Città di Fiume
Via della Liberazione
Via Melchiorre Gioia
Via dei Nord
Bastion di Porta Nuova
Viale Francesco Crispi
Via della Moscova
V. Montebello
V. F. Baiamonti
Via Filippo Turati
Via Nino Bixio
Viale Piave
Viale Luigi Maino
Corso Concordia
Corso Venezia
Corso Monforte
Via Senato
Via Fatebenefratelli
Via Alessandro Manzoni
Via Pontaccio
Via Monte di Pietà
Via Brera
Via Statuto
V. Palermo
Corso Garibaldi
Via Mercato
Via Broletto
Foro Buonaparte
Via Giuseppe Ferrari
Bastion di Porta Volta
Viale Legnano
Via Bramante
Via Luigi Nono
Via Giulio Cesare Procaccini
Via Giuseppe Giusti
Viale Elvezia
Via Luigi Canonica
Via Francesco Melzi d'Eril
Via Paolo Moscati
Via Antonio Canova
Via Emilio Alemagna
Via Giovanni Milton
Via Mario Pagano
Via V. Monti
Via XX Settembre
Via Giovanni Boccaccio
Via Lodovico Ariosto
Via Reggimento Savoia Cavalleria
Corso Sempione
Via Poliziano
Via Pietro della Francesca
Via Guido d'Arezzo
Corso Vercelli

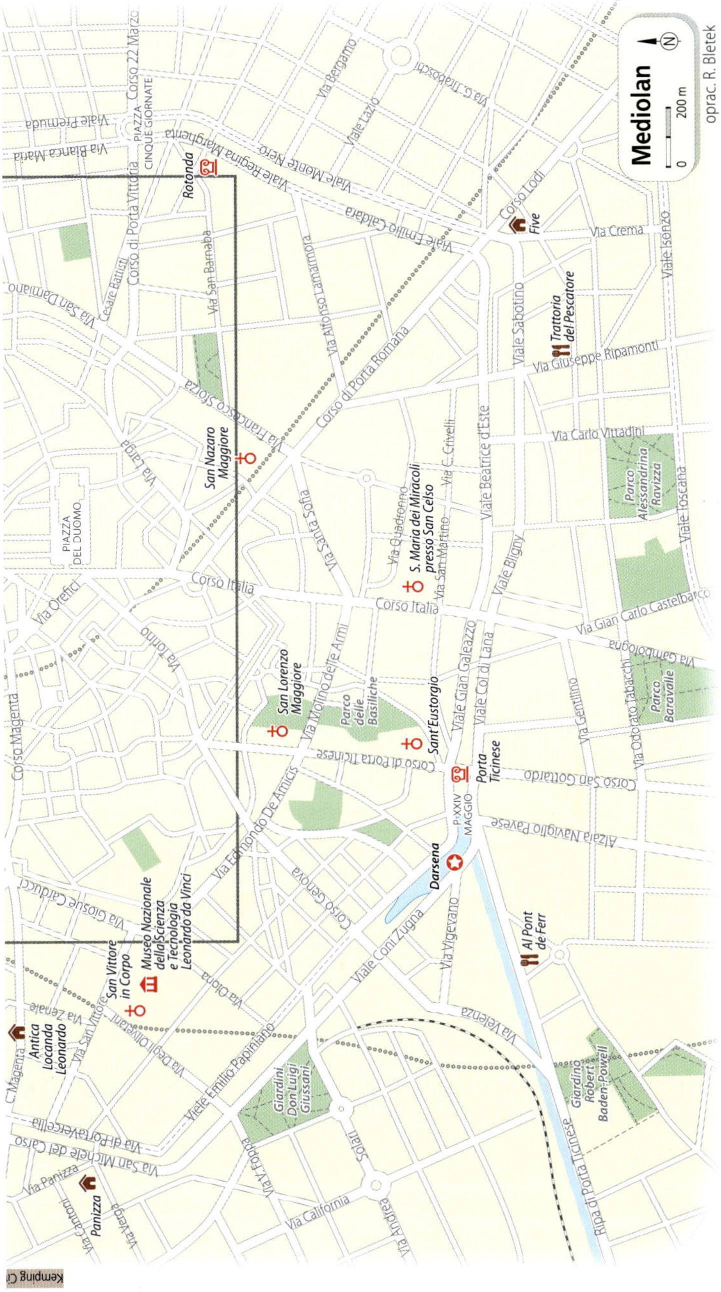

oprac. R. Bletek

▲ W mediolańskiej katedrze

wojska Eugeniusza Sabaudzkiego, a następnie (w wyniku traktatu z Rastatt w 1714 r.) przypadło ono Austrii.

W czasach oświeconego absolutyzmu Marii Teresy i Józefa II Mediolan stał się dla Włochów najważniejszym ośrodkiem kulturalnym szerzącym idee oświecenia. W tutejszych kawiarniach dyskutowali najwybitniejsi intelektualiści epoki (m.in. prawnik Cesare Beccaria i poeta Giuseppe Parini). W wyniku kampanii napoleońskich Mediolan stał się w 1796 r. stolicą Republiki Cisalpińskiej, potem Republiki Włoskiej, a wreszcie Królestwa Włoch. To właśnie w Mediolanie ważyły się losy Legionów Polskich we Włoszech, a dokumenty potwierdzające utworzenie formacji wciąż są przechowywane w archiwach miasta.

Po krótkim epizodzie francuskim Mediolan powrócił pod skrzydła Austrii, znajdując się w granicach Królestwa Lombardzko-Weneckiego. W 1859 r., po drugiej włoskiej wojnie o niepodległość, stał się częścią Królestwa Sardynii, dwa lata później przekształconego w Królestwo Włoch.

WARTO ZOBACZYĆ

Katedra

Sercem miasta jest obszerny plac – Piazza del Duomo, przy którym wznosi się imponujący gmach *duomo* – ★ **katedry** ℹ otwarte: 7.00–19.00, wstęp: 3 EUR, ulg. 2 EUR, bilet łączony z Museo del Duomo i kościołem San Gottardo. Budowa tego ogromnego kościoła została rozpoczęta w 1386 r., a zakończyła się właściwie dopiero w XIX w. Fasada z białego marmuru, ozdobiona ogromną liczbą rzeźb, płaskorzeźb i pinakli, robi ogromne wrażenie. Dolna jej część jest barokowa, w części górnej starano się natomiast oddać „gotycki" charakter budowli. Prace nad fasadą ukończono w 1813 r. Wszystkie pięć portali pochodzi natomiast z XVI w.

Gąszcz detali architektonicznych i rzeźbiarskich mediolańskiej katedry można oglądać z bliska, spacerując po **tarasach** świątyni ℹ wejście z zewnątrz; otwarte: codz. 9.00–19.00; wjazd windą: 13 EUR, ulg. 7 EUR, wejście schodami 9 EUR, ulg. 4,50 EUR, bilet łączony z baptysterium i muzeum: windą

15 EUR, schodami 11 EUR. Rozpościera się z nich wspaniały widok na miasto, Nizinę Padańską oraz Alpy. Podobno materiał do budowy katedry (marmur) na polecenie Viscontich został sprowadzony z rejonu jeziora Maggiore.

Obszerne, pięcionawowe wnętrze katedry rozjaśnia światło przenikające przez witraże (XV–XVI w.) w wysokich gotyckich oknach. Warto zwrócić uwagę przede wszystkim na ołtarz, grobowiec Karola Boromeusza, kryptę tego świętego, krucyfiks, w którym wg legendy tkwi gwóźdź z krzyża Chrystusa, a także zegar słoneczny ze znakami zodiaku (w posadzce blisko wejścia).

Wokół Piazza del Duomo

Blisko wejścia do katedry znajduje się zejście do **baptysterium** ⓘ otwarte: 9.00–18.00, wstęp wolny, w którym ochrzczono św. Augustyna.

Tuż obok wznosi się **Palazzo Reale**, XIV-wieczny pałac książęcy, później siedziba gubernatorów hiszpańskich i austriackich; odbudowano go pod koniec XVIII w. w stylu neoklasycznym. Gmach mieści m.in. **Museo del Duomo** ⓘ otwarte: czw.–wt. 10.00–18.00; wstęp: 3 EUR, bilet łączony z katedrą i kościołem San Gottardo dokumentujące przebieg prac budowlanych i renowacyjnych katedry w ciągu kilku stuleci oraz pomagające odkryć sekrety poszczególnych faz budowy. Można tu zobaczyć szkła, obrazy, rysunki, modele i projekty, a także interesującą kolekcję gotyckich rzeźb lombardzkich, francuskich i niemieckich. Muzeum przechowuje też zbiory skarbca katedralnego, m.in. wyroby ze złota, srebra i kości słoniowej z IV–XVII w.

Obok, przy Via Marconi 1, znajduje się **Museo del Novecento** (Muzeum Sztuki Współczesnej) ⓘ otwarte: pn. 14.30–19.30, wt., śr., pt., nd. 9.30–19.30, czw. i sb. 9.30–22.30; wstęp: 5 EUR, ulg. 3 EUR. Wizyta w nim przybliży najważniejsze nurty włoskiej sztuki XX w.

Naprzeciwko katedry zobaczymy konny **pomnik Wiktora Emanuela II** z 1896 r. dłuta Ercole Rosy, przy którym często umawiają się mediolańczycy. Nieopodal, przy Piazza Mercanti, w jedynym zachowanym średniowiecznym zakątku Mediolanu, wznosi się **Palazzo della Ragione** (1233), znany także jako Broletto Nuovo, który w okresie XIII–XVII w. był siedzibą władz. Jego drugie piętro

▼ Palazzo Reale, w tle Torre Velasca

dobudowano dopiero w XVIII w. W niszy na fasadzie od strony placu znajduje się romańska płaskorzeźba ze szkoły Antelamiego przedstawiająca podestę (naczelnik administracji we włoskich miastach XII i XIII w.) na koniu. Po drugiej stronie placu podziwiać można **Loggię degli Osii** (1316) z białego i czarnego marmuru.

Przy Piazza del Duomo, na lewo od katedry, znajduje się wejście do ogromnego pasażu z metalu i szkła wybudowanego w latach 1565–77 przez Mengoniego. To **Galleria Vittorio Emanuele II**. Składają się na nią dwie zadaszone ulice, na skrzyżowaniu których utworzono niewielki plac, znany jako Ottagono, czyli „ośmiokąt", i przykryty zgrabną kopułą. Jest to jedno z najchętniej odwiedzanych przez mediolańczyków miejsc. Nazywa się je *il salotto di Milano*, czyli „salonem Mediolanu", również ze względu na znajdujące się tu liczne (i oczywiście drogie) kawiarnie, restauracje i butiki.

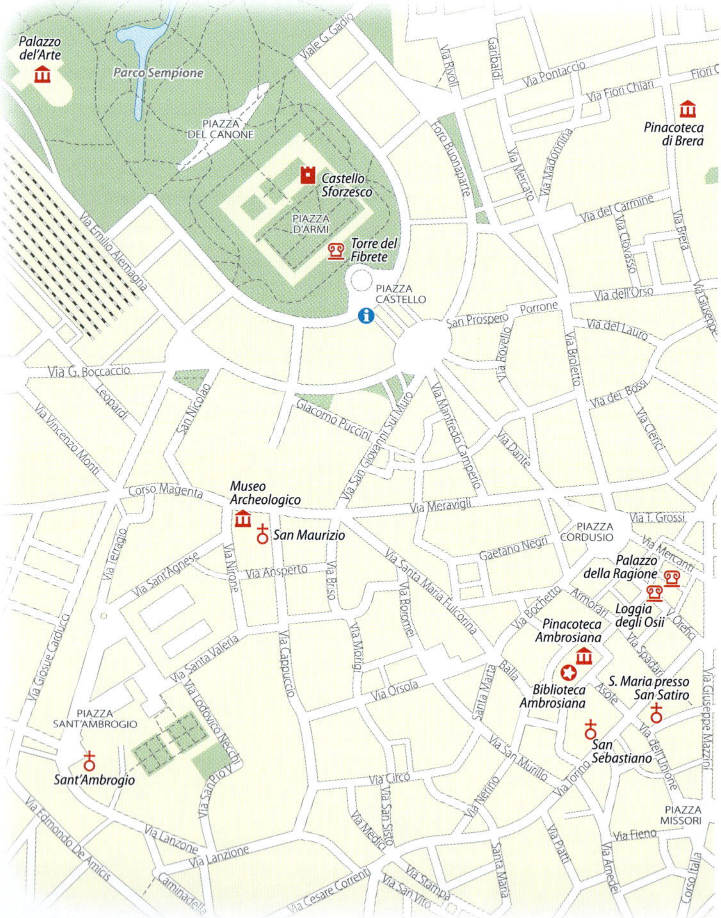

Piazza della Scala i okolice

Pasaż łączy Piazza del Duomo z niewielką Piazza della Scala, przy której wznosi się najsławniejszy chyba budynek teatru na świecie. Wysmakowany neoklasyczny gmach ★ **La Scali** został wzniesiony w 1778 r. przez Piermariniego na zlecenie księżnej Marii Teresy. Swoją nazwę zawdzięcza stojącemu tu wcześniej kościołowi Santa Maria della Scala. Działalność teatru została zainaugurowana przez operę popularnego wówczas Antonia Salieriego, który konkurował później z samym Mozartem. Podczas II wojny światowej gmach został niemal całkowicie zniszczony przez bombardowania, w czasach powojennych odbudowano go. La Scala jest dziś jedną z najważniejszych scen operowych świata. Największe wrażenie robi pełne przepychu i elegancji wnętrze teatru. W gmachu ma też siedzibę **Muzeum Teatralne** ⓘ otwarte: codz. 9.00–17.30; wstęp: 9 EUR, ulg. 6 EUR, gromadzące

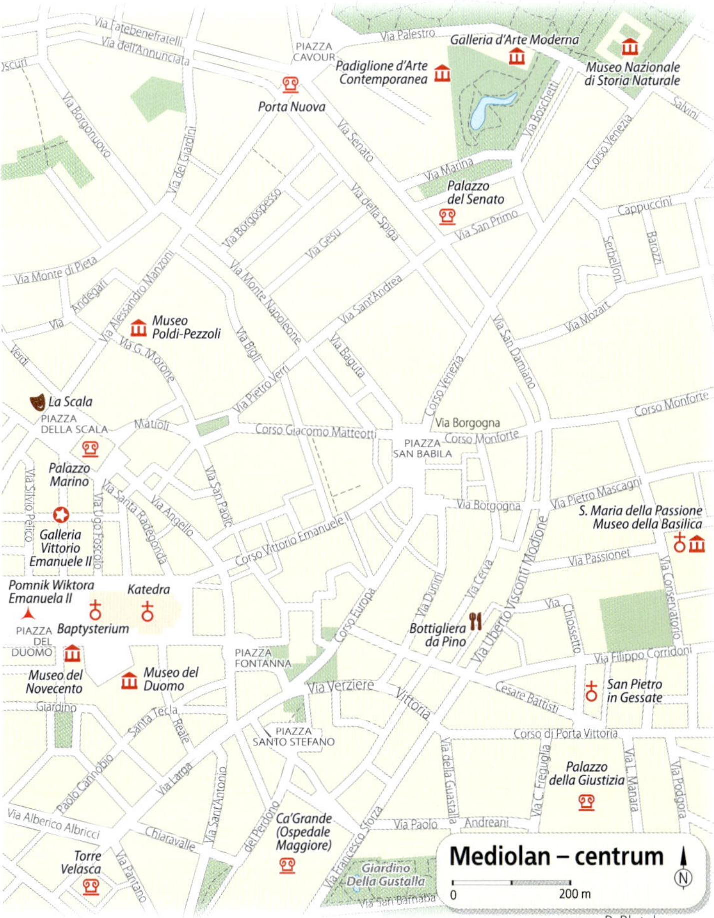

opracc. R. Bletek

▲ Galleria Vittorio Emanuele II

pamiątki i dokumenty dotyczące historii teatru oraz opery.

Naprzeciwko La Scali wznosi się **Palazzo Marino**, obecnie siedziba władz miejskich. Budowę pałacu, uważanego za jeden z najpiękniejszych w Mediolanie, rozpoczął w 1553 r. Galeazzo Alessi na zlecenie Tomasa Marina, bogatego genueńskiego bankiera, który kilka lat wcześniej przeprowadził się do Mediolanu i potrzebował odpowiedniej rezydencji dla siebie i swojej rodziny. Elegancki dziedziniec i tylna ściana budynku zachowały oryginalny, manierystyczny styl, natomiast ściana od strony Piazza della Scala swój obecny wygląd zyskała w XIX w.

Porta Nuova i okolice

Via Manzoni biegnie od Piazza della Scala aż do średniowiecznej bramy miejskiej – Porta Nuova. Przy Via Manzoni znajduje się m.in. **Museo Poldi-Pezzoli** ⓘ otwarte: pn., śr.–nd. 10.00–18.00; wstęp: 10 EUR, ulg. 7 EUR, w którym można podziwiać bogatą kolekcję rzemiosła i dzieł sztuki, niegdyś prywatną, a następnie podarowaną miastu przez Giana Giacoma Poldiego-Pezzoliego. Zbiory obejmują m.in. broń i zbroje, szkło, porcelanę, brązy, meble, tkaniny, a także obrazy włoskich mistrzów (della Francesca, Pollaiolo, Botticelli, Mantegna).

Z Piazza della Scala poprzez Via Verdi dochodzi się do Via Brera. Ta ostatnia ulica w XIX w. była sercem dzielnicy malarzy i artystów, a i dziś nie brakuje tu galerii sztuki. Przy Via Brera znajduje się m.in. mediolańska Akademia Sztuk Pięknych. Mieści się ona w tym samym XVII-wiecznym budynku co znakomita ★ **Pinacoteca di Brera** ⓘ otwarte: wt.–nd. 8.30–19.15, pt. do 21.15; wstęp: 10 EUR, ulg. 7 EUR. Wchodzi się do niej poprzez wspaniały dziedziniec, na którym podziwiać można brązowy posąg Napoleona wykonany przez Canovę. Zbiory pinakoteki obejmują m.in. freski szkoły lombardzkiej z XV i XVI w., malarstwo weneckie z tego samego okresu (arcydzieła Tintoretta, Mantegni, Giovanniego i Gentilego Bellinich), malarstwo lombardzkie i emiliańskie, a także obrazy Piera della Francesca czy Rafaela oraz późniejsze malarstwo włoskie, do XX w. włącznie.

Nieopodal znajduje się **bazylika San Simpliciano**, ufundowana w IV w. przez

▲ Malowidło na kopule bazyliki San Simpliciano

biskupa Ambrożego, a ukończona przez jego następcę Symplicjana. Z pierwotnego budynku zachowały się jedynie fragmenty murów, podczas gdy fasada, tambur kopuły oraz dzwonnica zostały przebudowane w XII w. Wewnątrz uwagę przyciąga absyda. Na prawo od kościoła znajduje się dawny klasztor z dwoma pięknymi krużgankami.

Zamek Sforzów i okolice

Niedaleko świątyni wznosi się ★ **Castello Sforzesco** ⓘ otwarte: 7.00–19.30 – zamek, którego budowę rozpoczęto ok. 1368 r. na polecenie Galeazza II Viscontiego. Był wielokrotnie przebudowywany, na przykład w 1450 r. przez Francesca Sforzę, który pragnął z niego uczynić godną swojego rodu rezydencję. Od XVI w., pod panowaniem najpierw Hiszpanów, a następnie Austriaków, zamek znów pełnił swoją pierwotną, obronną funkcję. Dopiero w 1893 r., już w czasach przynależności Lombardii do Królestwa Włoch, został całkowicie odrestaurowany przez Lukę Beltramiego – to właśnie on nadał budowli obecny kształt. Zamek wzniesiono na planie regularnego, otoczonego fosą czworoboku z narożnymi wieżami. Twierdza ma trzy dziedzińce: obszerny Piazza d'Armi oraz dwa mniejsze. W XX w. zamek stał się siedzibą licznych instytucji kulturalnych oraz kompleksu muzealnego.

Mieszczące się w zamku **Musei del Castello** ⓘ otwarte: wt.–nd. 9.00–17.30; wstęp: 5 EUR, ulg. 3 EUR; wstęp wolny: wt. po 14.00, śr.–nd. po 16.30, w 1. nd. mies. posiada m.in. zbiory rzeźby od czasów wczesnochrześcijańskich do XVI w. (np. *Pietà Rondanini* Michała Anioła), meble z XVI–XVIII w., ceramikę, wyroby złotnicze, instrumenty, tkaniny (12 gobelinów z przedstawieniami miesięcy, wykonanych w Vigevano w 1503 r.), stroje z XVIII i XIX w., kolekcje sztuki prehistorycznej i egipskiej, a przede wszystkim zgromadzone w Pinakotece dzieła Mantegni, Belliniego, Correggia czy Tintoretta.

Za zamkiem znajduje się **Parco Sempione** – park w stylu angielskim założony w 1893 r. na miejscu dawnego Piazza d'Armi. W parku wznosi się **Palazzo dell'Arte** – siedziba teatru, a także miejsce, w którym organizowane są rozmaite wystawy. Na północno-zachodnim krańcu parku, na obszernym placu Arco della Pace, zobaczymy neoklasyczny **łuk** wybudowany w 1807 r. ku czci Napoleona przez Luigiego Cagnolę, później poświęcony Franciszkowi I Habsburgowi, a w końcu – niepodległości Włoch. Z parkiem sąsiaduje także **Arena Civica** – znakomity przykład neoklasycznej architektury epoki napoleońskiej.

Na południe od zamku, przy Corso Magenta, znajdują się pozostałości klasztoru (**Monastero Maggiore**) z XVI-wiecznym **kościołem San Maurizio**, którego wnętrze zdobią freski rozmaitych artystów, m.in. *Żywot św. Katarzyny* Luiniego. W pomieszczeniach poklasztornych mieści się obecnie **Museo Archeologico**, gdzie można obejrzeć część miejskich zbiorów archeologicznych (pozostałe znajdują się w Castello Sforzesco). Są to m.in. zabytki greckie, etruskie oraz rzymskie. Na szczególną uwagę zasługuje tzw. Patera di Parabiago (IV w.), patera ze złoconego srebra z przedstawieniem triumfu Kybele.

Poprzez Corso Magenta dochodzi się do **kościoła Santa Maria delle Grazie**, znakomitego przykładu architektury mediolańskiej z okresu przejściowego pomiędzy gotykiem a renesansem. Budowa świątyni rozpoczęła się w 1463 r. na zlecenie dominikanów, a w 1492 r. władający podówczas Mediolanem Ludovico il Moro zlecił Donatowi Bramantemu przeprowadzenie pewnych zmian. Temu architektowi przypisywana jest więc absyda, eleganckie krużganki oraz tzw. stara zakrystia – prostokątne pomieszczenie sporych rozmiarów z przepięknie zdobionym beczkowym sklepieniem.

Z kościołem sąsiaduje dawny refektarz klasztoru Dominikanów, w którym w latach 1495–97 Leonardo da Vinci namalował swój najsławniejszy fresk: ★ ***Ostatnia Wieczerza*** (*L'Ultima Cena*) ℹ zwiedzanie: wt.–nd. 8.15–18.45; wstęp: 10 EUR (+2 EUR za rezerwację), ulg. 5 EUR (+2 EUR za rezerwację); obowiązkowa rezerwacja (tel.: +39 0292 800360, www.vivaticket.it). Tworząc to dzieło, sławny artysta popełnił błąd, gdyż kładł farby na niewystarczająco suchym podłożu. Spowodowało to wsiąkanie farb i zanikanie obrazu. Nie zmienia to jednak faktu, że owiane legendą i kryjące wiele zagadek (tajemnicza dłoń na obrazie, nieprzenikniona twarz Judasza, postać św. Jana, który zdaje się być kobietą) malowidło do dziś przyciąga tłumy.

▼ Castello Sforzesco

▲ Kościół Santa Maria delle Grazie

Bazylika San Vittore in Corpo

Idąc Via Zenale, dociera się do XVI-wiecznej **bazyliki San Vittore in Corpo**, powstałej na miejscu poprzedniego, wczesnochrześcijańskiego kościoła. Wewnątrz znajduje się wiele dzieł sztuki, pochodzących z XVI w. Do kościoła przylegają również XVI-wieczne budynki, niegdyś klasztorne, z pięknymi krużgankami. Obecnie mieści się tutaj część **Museo Nazionale della Scienza e Tecnologia Leonardo da Vinci** ❶ otwarte: wt.–pt. 9.30–17.00, sb.–nd. i święta 9.30–18.30; wstęp: 10 EUR, ulg. 7,50 EUR, które zajmuje również dwa przyległe budynki. Narodowe Muzeum Nauki i Techniki gromadzi dokumentację dotyczącą początków i rozwoju nauki oraz postępu technicznego. Na szczególną uwagę zasługuje w nim **Galleria di Leonardo da Vinci**, gdzie można obejrzeć 30 urządzeń skonstruowanych wg projektu Leonarda (w tym prototypy maszyny latającej i roweru).

Bazylika Sant'Ambrogio

Spod muzeum Via San Vittore prowadzi do jednej z najwspanialszych budowli sakralnych Mediolanu: ★ **bazyliki Sant'Ambrogio** ❶ otwarte: pn.–sb. 7.30–12.30 i 14.30–19.00, nd. 7.30–13.00 i 15.00–20.00. Została ona ufundowana w 386 r. przez biskupa Ambrożego (obecnie patron miasta) jako *basilica martyrum* – znajduje się tu grób dwóch męczenników, św. Gerwazego i św. Protazego. W 397 r. w świątyni pochowano też samego biskupa-fundatora. Dzisiejszy wygląd kościoła jest efektem zmian przeprowadzonych między IX a XII w. Aby dostać się do bazyliki, trzeba przejść przez prostokątny dziedziniec arkadowy (Atrium Ansperta) powstały po 1080 r. Dopiero stamtąd można zobaczyć fasadę flankowaną dwoma dzwonnicami: niższa (po prawej) to pochodząca z IX w. Dzwonnica Mnichów, a wyższa (po lewej) to XII-wieczna Dzwonnica Kanoników. Wnętrze bazyliki podzielono na trzy nawy, nad nawami bocznymi znajdują się empory. Pod podniesionym prezbiterium mieści się krypta, w której złożono szczątki trzech świętych. Na szczególną uwagę zasługuje cyborium ozdobione kolorowymi lombardzko-bizantyjskimi stiukami (X w.) i *paliotto* (inaczej antependium – ozdobna osłona przedniej części ołtarza) z ok. 835 r. znane jako Złoty Ołtarz

▲ Bazylika Sant'Ambrogio

(Altare d'Oro) – znakomity przykład karolińskiego rzemiosła złotniczego. W absydzie podziwiać można intarsjowany chór, a także mozaikę, której fragmenty pochodzą z IV w. Z lewej nawy wychodzi się na dziedziniec otoczony rzędem XV-wiecznych podcieni, zaprojektowanych przez Donata Bramantego.

Porta Ticinese i okolice

Przy Corso di Porta Ticinese wznoszą się dwa interesujące kościoły. Pierwszym z nich jest **San Lorenzo Maggiore** wzniesiony w XVI w. na bazie budowli wczesnochrześcijańskiej, przebudowanej już w XII w. W wyniku takiej historii architektonicznej bazylika ma dość nietypowy kształt. Składa się z głównego budynku, wzniesionego na planie centralnym i przykrytego kopułą, oraz z pomniejszych budynków z różnych okresów przylegających doń z boków i z tyłu. Spośród zachowanych późnorzymskich pozostałości najcenniejszą niewątpliwie jest ośmiokątna ★ **kaplica Sant'Aquilino** z mozaikami z IV i sarkofagami z III w.

Na tyłach kościoła San Lorenzo Maggiore znajduje się **Parco delle Basiliche** – długi pas zieleni ciągnący się aż do usytuowanej nieco dalej od centrum **bazyliki Sant'Eustorgio**, jednej z najciekawszych średniowiecznych budowli sakralnych w Mediolanie. Pozostałości romańskie przeplatają się tu z efektami późniejszych przebudów, które prowadzono aż do wieku XV. Pierwotnie kościół krył w swym wnętrzu cenne relikwie: kości Trzech Króli, które potem zostały przeniesione do katedry w Kolonii. Obok pięknej absydy wznosi się smukła i wysoka dzwonnica z przełomu XIII i XIV w. Najbardziej godna uwagi jest jednak renesansowa kaplica Portinarich (1468) z kopułą, wokół której ciągną się kolorowe stiuki, prawdopodobnie autorstwa Foppy. On także bez wątpienia wykonał freski zdobiące górną część ścian (1468), przedstawiające sceny z życia św. Piotra męczennika, którego szczątki znajdują się w arce wyrzeźbionej przez Giovanniego in Balduccio i jego uczniów. Niedaleko od kościoła wznosi się neoklasyczna brama – **Porta Ticinese** (od rzeki Ticino), a tuż obok niej znajduje się **Darsena**, skonstruowany w XVII w. przez Hiszpanów zbiornik, do którego uchodzą wody podziemnej rzeki Olona i kanału Naviglio Grande wypływającego z Ticino.

Przy Corso Italia, równoległym do Corso Porta Ticinese, wznosi się **kościół Santa Maria dei Miracoli presso San Celso**. Jego budowę rozpoczęto w 1490 r., w związku z coraz większym napływem pielgrzymów przybywających na miejsce dawnego kościoła San Celso, gdzie wg legendy dokonywać się miały liczne cuda za sprawą figury Matki Boskiej. Prace nad świątynią trwały ponad stulecie. Obecnie podziwiać można interesującą fasadę autorstwa Alessiego i Bassiego, a wewnątrz m.in. obrazy Bordonego i Moretta.

Południowa i wschodnia część starówki

Wracając w stronę centrum, przy Via Torino odchodzącej od Piazza del Duomo zobaczymy zaprojektowany przez Tibaldiego **kościół San Sebastiano**, którego budowę rozpoczęto w 1577 r. Świątynia stanowiła wotum dziękczynne za zakończenie epidemii dżumy.

Nieopodal, w najstarszej części Mediolanu, na miejscu dawnego forum rzymskiego, wznosi się sporych rozmiarów gmach wybudowany w 1609 r. z inicjatywy Fryderyka Boromeusza. Obecnie mieszczą się w nim dwie ważne instytucje kulturalne: **Biblioteca Ambrosiana** oraz **Pinacoteca Ambrosiana** ⓘ otwarte: wt.–nd. 10.00–18.00; wstęp: 15 EUR, ulg. 10 EUR gromadząca starannie wybrane obrazy, głównie artystów ze szkoły lombardzkiej i weneckiej, a także rysunki największych włoskich malarzy, m.in. Leonarda da Vinci, Rafaela, Caravaggia.

Niedaleko pinakoteki, po drugiej stronie Via Torino, znajduje się jeden z najbardziej reprezentatywnych przykładów renesansowej architektury mediolańskiej: **kościół Santa Maria presso San Satiro**. Liczne przebudowy, zwłaszcza z XIX w., spowodowały, że obecny wygląd kościoła różni się nieco od pierwotnej wersji. Jedna z kaplic, Cappella della Pietri z IX w. (renesansowe zdobienia, w tym *Pietà* dłuta de Fondutisa), oraz dzwonnica z X w. stanowią pozostałość pierwszej świątyni powstałej w tym miejscu. Wewnątrz uwagę przyciągają unikatowe iluzjonistyczne malowidła Bramantego w prezbiterium. Dziełem Bramantego jest także ośmioboczne baptysterium, ozdobione XV-wiecznym fryzem de Fondutisa.

Za nowoczesną Piazza Missori, przy Corso di Porta Romana wznosi się **Torre Velasca** – drapacz chmur skonstruowany w początkach lat 50. XX w. Jest on uważany za najbardziej reprezentatywne dzieło mediolańskiej architektury powojennej.

▼ Torre Velasca

Nieco dalej przy tej samej ulicy znajduje się **bazylika San Nazaro Maggiore**, jeden z czterech kościołów ufundowanych przez św. Ambrożego poza murami miasta (386). Bazylika została odbudowana w XI w. na bazie oryginalnej konstrukcji na planie krzyża łacińskiego. Przed kościołem wznosi się **cappella Trivulzio** (1512–20), tj. kaplica grobowa szlacheckiej rodziny Trivulziów, jedyne poświadczone dzieło Bramantina. Tuż obok, przy Largo Richini, znajduje się budynek byłego szpitala – **Ospedale Maggiore**, nazywany także Ca' Grande, czyli „wielki dom", gdyż pomieścić miał wszystkie szpitale i instytucje charytatywne w mieście. Szpital został ufundowany w 1456 r. przez Francesca Sforzę i jego żonę Biankę Marię, a rozbudowany w XVII–XVIII w. Obecnie mieści się tutaj siedziba wydziałów humanistycznych jednego z mediolańskich uniwersytetów (Universita Statale).

Dalej Via San Barnaba prowadzi do okrągłego budynku zwanego po prostu: **Rotonda**. Powstał w latach 1698–1725 jako nowy cmentarz przy Ospedale Maggiore. W obrębie jego murów znajduje się dawny kościół, w którym obecnie organizowane są wystawy.

Przy Corso di Porta Vittoria, ulicy równoległej do Via San Barnaba, naprzeciwko imponującego gmachu Palazzo della Giustizia wznosi się niewielki **kościół San Pietro in Gessate**, zbudowany w XV w. w stylu przejściowym między gotykiem a renesansem, a przypisywany Solariemu. Wewnątrz podziwiać można liczne freski i obrazy XV-wiecznej szkoły lombardzkiej.

Przy pobliskiej Via del Conservatorio wznosi się **kościół Santa Maria della Passione**, drugi w Mediolanie pod względem rozmiarów, ustępujący jedynie katedrze. Budowę tej świątyni rozpoczęto w 1486 r., a zakończono dopiero w 1729 r. Wówczas powstała barokowa fasada. Wysoka kopuła z 1530 r. jest dziełem Lombarda. Wewnątrz podziwiać można obrazy Luiniego, Ferrariego i Crespiego. W przylegającym do kościoła **Museo della Basilica** znajdują się m.in. cenne freski Borgognonego.

Przy usytuowanej nieco bardziej na północ Via Senato wznosi się barokowy Palazzo del Senato, od którego ocieniona drzewami Via Marina prowadzi do jednego z miejskich parków: **Giardini Pubblici**. Przy ograniczającej park z jednej strony Via Palestro wznosi się neoklasyczna **Villa Reale** (królewska), obecnie znana jako Villa Comunale (miejska). Jej budowę rozpoczął Piermarini na zlecenie hrabiego Belgioiosa. Mieści się tu obecnie **Galleria d'Arte Moderna** ℹ otwarte: wt.–nd. 9.00–17.30; wstęp: 5 EUR, ulg. 3 EUR. W 35 salach zobaczymy głównie zbiory sztuki lombardzkiej, począwszy od neoklasycyzmu, a także dzieła XIX- i XX-wiecznych artystów włoskich i francuskich.

Tuż obok wznosi się **Padiglione d'Arte Contemporanea** ℹ otwarte: śr., pt.–nd. 9.30–19.30, wt. i czw. do 22.30; wstęp: 8 EUR (czw. 4 EUR po 19.30), ulg. 6,50 EUR. Pawilon Sztuki Współczesnej powstał w latach 50. ubiegłego stulecia i mieści dzieła włoskich artystów współczesnych.

Na terenie Giardini Pubblici znajduje się także **planetarium** oraz **Museo Nazionale di Storia Naturale** ℹ otwarte: wt.–nd. 9.00–17.30; wstęp: 5 EUR, ulg. 3 EUR, wt. po 14.00 i w 1. nd. mies. wstęp wolny, czyli Państwowe Muzeum Historii Naturalnej. Na drugim krańcu parku wznosi się XVIII-wieczny **Palazzo Dugnani** z pięknymi podcieniami i loggiami, którego wnętrza zdobią freski Giambattisty Tiepola. Tutaj także mieści się **Muzeum Kina** (Museo del Cinema) ℹ otwarte: wt.–pt. 15.00–18.00, sb.–nd. 15.00– 19.00; wstęp: 6,50 EUR, ulg. 5 EUR.

Na Piazza Duca d'Aosta, obszernym placu przed głównym dworcem kolejowym, wznosi się najwyższy budynek w Mediolanie – **Grattacielo Pirelli**, zbudowany w latach 1955–60. Obecnie mają w nim siedziby urzędy regionu Lombardia.

Informacja turystyczna

Informacji zasięgniemy na Piazza Castello 1 (tel.: +39 02 77404343; www.turismo.milano.it; otwarte: pn.–pt. 9.00–18.00, sb. 9.00–13.30 i 14.00–18.00, nd. 9.00–13.30 i 14.00–17.00) oraz na dworcu głównym (tel.: +39 02 77404318; otwarte: pn.–pt. 9.00–17.00, sb. i nd. 9.00–12.30).

Noclegi

W Mediolanie nie brakuje hoteli, hosteli, kempingów itd. Jedyne, czego można się obawiać, szukając tam noclegu, to niedobór wolnych miejsc w sezonie.

- **Kemping Città di Milano**, Via Airaghi 61; tel.: +39 02 48207017; www.campingmilano.it. Całoroczny. W ofercie także bungalowy i pokoje do wynajęcia.
- **Hostel Piero Rotta**, Via Salmoiraghi 1; tel.: +39 02 39267095; www.hostelmilan.org; nocleg w dormitorium 21–22 EUR. Stosunkowo tanio, ale niezbyt dobra lokalizacja (trzeba kilkakrotnie zmieniać środki transportu, żeby dojechać do centrum).
- **Hotel Antica Locanda Leonardo*****, Corso Magenta 78; tel.: +39 02 48014197; www.anticalocandaleonardo.com. Stylowo wyposażone pokoje. Miejsce dla turystów zdecydowanych wydać nieco więcej na nocleg.
- **Hotel Aurelia****, Via Piccinni 25; tel.: +39 02 29527052; www.hotelaurelia.it; jedynka 39–100 EUR, dwójka 60–200 EUR. Świetna lokalizacja i miła atmosfera.
- **Hotel Gelsomina****, Via Piero della Francesca 4/7 (róg Via Mantegna 5); tel.: +39 02 3491742; www.hotelgelsomina.it; jedynka 40–150 EUR, dwójka 60–180 EUR. Niewielki (10 pokoi) hotel prowadzony przez sympatyczną rodzinę. Spokojnie, smaczne śniadania.
- **Hotel Five*****, Corso Lodi 4; tel.: +39 02 58313331; www.hotelfive.it; dwójka od 60 EUR. Nowoczesne, czyste i schludne pokoje.
- **Hotel Panizza*****, Via Panizza 5; tel.: +39 02 4690604; www.hotelpanizza.it; jedynka 50–100 EUR, dwójka 72–136 EUR. Hotel przyjazny dla gości podróżujących z psami i kotami.

Wyżywienie

W XVIII w. słynny włoski pisarz Ugo Foscolo wyśmiewał kuchnię Lombardii i Mediolanu, mówiąc, że składa się ona wyłącznie z mleka i śmietany. To oczywiście nadmierne uproszczenie, ale faktem jest, że wyrabia się tu doskonały ser mascarpone, będący podstawą wielu deserów i kremów. Poza tym region słynie z pierożków *ravioli*.

- **Al Pont de Ferr**, Ripa di Porta Ticinese 55. Wyśmienita kuchnia tradycyjna, rustykalne wnętrze. Dość drogo.
- **Bottiglieria da Pino**, Via Cerva 14. Świetne miejsce, żeby szybko i tanio zjeść obiad. Amatorzy słodkości powinni skosztować grzanek z serkiem *ricotta* i kakao.
- **L'Osteria del Treno**, Via San Gregorio 46–48. Kuchnia domowa, podobnie jak atmosfera. Posiłki je się tu przy dużych wspólnych stołach.
- **Trattoria del Pescatore**, Via Vannucci 5. Dla wielbicieli dań rybnych. Na deser warto zamówić sorbet z likierem z jagód.

OKOLICE

Na południe od Mediolanu, w niewielkiej odległości od miasta, znajduje się kilka ciekawych opactw. Jadąc w kierunku Porta Romana i Corso Lodi (ok. 12 km) trafimy na **klasztor** (*abbazia*) w **CHIARAVALLE** otwarte: wt.–sb. 9.00–12.00 i 15.00–17.00, nd. 15.00–17.00, gdzie zobaczyć można pozostałości XIII-wiecznego krużganka i cmentarza, a przede wszystkim **kościół** z XII stulecia w stylu gotyku francuskiego, z charakterystyczną wieżą. We wnętrzu zachowały się freski szkoły Giotta (XV w.) i flamandzkiej (XVII w.) oraz drewniany chór z XVII w.

W **VIBOLDONE** znajduje się gotycki **kościół** z fasadą z połowy XIV w. W środku podziwiać można freski szkoły Giotta. Kolejne **opactwo** – w **MORIMONDO** otwarte: X–III pn.–pt. 8.30–12.00 i 14.30–16.00 (IV–IX do 18.00), sb. do 17.00 (IV–IX do 19.00), nd. 9.00–12.00 i 14.30–18.00 (IV–IX do 19.00) – z dobrze zachowanym kościołem z XII w. i resztkami krużganków znajdziemy przy wyjeździe ulicą Lorenteggio-Nuova Vigevanese.

Do **klasztoru** w **MIRASOLE** należy wyjechać z Mediolanu przez Porta Vigentina w kierunku Ripamonte. Z powstałego w XIII w. kompleksu zachował się do dziś XIV-wieczny kościół, XIII-wieczna wieża oraz krużganki (XV w.).

MONZA leży 15 km na północ od Mediolanu. Niegdyś była to miejscowość wypoczynkowa dla szlachty i mieszczaństwa. Miasto zostało założone w VI w. przez longobardzką królową Teodolindę. Dzisiaj jest praktycznie „sypialnią" Mediolanu, centrum historyczne zachowało jednak pierwotny, patrycjuszowski charakter. Głównym zabytkiem Monzy jest gotycka **katedra** z przełomu XIII i XIV w. z fasadą z białego i zielonego marmuru. Zdobienia wnętrza pochodzą z XVII i XVIII w. Kaplica Teodolindy (z zachowanymi freskami Zavattariego z 1444 r.) przechowuje legendarną żelazną koronę królowej. Skarbiec znajduje się w ★ **Museo Serpero** otwarte: muzeum wt.–nd. 9.00–18.00; wstęp: 6 EUR, ulg. 4 EUR, kaplica i korona tylko z przewodnikiem, po rezerwacji: 8 EUR, ulg, 4 EUR. To jedna z najważniejszych placówek muzealnych na świecie – w jej zbiorach znajdują się cymelia z VI–X w. Niedaleko centrum wznosi się otoczona dużym parkiem **Villa Reale**. Powstała jako letnia rezydencja arcyksięcia Ferdynanda i stanowi szczytowe osiągnięcie neoklasycyzmu lombardzkiego.

Pobliskie **AGLIATE** to małe miasteczko skupione wokół wspaniałego kompleksu wczesnoromańskiego – **bazyliki św. Piotra** (IX/X w.) oraz baptysterium z tej samej epoki.

Z kolei w leżącym dalej na północ **GALLIANO**, w otoczeniu sosen, znajduje się piękny kompleks preromański – ★ **bazylika San Vincenzo** IV–IX wt.–pt. 15.00–18.00 (X–III do 17.00), sb.–nd. 9.30–11.30 i 15.00–18.00 (X–III do 17.00) powstała prawdopodobnie w V w. i przebudowana w wieku X. Zarówno fasada, jak i dwunawowe wnętrze utrzymane są w surowym stylu, na ścianach znajdują się freski prymitywnego malarstwa lombardzkiego z epoki karolińsko-otomańskiej (ok. 1000). Na prawo od bazyliki mieści się jedno z najstarszych **baptysteriów** w Lombardii – z X w.

▼ Klasztor w Chiaravalle

Modena

Przez Modenę, należącą do najbogatszych miast włoskich, przebiega ważny od czasów rzymskich szlak komunikacyjny: Via Emilia. Przepiękne stare miasto Modeny posiada wspaniałe zabytki architektoniczne, które w 1997 r. zostały wpisane na Listę Dziedzictwa Kulturalnego i Przyrodniczego UNESCO.

HISTORIA

W starożytności miejscowość była osadą Etrusków, a potem Galów. Po okresie antycznej świetności i średniowiecznego upadku, w XII w. Modena odzyskała dawne znaczenie. Na przełomie XIII i XIV w. miasto przeszło we władanie rodu Estów. Po zakończeniu II wojny światowej zburzono mury miejskie – dziś zamiast murami centrum jest otoczone pierścieniem drzew. W XX w. wysuszono również kanały, które – jak twierdzą starsi mieszkańcy miasta – upodabniały Modenę do Wenecji. Śladami dawnych kanałów są nazwy niektórych ulic w centrum, np. Canal Grande, Canal Chiaro, Canalino.

WARTO ZOBACZYĆ

Piękny ★ **Piazza Grande**, przy którym wznosi się **Palazzo Comunale** z rzędem portyków i wieżą zegarową, jest jednym z obiektów wpisanych na Listę UNESCO. Na liście tej znalazł się także jeden z najważniejszych i najbardziej imponujących zabytków Modeny: **katedra** ℹ otwarte: wt.–nd. 7.00–19.00, pn. 7.00–12.30 i 15.30–19.00. Budowę romańskiej świątyni (do dziś świetnie zachowanej) rozpoczęto już w 1099 r. Przez cały XII i XIII w. trwały prace wykończeniowe. Fasada, zdobiona tryforiami, przebita jest trzema wejściami, a w jej środkowej części pięknie prezentują się XII-wieczne płaskorzeźby. Wnętrze katedry podzielone jest na trzy nawy, oddzielone od siebie filarami i kolumnami z kapitelami korynckimi. W nawie głównej warto obejrzeć XIV-wieczną ambonę, a w prawej – freski z XV w. W również trzynawowej krypcie umieszczona jest arka z ciałem św. Geminiana, patrona miasta. Po schodach wchodzi się do prezbiterium, gdzie znajduje się XIII-wieczny ołtarz i drewniany

▼ Palazzo Comunale

chór z XV w. Do katedry przylega wspaniała dzwonnica z XII–XIV w. zwana **Ghirlandiną** – symbol miasta.

Kolejnym ważnym zabytkiem sakralnym Modeny jest **kościół Sant'Agostino** przy Via Emilia. Surowa w formie świątynia z XVII w. kryje XVI-wieczne *Zdjęcie z krzyża* dłuta Antonia Begarelliego.

Kierując się w stronę Akademii Wojskowej, miniemy pochodzący z początku XVIII w. **kościół Santa Maria Pomposa**. Przy Piazza Roma, po lewej stronie Akademii Wojskowej, wznosi się **kościół San Domenico** zbudowany w XIII w. i odnowiony w XVIII w. Między kościołami Santa Maria Pomposa i San Domenico znajdowało się niegdyś getto żydowskie.

Sama **Akademia Wojskowa** mieści się w kunsztownie zdobionym Palazzo Ducale, dawnej siedzibie książąt i jednej z największych XVII-wiecznych budowli. Można ją oglądać jedynie z zewnątrz, gdyż nie jest udostępniona dla zwiedzających.

Informacja turystyczna

Informacja turystyczna znajduje się przy Via Scudari 8 (przy wejściu do Palazzo Comunale; tel.: +39 059 2032660; iatmo@comune.modena.it; otwarte: pn. 14.30–18.00, wt.–sb. 9.00–13.30 i 14.30–18.00, nd. 9.30–13.30 i 14.30–18.00). Punkt informacji turystycznej działa też w Palazzo dei Musei (Viale Vittorio Veneto 5; tel.: +39 059 2033125; otwarte: codz. 8.00–19.30).

Noclegi

- **Albergo Duomo****, Via del Pozzo 72/a (okolice polikliniki); tel.: +39 059 3682446; www.albergoduomomodena.it; 8 pokoi; jedynki (bez łazienki) 38 EUR, dwójki (z łazienką) 76 EUR. Zadbany hotel. Na miejscu bar, internet.
- **Hostel San Filippo Neri**, Via Sant'Orsola 48/52; tel.: +39 059 234598; www.ostellomodena.it; 70 miejsc; 18,50–25 EUR/os. Dogodna lokalizacja w centrum.
- **International Camping**, Via Cave di Ramo 111; tel.: +39 059 332252, 335 6771259; www.internationalcamping.org; miejsce 12,50 EUR, 9 EUR/os.; kemping całoroczny. Na terenie obiektu znajdziemy 8 łazienek, sklep, bar, basen, korty, ping-pong.

Wyżywienie

- **Antica Trattoria Cervetta**, Via Cervetta 7. Kuchnia regionalna; warto skosztować *tortelloni di zucca*, czyli pierożków z nadzieniem dyniowym..
- **Pizzeria al Grottino**, Via Taglio 40; zamkn. w śr. Jedna z lepszych pizzerii w mieście , oferująca ponad 50 rodzajów pizzy, ale jest tu też duży wybór przystawek i sałatek.
- **Trattoria Aldina**, Via Albinelli 40; otwarte tylko w porze obiadowej oraz w pt. i sb. wieczorem; w nd. nieczynne. Świetna kuchnia, a w menu typowe włoskie potrawy: *tagliatelle*, *tortilli*, *tortellini*.

W Modenie znajdują się dwa ważne muzea: **Museo Lapidario del Duomo** otwarte: wt.–nd. 9.30–12.30, 15.30–18.30; wstęp: 4 EUR, ulg. 3 EUR, bilet łączony z Muzeum Katedralnym, Ghirlandiną i Palazzo Comunale: 6 EUR poświęcone historii katedry, do której przylega, i **Palazzo dei Musei** przy Largo Porta Sant'Agostino. W tym drugim gmachu oprócz biblioteki mieszczą się **Galleria Estense** otwarte: wt.–sb. 8.30–19.30, nd. 14.00–19.30, wstęp: 6 EUR, ulg. 3 EUR i **Museo Lapidario Estense** otwarte: pn.–sb. 8.30–19.30, nd. 9.30–19.30, wstęp: 4 EUR, ulg. 2 EUR. W zbiorach galerii znajdują się m.in. dawne instrumenty muzyczne, dzieła młodego El Greca i jeden z portretów Velázqueza.

▼ Modena

Z kolei Museo Estense posiada kolekcję rzeźb renesansowych, medali, monet, ceramiki i przedmiotów codziennego użytku. W Palazzo dei Musei ma też siedzibę **Museo Archeologico i Etnologico** otwarte: wt.–pt. 9.00–12.00, sb. i nd. 10.00–13.00 i 16.00–19.00; wstęp wolny prezentujące przedmioty związane z kulturą Azteków, mieszkańców Nowej Gwinei i Amazonii.

OKOLICE

Oddalona o ok. 75 km od Modeny niewielka **SABBIONETA** w XVI w. została przekształcona w „małe Ateny" dzięki obecności oświeconego dworu bocznej linii Gonzagów. Przede wszystkim jednak jest to „miasto idealne", zaprojektowane i wybudowane zgodnie z wymaganiami jego władcy, księcia Vespasiana Gonzagi, który w starożytnym Rzymie i w antycznych Atenach widział niedościgniony ideał. Ten przemyślany renesansowy układ urbanistyczny, który zakładał np. osobną dzielnicę żydowską, zachował się po dziś dzień. Miasteczko zamknięte jest wewnątrz sześciokątnych XVI-wiecznych murów obronnych. Wśród ulic wyraźnie można wyodrębnić jeszcze przecinające się pod kątem prostym rzymskie ulice, stanowiące główne osie komunikacyjne. W 2008 r. zespół miejski Sabbionety został wpisany na Listę UNESCO.

Centrum miasteczka stanowi Piazza Ducale, przy którym wznosi się XVI-wieczny **Palazzo Ducale**, gdzie obejrzeć można posągi Gonzagów na koniach. Obok, w **kościele dell'Incoronata** z 1588 r. znajduje się mauzoleum Vespasiana Gonzagi dłuta della Porty oraz jego brązowy posąg stylizowany na postać rzymskiego cesarza. Ciekawe jest też sklepienie kościoła, które oglądane od środka wydaje się być znacznie większe niż można by sądzić, patrząc na świątynię z zewnątrz. Przy Via Gonzaga stoi **Teatro Olimpico** zbudowany wg projektu Scamozziego w latach 1588–90. Warto zobaczyć znajdujące się w nim freski szkoły weneckiej.

Wzdłuż Piazza del Castello ciągnie się długi rząd podcieni – **Galleria degli Antichi** (1584), łączący się ze skromnym z zewnątrz **Palazzo del Giardino**, którego wnętrze ozdobione jest bogato freskami, stiukami i arabeskami.

▼ Sabbioneta

Padwa

Dzisiejsza Padwa (Padova) niewiele ma wspólnego z małą, spokojną miejscowością z początku XX w., która w ciągu jednego tylko stulecia rozrosła się i nabrała charakteru miasta przemysłowego. Padwa to także średniowieczne miasto uniwersyteckie, a należący do padewskiej wszechnicy ogród botaniczny jest najstarszym tego typu obiektem na świecie i w 2005 r. wpisano go na Listę UNESCO. Do miasta przybywa wielu pielgrzymów, gdyż Padwa związana jest z postacią św. Antoniego (zwanego Padewskim), który spędził tu ostatnie lata życia.

HISTORIA

Antyczne *Patavium* narodziło się jako wioska rolnicza w X w. p.n.e. Miasto rozwijało się pod wpływem kontaktów z Galami osiadłymi w IV w. p.n.e. na Nizinie Padańskiej. W III w. p.n.e. rozpoczęły się intensywne kontakty z Rzymem, a w V–VII w. miasto zostało podbite przez Longobardów. Od VIII w. Padwa zaczęła się powoli podnosić ze zniszczeń i podziałów i w XII w. stała się jedną z prężnie rozwijających się komun miejskich. W tym okresie (1221) został również ufundowany uniwersytet, który rozsławił miasto w całym świecie (studiowali tu również Polacy, m.in. Jan Kochanowski). Ważną dla miasta postacią był żyjący tu wtedy św. Antoni, franciszkanin z Lizbony, dziś patron miasta.

Wiek XIV to przede wszystkim walki z cesarstwem, zakończone utratą wolności komuny gwelfickiej i inauguracją okresu *signorii* pod przewodnictwem rodu da Carrara. W XV w. Padwa stała się lennem Wenecji, lecz szlachta miejska nie zaprzestała prób uzyskania niepodległości organizując walki i powołując Ligię Antywenecką (stowarzyszenie do działań zbrojnych przeciw najeźdźcy), co doprowadziło w XVI w. do utraty kontroli nad uniwersytetem. W roku 1797 mieszkańcy Padwy witali odziały Napoleona, natomiast w 1813 r. rozpoczął się okres panowania austriackiego. W 1866 r. Padwa na mocy plebiscytu ludowego została włączona do Królestwa Włoch.

WARTO ZOBACZYĆ

Kaplica Scrovegnich

Jednym z ciekawszych zabytków Padwy jest znajdująca się w parku Arena ★ **Capella degli Scrovegni** ℹ tel.: +39 049 2010020; www.cappelladegliscrovegni.it; otwarte: 9.00–19.00; wstęp: 13 EUR, ulg. 8 EUR, bilet łączony z Museo Eremitani; obowiązkowa rezerwacja przynajmniej dzień wcześniej. Kaplicę Scrovegnich wybudowano na miejscu dawnego amfiteatru rzymskiego – plac w 1300 r. wykupił Enrico Scrovegni. W budowli można zobaczyć jedne z najlepiej zachowanych **fresków Giotta i Giovanniego Pisana** datowanych na lata 1302–1406. Niedawno odnowione, znajdują się pod specjalną ochroną. Do kaplicy wchodzi się przez salkę, gdzie zamontowano system przystosowujący organizm do poziomu wilgotności utrzymywanego wewnątrz zabytku na stałym poziomie. Oczekiwanie trwa 15 minut, podczas których wyświetlany jest film o historii i atrakcjach kaplicy. Czas przewidziany na zwiedzanie jest zdecydowanie zbyt krótki, by móc docenić piękno fresków zdobiących kaplicę, dlatego warto wykupić od razu podwójny bilet (w takim wypadku przez „kwarantannę" w poczekalni przechodzi się tylko raz).

Na skraju parku Arena w budynku dawnego klasztoru eremitów mieszczą się **Musei Civici agli Eremitani** ⓘ otwarte: wt.–nd. 9.00–19.00; wstęp: 10 EUR, ulg, 8 EUR, łączony z Capella Scrovegni 13 EUR. Jest to kompleks muzeów, na który składają się muzeum archeologiczne oraz muzeum sztuki średniowiecznej i nowożytnej. Wśród bogatych zbiorów Muzeów Eremitów znajdują się zabytki greckie, rzymskie, etruskie i egipskie, a także interesujące kolekcje malarstwa włoskiego (Giorgione, Bellini) i flamandzkiego z XV i XVI w. Zwiedzającym udostępniono ponadto dwa renesansowe krużganki klasztorne o harmonijnym rytmie długich arkad.

Kościół św.św. Filipa i Jakuba

Warto również zwiedzić **kościół św.św. Filipa i Jakuba** (Chiesa degli Eremitani) ⓘ otwarte: zimą: pn.–pt. 7.30–12.30 i 15.30–19.00, sb.– nd. 9.00–12.30, 16.00–19.00, latem: pn.–pt. 9.00–12.30 i 15.30–19.00, sb.– nd. 10.00–13.00 i 16.30–20.00, który znajduje się między parkiem Arena i Piazza Eremitani, blisko Corso Garibaldi, przedłużeniu Corso del Popolo. Świątynia pochodzi z przełomu XIII i XIV w., lecz podczas bombardowań w 1944 r. uległa poważnym uszkodzeniom. Kościół składa się z jednej szerokiej nawy przykrytej drewnianym sklepieniem w kształcie kadłuba łodzi. Przy wejściu znajdują się groby m.in. władców Padwy – rodziny da Carrara (XIV w.). Na prawo od prezbiterium zobaczymy dwie kaplice: Dotto i Orvetari. W tej drugiej można obejrzeć fragmenty fresków Andrei Mantegni. Te zachowane (np. *Męczeństwo świętego Krzysztofa*) znajdują się na południowej ścianie kaplicy, a to, co udało się odkopać z ruin kaplicy, umieszczono na północnej ścianie (fragmenty *Męczeństwa świętego Jakuba*). Mantegna jest także autorem *Wniebowzięcia Maryi* w absydzie kaplicy.

Caffè Pedrocchi

Idąc dalej Corso Garibaldi, dochodzimy do **Caffè Pedrocchi** – niegdyś miejsca spotkań inteligencji zwanego „kawiarnią bez drzwi", dziś wytwornego, może nieco snobistycznego lokalu. Siedziba Caffè Pedrocchi

▼ Prato della Valle

▲ Palazzo della Ragione

powstała w XIX w. i miała przyćmić swym pięknem kawiarnie ówczesnej Europy. Bryła budynku otwiera się gościnnymi logiami i podwójną galerią centralną. Wnętrze składa się natomiast z trzech głównych sal na parterze: zielonej, białej i czerwonej, oraz wytwornych sal na piętrze, każdej w innym stylu, m.in. egipskim, marokańskim, greckim, rzymskim i etruskim, które goszczą obecnie **Museo del Risorgimento** ⓘ otwarte: wt.–nd. 9.30–12.30 i 15.30–18.00; wstęp: 4 EUR, ulg. 2,50 EUR. Wśród studentów tutejszego uniwersytetu istnieje przesąd, że do kawiarni nie można wchodzić, zanim nie skończy się studiów, w przeciwnym razie może się to nigdy nie udać...

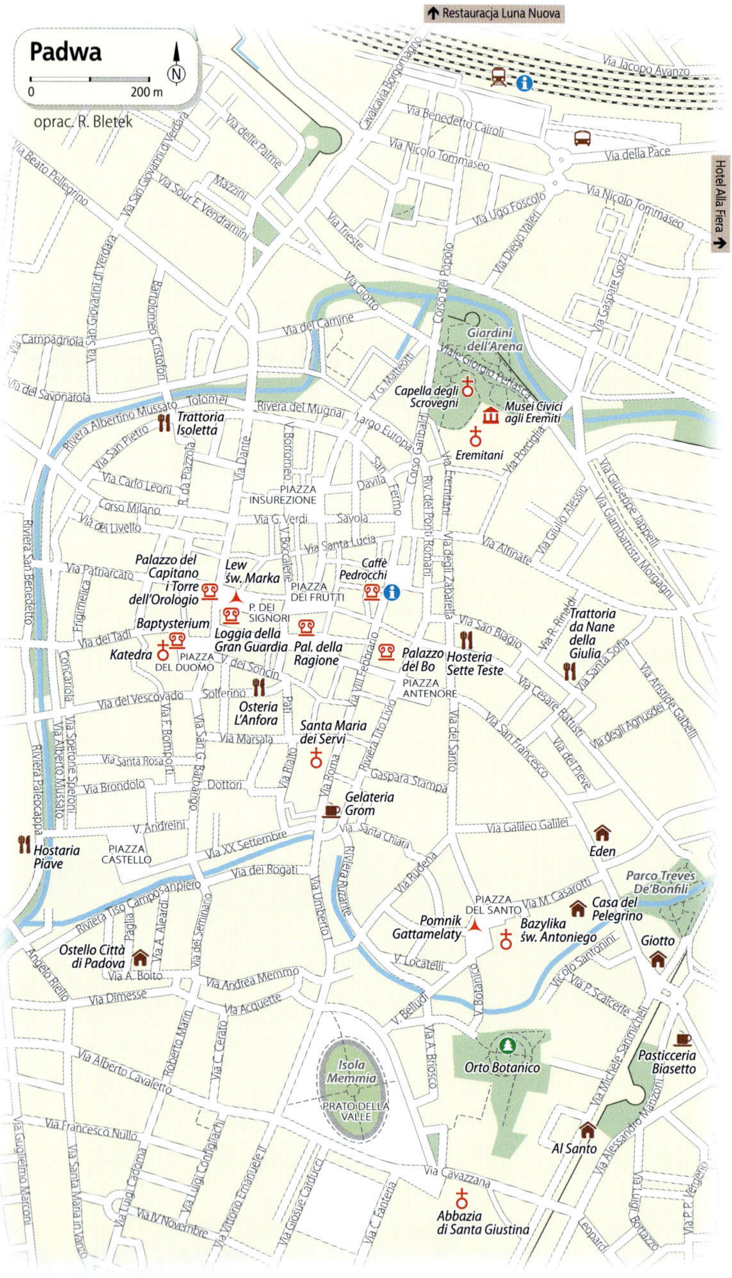
Restauracja Luna Nuova
Padwa
0
200 m
N
oprac. R. Bletek
Hotel Alla Fiera
Via Jacopo Avanzo
Via Benedetto Cairoli
Via Nicolo Tommaseo
Via della Pace
Cavalcavia Borgomagno
Via delle Palme
Via Beato Pellegrino
Via San Giovanni di Verdara
Via Sour E. Vendramini
Mazzini
Via Trieste
Via Ugo Foscolo
Via Diego Valeri
Via Gaspare Gozzi
Via Giotto
Corso del Popolo
Via del Carmine
Campagnola
Via San Giovanni di Verdara
Bartolomeo Cristofori
Giardini dell'Arena
Viale Giorgio Petrarca
Via G. Matteotti
Capella degli Scrovegni
Musei Civici agli Eremitani
Eremitani
Via del Savonarola
Tolomei
Rivera del Mugnai
Riviera Albertino Mussato
Trattoria Isoletta
Largo Europa
Corso Garibaldi
Via Porciglia
Via San Pietro
R. da Piazzola
Via Dante
V. Borromeo
San Fermo
Via Carlo Leoni
PIAZZA INSUREZIONE
Davila
Corso Milano
Via G. Verdi
Savoia
Via dei Livello
Riv. dei Ponti Romani
Via Eremitani
Via Giulio Alessio
Via Giuseppe Jappelli
Via Giambattista Morgagni
Via Santa Lucia
Via Altinate
Riviera San Benedetto
Palazzo del Capitano i Torre dell'Orologio
Lew św. Marka
Caffè Pedrocchi
Via Patriarcato
Frigimelica
V. Boccalerie
PIAZZA DEI FRUTTI
P. DEI SIGNORI
Via degli Zabarella
Baptysterium
Loggia della Gran Guardia
Via San Biagio
Via R. Rinaldi
Trattoria da Nane della Giulia
Via dei Tadi
Pal. della Ragione
Via VIII Febbraio
Palazzo del Bo
Hosteria Sette Teste
Via Santa Sofia
Katedra
PIAZZA DEL DUOMO
V. dei Soncin
PIAZZA ANTENORE
Via Cesare Battisti
Via Aristide Gabelli
Concariola
Via del Vescovado
Solferino
Osteria L'Anfora
Pati
Riviera Tito Livio
Via del Santo
Via San Francesco
Via degli Agnusdei
Via F. Bomporti
Via San G. Barbarigo
Via Marsala
Santa Maria dei Servi
Via del Pieve
Riviera Paleocapa
Via Sperone Speroni
Via Alberto Mussato
Via Santa Rosa
Via Rialto
Via Roma
Gaspara Stampa
Via Brondolo
Dottori
Gelateria Grom
V. Andreini
Via Santa Chiara
Via Galileo Galilei
Hostaria Piave
PIAZZA CASTELLO
Via XX Settembre
Eden
Via dei Rogati
Riviera Ruzante
Via Rudena
Parco Treves De'Bonfili
Riviera Tiso Camposanpiero
Paglia
Via A. Aleardi
Via del Seminario
Via Umberto I
PIAZZA DEL SANTO
Via M. Casarotti
Casa del Pelegrino
Pomnik Gattamelaty
Bazylika św. Antoniego
Ostello Città di Padova
Giotto
Angelo Riello
Via A. Boito
V. Locatelli
Vicolo Santonini
Via Dimesse
Via Andrea Memmo
Via P. Scalcerle
V. Botanico
Via Acquette
V. Belludi
Via A. Briosco
Pasticceria Biasetto
Via Michele Sanmicheli
Roberto Marin
Via C. Cerato
Isola Memmia
Orto Botanico
Via Alberto Cavaletto
PRATO DELLA VALLE
Via Alessandro Manzoni
Al Santo
Via Francesco Nullo
Via Guglielmo Marconi
Via Santa Maria in Vanzo
Via Luigi Cadorna
Via Luigi Configliachi
Via Vittorio Emanuele II
Via Giosue Carducci
Via C. Fanteria
Via Cavazzana
Abbazia di Santa Giustina
Via Luigi Bottazzo
Via P. P. Vergerio
Leopard
Via IV Novembre

▲ Krużganki Palazzo del Bo

Palazzo della Ragione i okolice

Wchodząc przed Caffè Pedrocchi w Via Sant'Andrea, docieramy na Piazza dei Frutti, gdzie wznosi się powstały na początku XIII w. **Palazzo della Ragione** ℹ otwarte: II–X wt.–nd. 9.00–19.00, XI–I do 18.00; wstęp: 6 EUR, ulg. 4 EUR. Architektura pałacu jest dziś iście eklektyczna: pochodząca z XIII w. dolna część budowli, z krzyżowym sklepieniem opartym na masywnych filarach, jest romańska, natomiast kolejne piętra były dobudowane sukcesywnie i noszą piętno trendów obowiązujących w czasie ich powstawania. W średniowieczu olbrzymią salę (Salone) pałacu zdobiły freski Giotta, które zniszczył pożar w 1420 r. Zachowała się natomiast część fresków innych artystów. W Salone stoi olbrzymia drewniana rzeźba konia (poł. XV w.), wzorowana na dziele Donatella.

Niedaleko, przy Via 8 Febbraio 1848, znajdziemy **Palazzo del Bo** ℹ wycieczki z przewodnikiem co 45 min, III–X pn., śr., pt. 14.30, 15.30, 16.30, wt. 9.30, 10.30, 11.30, czw. 9.30, 10.30, 11.30, 14.30, 15.30, 16.30, sb. 9.30, 10.30, 11.30, 12.30, XI–III pn,. śr., pt. 14.30, 15.30, wt., czw. 10.30, 11.30, sb. 10.30, 11.30, 12.30; wstęp: 7 EUR, ulg. 2 EUR, który swoją nazwę zawdzięcza gospodzie z wołem w szyldzie (Hospitium Bovis) stojącej wcześniej w miejscu dzisiejszego budynku uniwersyteckiego. Od końca XV w. budynek wynajmowany przez uniwersytet był wielokrotnie przebudowywany. Średniowieczny charakter kompleksu najlepiej oddaje wewnętrzny dziedziniec. Ściany atrium, klatek schodowych, arkad i Aula Magna pokryte są malowidłami przedstawiającymi godła szlacheckie rektorów, doradców i samej uczelni.

Piazza del Duomo i Piazza dei Signori

Na Piazza del Duomo znajduje się jeden z największych kościołów Padwy, czyli **katedra**, której gmach był wielokrotnie przebudowywany, a obecny kształt jest rezultatem prac XVIII-wiecznych. O wiele ciekawszym zabytkiem jest przylegające do prawej ściany katedry ★ **baptysterium** ℹ otwarte: 10.00–18.00; wstęp: 3 EUR – przykład sztuki romańsko-longobardzkiej z XII w. Przykrywa je piękna kopuła o podwójnym rzędzie arkad i lizen, natomiast wnętrze ozdobione jest freskami z 2. poł. XIV w. przedstawiającymi sceny z życia Chrystusa i Jana Chrzciciela.

Na Piazza dei Signori – sąsiadującym z Piazza del Duomo – mieszczą się niegdysiejsze siedziby władców miasta: **Palazzo del Capitano** (Pałac Kapitana Ludu), **Loggia d. Gran Guardia** (Loggia Rady Szlacheckiej) oraz wieża (**Torre dell'Orologio**) z XV-wiecznym mechanizmem zegarowym i **lew św. Marka** datowany na I w. n.e.

Via Roma i Prato della Valle

Bardziej na południe, przy Via Roma, wznosi się jednonawowy XIV-wieczny **kościół Santa Maria dei Servi** z portykiem z czerwonego marmuru werońskiego. Via Roma i jej przedłużenie prowadzą do jednego z największych placów włoskich: **Prato della Valle**. W czasach rzymskich był to plac teatralny, w średniowieczu plac targowy, odbywały się tu też turnieje i zgromadzenia ludowe. Dzisiaj jest to rodzaj malowniczej wysepki otoczonej czterema mostami i kanałem z 78 figurami po obydwu jego brzegach. Rzeźby przedstawiają postacie związane z miastem, w większości profesorów, artystów i władców. Jest tu także figura Cycerona.

Opactwo św. Justyny

Niedaleko Prato della Valle znajduje się ogromne opactwo – **Abbazia di Santa Giustina** ⓘ bazylika otwarta: zimą pn.–sb. 8.00–12.00 i 15.00–20.00, nd. 7.30–12.00 i 15.00–20.00, latem pn.–sb. 7.30–12.00 i 15.00–20.00, nd. 6.30–13.00 i 15.00–20.00. Powstało ono w VI w. na grobie padewskiej męczennicy – św. Justyny, ale w XII i XIV w. przebudowano je w stylu romańskim i gotyckim. Surowy charakter wnętrza bazyliki podkreślają masywne filary. W nawie głównej znajduje się XV-wieczny drewniany krucyfiks, w nawach bocznych – siedem kaplic. W prawym transepcie, Pozzo delle Reliquie (zawiera relikwie wielu męczenników), otwiera się Corridoio dei Martiri (Korytarz Męczenników), który łączy nową część bazyliki z jej najstarszą częścią – miejscem pochówku św. Prosdocima, pierwszego biskupa Padwy. Sacello (kaplica) di Santa Maria, gdzie znajduje się grób świętego, jest dobrze zachowanym przykładem późnej sztuki wczesnochrześcijańskiej z przełomu V i VI w. Po powrocie

▼ Bazylika św. Antoniego

wspomnianym już korytarzem przechodzi się do XIV-wiecznej kaplicy św. Łukasza, gdzie zachowały się resztki fresków z XV w.

Bazylika św. Antoniego i ogród botaniczny

Jednym z najczęściej odwiedzanych miejsc Padwy jest ★ **bazylika św. Antoniego** ⓘ otwarte: zimą 6.20–18.45, latem do 19.45, od wieków przyciągająca pielgrzymów z całego świata. Święty Antoni, Ojciec Kościoła zaliczany do największych kaznodziejów, przybył do Padwy ok. 1228–30 r. Budowa bazyliki, która miała mieścić relikwie świętego, rozpoczęła się rok po jego śmierci, ok. 1232 r., i trwała aż 80 lat. Jest to jeden z największych kościołów na świecie, harmonijnie łączący style romański (fasada) i bizantyjski (kopuły). Trzynawowa świątynia powstała na planie krzyża łacińskiego z szerokim transeptem, a jej główna nawa podzielona jest filarami na cztery części.

W lewej części transeptu znajduje się tzw. Arka św. Antoniego, czyli grób świętego. Na ścianach kaplicy zachowały się XVI-wieczne płaskorzeźby przedstawiające cuda świętego. Z kaplicy grobowej przechodzi się do Capella della Madonna Mora i następnie do Capella del Beato Luca, towarzysza świętego Antoniego. Po wyjściu z tych dwu kaplic, na tyłach ołtarza głównego, w absydzie trafia się na wejście do skarbca (Capella del Tesoro), gdzie przechowywane są relikwie św. Antoniego: język i struny głosowe. Prawdziwym dziełem sztuki jest relikwiarz z 1. poł. XV w., w którym umieszczono język świętego. Obok skarbca znajduje się **kaplica polska** pw. św. Stanisława, powstała pod koniec XVI w. Dzięki polskim artystom wiele jest tu odniesień do dawnej i nowszej historii kraju.

Naprzeciw bazyliki stoi **pomnik Gattamelaty** autorstwa Donatella, przedstawiający weneckiego kondotiera na koniu.

Niedaleko bazyliki znajduje się najstarszy na świecie (1545) uniwersytecki ogród botaniczny – ★ **Orto Botanico** ⓘ otwarte: IV–V codz. 9.00–19.00, VI–VII wt.–nd. 9.00–19.00, X do 18.00, XI–III do 17.00; wstęp: 8 EUR, ulg. 5 EUR, w 1997 r. wpisany na listę UNESCO. Można tu zobaczyć wiele ciekawych okazów roślin, w tym zasadzoną w 1585 r. palmę *Chamaerops humilis*, zwaną także palmą Goethego, obecnie najstarszą roślinę w ogrodzie.

Informacja turystyczna

Biura informacji turystycznej znajdują się przy dworcu kolejowym (tel.: +39 049 2010080; www.turismopadova.it; otwarte: pn.–sb. 9.00–19.00, nd. 10.00–16.00) oraz w Galleria Pedrocchi (z tyłu kawiarni; tel.: +39 049 2010080; infopedrocchi@turismopadova.it; otwarte: pn.–sb. 9.00–19.00). Można w nich kupić **PadovaCard** (48-godzinna 16 EUR, 72-godzinna 21 EUR), która umożliwia darmowy wstęp do wielu zabytków i muzeów oraz darmowy przejazd autobusami i parking, a także uprawnia do zniżek w wielu hotelach, barach i restauracjach.

Noclegi

W Padwie można wygodnie zatrzymać się w centrum – dzięki temu unikniemy dojazdów, a zabytki będą na wyciągnięcie ręki.

- **B&B Al Santo**, Via Sanmicheli 13; tel.: +39 049 8750267; www.bbalsanto.it; dwójka 60 EUR, dwójka jako jedynka 40 EUR. Domowy wystrój, śniadanie, internet, ogród.
- **Hotel Alla Fiera****, Via Ugo Bassi 20 (okolice kaplicy Scrovegnich); tel.: +39 049 8755094; www.hotelallafiera.com; jedynka z łazienką od 70 EUR, dwójka od 99 EUR, śniadanie dodatkowo 7 EUR. Ogród.
- **Hotel Casa del Pelegrino**, Via Cesarotti 21 (okolice bazyliki św. Antoniego);

tel.: +39 049 8239711; www.casadelpellegrino.com; pokoje w wersjach o różnym standardzie (*economy* z łazienką na korytarzu, *standard* i *superior*), jedynka III–XI od 44 EUR, XI–III 39 EUR, dwójka III–XI od 58 EUR, XI–III 53 EUR, śniadanie/parking dodatkowo 5 EUR, podatek miejski 2 EUR/noc.

◆ **Hotel Eden***, Via Battisti 255; tel.: +39 049 650484; www.hoteledenpadova.it; jedynka bez łazienki od 32 EUR, z łazienką od 45 EUR, dwójka z łazienką 60 EUR, śniadanie/parking dodatkowe 8 EUR.

◆ **Hotel Giotto*****, Piazzale Pontecorvo 33; tel.: +39 049 8761845; www.hotelgiotto.com; jedynka od 65 EUR, dwójka od 79 EUR, trójka od 89 EUR. Pokoje z łazienką, klimatyzacją i tv; darmowy parking, internet.

◆ **Ostello Città di Padova**, Via Aleardi 30; tel.: +39 049 8752219; ostellopadova@gmail.it; nocleg w dormitorium 19 EUR, śniadanie. Hostel AIG w centrum, dla mało wymagających.

Wyżywienie

◆ **Gelateria Grom**, Via Roma 101. Świetne lody w blisko 20 smakach plus sorbety.

◆ **Osteria L'Anfora**, Via dei Soncin 13. otwarte: pn.–sb. Znana *osteria* w rustykalnym stylu, smaczne dania regionalne.

◆ **Pasticceria Biasetto**, Via Facciolati 12. Dobra cukiernia.

◆ **Hostaria Piave**, Riviera Paleocapa 24. Lokal o wystroju typowej trattorii, rustykalnej i bynajmniej nie eleganckiej; specjalności kuchni bolońskiej oraz smaczna pizza i domowe makarony.

◆ **Restauracja Luna Nuova**, Via Pontevigodarzere 46. Dobra restauracja wegetariańska.

◆ **Trattoria Da Nane Della Giulia**, Via Santa Sofia 1. Klimatyczna rustykalna *trattoria* ze świetną kuchnią regionalną; *primi* ok. 8 EUR, *secondi* 10–12 EUR.

◆ **Trattoria Isoletta**, Via San Pietro 46; Niewielka *trattoria* o rodzinnej atmosferze. Świetne dania kuchni Wenecji Euganejskiej, smaczne desery.

◆ **Hosteria Sette Teste**, Via Cesare Battisti 44. Przyjemny lokal z typowymi potrawami, *primi* ok. 9 EUR, *secondi* ok. 12–14 EUR, ale można się spokojnie najeść jednym daniem, bo porcje są naprawdę duże.

OKOLICE

Wzgórza Euganejskie (na południe od Padwy) pełne są atrakcji różnego typu: krajobrazowych, historycznych, artystycznych i kulinarnych. Wzniesienia te są pochodzenia wulkanicznego i były zamieszkiwane przez ludzi tysiące lat przed narodzeniem Chrystusa. Leżące wśród wzgórz Abano Terme oraz Montegrotto są znanymi kurortami termalnymi. W **ABANO TERME** dobroczynnym wpływem ciepłych wód i torfu można się cieszyć w każdym hotelu. W mieście znajduje się wczesnoromański kościółek z dzwonnicą. Nieco mniejszym kurortem jest **MONTEGROTTO**. Miasteczko posiada długą historię, o czym świadczą termy rzymskie i odkryty niedawno starożytny teatr.

Przy drodze do Teolo (droga nr 250, przed Selvazzano, na rozjeździe w lewo), 12 km od Padwy, znajduje się benedyktyński **klasztor Santa Maria de Pratalea** ufundowany w XIII w. Opactwo było rekonstruowane w 2. poł. XV w., w rezultacie jedynym zachowanym elementem średniowiecznym jest dzwonnica. W klasztorze warto przejść się po zacisznych renesansowych krużgankach. Opactwo posiada pracownię restauracji książek i starych kodeksów. Na wzgórzu Lonzina obok klasztoru znajduje się kompleks mieszkalny i ogród zoologiczny.

Perugia

Perugia to piękne, pełne zabytków miasto. Obok licznych skarbów architektury i malarstwa turystów z całego świata przyciągają tu prestiżowy festiwal Umbria Jazz i znana szkoła włoskiego dla cudzoziemców.

HISTORIA

Średniowieczna legenda przypisuje założenie Perugii Etruskowi Eulistowi, jednak wykopaliska archeologiczne świadczą, że ludzie żyli na tym terenie już w epokach prehistorycznych. W IX w. p.n.e. na wzgórzu znajdowała się osada, a w IV w. p.n.e. Perugia zaliczała się do najważniejszych miast na granicy kraju Etrusków i Umbrów. Oś osady etruskiej zachowana jest w środkowej części Corso Vannucci aż do Piazza IV Novembre. Za czasów rzymskich miasto rozrosło się, a w średniowieczu zaczęło wychodzić poza dawne obwarowania.

Położenie na skrzyżowaniu dróg Rzym – Rawenna – Gubbio sprawiło, że we wczesnym średniowieczu Perugia bardzo dobrze prosperowała. Około X w. rozpoczęto budowę katedry i odnowę urbanistyczną miasta. To właśnie w tym okresie życie Perugii zaczęło skupiać się wokół głównego dzisiaj placu: Piazza del Comune. Pod koniec XIV w. Perugia została włączona do Państwa Kościelnego, a w 1860 r. – do zjednoczonych Włoch. Dzisiaj położona na wzgórzu (ok. 500 m n.p.m.), licząca 150 tys. mieszkańców Perugia jest stolicą regionu Umbria.

WARTO ZOBACZYĆ

Piazza IV Novembre

Sercem najstarszej części miasta jest Piazza IV Novembre, gdzie można podziwiać wykonaną z marmuru i brązu **fontannę** zdobioną rzeźbami Nicoli i Giovanniego Pisano. Przy placu tym wznosi się również gotycka **katedra San Lorenzo**, powstała na przełomie XIV i XV w. Surową fasadę z białego i czerwonego kamienia zdobi barokowy portal. W trzynawowym wnętrzu na uwagę zasługują m.in. drewniany chór z końca XV w. (w absydzie),

▼ Perugia, widok na stare miasto

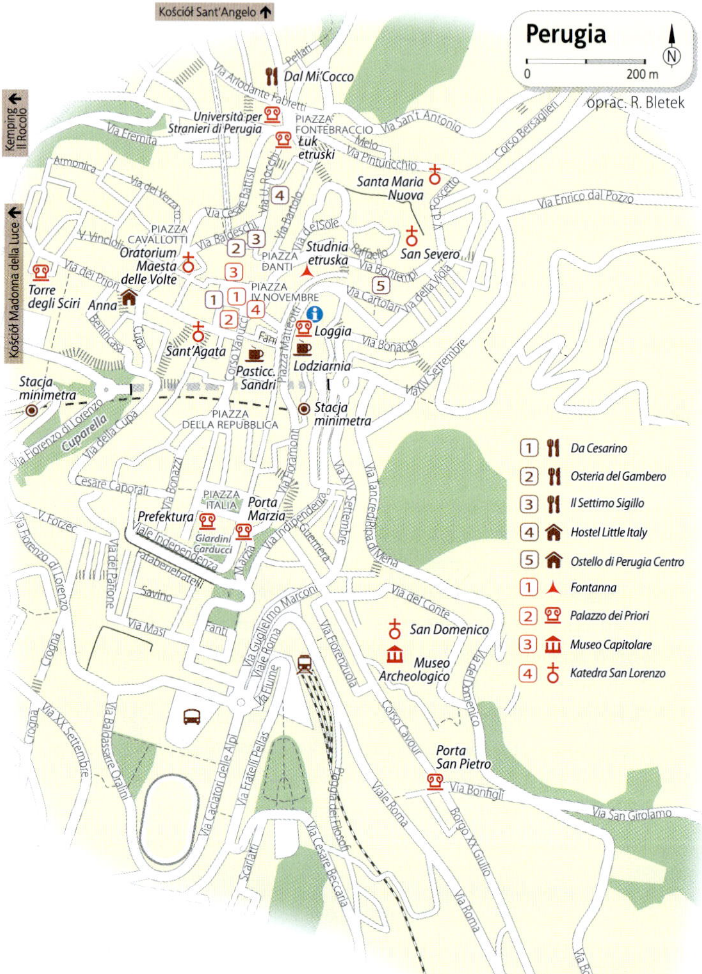

XVI-wieczne freski autorstwa Pandolfiego (w zakrystii) oraz obraz Barocciego *Złożenie do grobu*. Z zakrystii przechodzi się na krużganek, a następnie do **Museo Capitolare** ❶ www.cattedrale.perugia.it; otwarte: IV–IX wt.–nd. 10.00–17.00, X–III wt.–pt. 9.00–14.00, sb. i nd. 10.00–17.00; wstęp: 6 EUR, ulg. 5/4 EUR, gdzie znajdują się zdjęte ze ścian katedry freski szkoły umbryjskiej i toskańskiej z XIV–XVI w. (Caporali, Signorelli), dzieła sztuki złotniczej i wyposażenie kościelne.

Jednym z najważniejszych średniowiecznych budynków we Włoszech jest ★ **Palazzo dei Priori** wzniesiony w Perugii w XIII–XV w. **Sala dei Notai** (Sala Notariuszy) ❶ otwarte: 9.30–13.00 i 15.00–19.00 na I piętrze to najpiękniejsze pomieszczenie w pałacu. Na drugim piętrze Palazzo dei Priori mieści się **Galleria Nazionale dell'Umbria** otwarte: wt.–nd. 8.30–19.30, III–IX w pn. 12.00–19.30; wstęp: 8 EUR, ulg. 4 EUR, która przechowuje najważniejsze dzieła malarstwa i rzeźby umbryjskiej z XIII–XVIII w. W jej zbiorach znajdują się prace takich artystów jak Duccio, Piero della Francesca, Fra Angelico, Perugino, Pinturicchio. Na parterze mieści się późnogotycka **Sala del Collegio della Mercanzia** (Sala Kolegium Kupieckiego) otwarte: III–X wt.–sb. 9.00–13.00 i 14.30–17.30, nd. 9.00–13.00, XI–II wt., czw., pt. 8.00–14.00, śr., sb. 8.00–16.30, nd. 9.00–13.00; wstęp: 1,50 EUR, bilet łączony z Collegio del Cambio 5,50 EUR.

Tuż obok znajduje się **Collegio del Cambio** otwarte: pn.–sb. 9.00–12.30 i 14.30–17.30, nd. 9.00–13.00; wstęp: 4,50 EUR, z 2. poł. XV w. Wnętrze w stylu renesansowym ozdobione jest freskami Perugina i jego szkoły oraz – podobno – Rafaela.

Do Piazza IV Novembre przylega Piazza Danti, gdzie pod nr 18 można obejrzeć ★ **studnię etruską** otwarte: IV–X codz. 10.00–13.30 i 14.30–18.00 (IV–poł. VII i 18 IX–X w pn. tylko 10.00–13.30), XI–III wt.–nd. 11.00–13.30 i 14.30–17.00; wstęp: 3 EUR, ulg. 2 EUR powstałą w III w. p.n.e. Niedaleko, na końcu Via Rocchi, zachował się **łuk etruski**, tj. główna brama etruskiego miasta z przełomu III i II w. p.n.e. Jej górna część została przebudowana przez Rzymian w 40 r. p.n.e.

Inne ciekawe miejsca

Na północ od Piazza IV Novembre leży Piazza Fortebraccio, przy którym znajduje się barokowy Palazzo Stuart, dzisiaj siedziba ★ **Università per Stranieri di Perugia** www.unistrapg.it. Uniwersytet dla Obcokrajowców to najstarsza i najbardziej prestiżowa włoska instytucja zajmująca się nauczaniem języka włoskiego i rozpowszechnianiem wiedzy o włoskiej kulturze.

W pobliżu, przy Via Pinturicchio, wznosi się XIII-wieczny **kościół Santa Maria Nuova** z XV-wiecznym drewnianym chórem. W pobliskim, w większości barokowym, **kościele San Severo** otwarte: I–III, XI–XII wt.–nd. 11.00–13.30 i 14.30–17.00, V, IX–X wt.–nd. 10.00–13.30 i 14.30–18.00, VI–VII wt.–nd. 10.00–18.00, IV codz. 10.00–13.30 i 14.30–18.00, VIII codz. 10.00–18.00; wstęp: 4 EUR, ulg. 2 EUR w oratorium można obejrzeć fresk Rafaela *Święta Trójca i święci*, ukończony przez Perugina.

Przy Via delle Volte, wiodącej od katedry do Piazza Cavallotti, wznoszą się XIII- i XIV-wieczne budynki z masywnymi wieżami. Ulica ta prowadzi do pierwotnie gotyckiego **oratorium Maesta delle Volte** (dzisiaj jedyny ślad oryginalnej budowli to łuk gotycki w biało-czerwonym kamieniu).

▼ Piazza IV Novembre

Biegnąca na tyłach Palazzo dei Priori **Via dei Priori** przecina średniowieczną część miasta. Można przy niej zobaczyć m.in. gotycki **kościół Sant'Agata** z XIV-wiecznymi freskami i XIV-wieczną wieżę – **Torre degli Sciri**. Ulicę zamyka Piazza Madonna della Luce z XVI-wiecznym **kościołem Madonna della Luce**.

Przy Piazza Matteotti pod numerem 18, po przejściu pod arkadą, zobaczymy **loggię** i taras z XIV w. W głębi placu, przy Via Volte della Pace, można podziwiać długi rząd XIV-wiecznych **portyków**.

Przy znajdującym się nieco dalej na południe Piazza Italia wznosi się XIX-wieczny budynek prefektury, a za nim rozciąga się **park im. Carducciego** z pięknym widokiem na Dolinę Umbryjską. Tam też zobaczymy aleje ze śladami murów etruskich. Znajdująca się niedaleko **Porta Marzia**, dawna brama etruska, kieruje do podziemnej **Via Bagliona** z resztkami średniowiecznych budynków.

Corso Cavuor prowadzi do wielkiej gotyckiej **bazyliki San Domenico** z XIV w. Z oryginalnej świątyni przebudowanej w XVII w. pozostały przypory oraz niektóre boczne kaplice. Surowe wnętrze podzielone jest na trzy nawy. W absydzie znajduje się renesansowy chór wykonany z drewna, a w pierwszej kaplicy na prawo od absydy nagrobek Benedykta XI z 1325 r. Część klasztoru zajmuje **Museo Archeologico** ℹ otwarte: pn. 10.00–19.30, wt.–nd. 8.30–19.30; wstęp: 5 EUR, ulg. 2,50 EUR przechowujące wykopaliska z czasów prehistorycznych, etruskich i rzymskich.

Za **Porta San Pietro** (XIV–XV w.) zobaczymy jeden z najważniejszych zabytków Perugii – **kościół San Pietro**. Świątynia powstała w X w., dzwonnica w XIV, a dziedziniec przed kościołem w XVII w. W trzynawowym wnętrzu zobaczymy cenne malowidła Guercina i Perugina oraz pochodzące z końca XVI w. płótna Antonia Vassilacchiego, zwanego „Aliense". Zakrystia zdobiona jest pracami Guercina i jednym Caravaggia. W kościele przechowywane są też *Pieta* Perugina i drewniany krucyfiks z XV w.

Na północnym krańcu otoczonego murami centrum Perugii, przy końcu Corso Garibaldi, znajduje się wczesnochrześcijański, wzniesiony na planie centralnym ★ **kościół Sant'Angelo** (V–VI w.). Jego sklepienie podtrzymuje 16 rzymskich kolumn ustawionych w okręgu. W architekturze świątyni widoczne są również elementy późnogotyckie.

▼ Kościół Sant'Angelo

Informacja turystyczna

Biura informacji turystycznej znajdują się przy Piazza Matteotti 18 (tel.: +39 075 5736458; www.perugia.regioneumbria.eu; otwarte: codz. 9.00–19.00) oraz przy Piazzale Umbria Jazz w Pian di Massaiano. Do wolnego wstępu do pięciu muzeów uprawnia **karta Perugia Città Museo** (14 EUR, ważna przez 48 godz.) do nabycia np. w Galleria Nazionale dell'Umbria lub Museo Capitolare.

Noclegi

W Perugii znajdziemy noclegi na każdą kieszeń, także w centrum miasta.

- **Hostel Little Italy**, Via della Nespola 1; tel.: +39 075 9661997; www.littleitalyhostel.it; noclegi w sali 12-osobowej 18 EUR/os., w 8-osobowej z łazienką 20 EUR/os., pokój prywatny od 40 EUR, śniadanie 4 EUR. Nowy, niewielki, klasycznie urządzony hostel na starówce. W nowoczesnym wnętrzu zachowano oryginalne detale architektoniczne i freski z XII-wiecznego kościoła. Internet.
- **Hotel Anna****, Via dei Priori 48; tel.: +39 075 5736304; www.albergoanna.it; jedynka 35–50 EUR, dwójka 50–100 EUR. Nieduży (7 pokoi), przyjemny hotel w centrum.
- **Kemping Il Rocolo**, Via Strada Fontana della Trinità 1/n, Colle della Trinità; tel.: +39 075 9288029; www.ilrocolo.it; 7,50–8,50 EUR/os., 7–8 EUR/namiot. Do dyspozycji gości basen, internet, bar, restauracja.
- **Ostello di Perugia Centro**, Via Bontempi 13; tel.: +39 075 5722880; www.ostello.perugia.it; nocleg od 17 EUR; 15 XII–15 I zamkn. Hostel w zabytkowym budynku nieopodal Piazza IV Novembre. Dodatkową atrakcją jest duży taras i freski w niektórych salach.

Wyżywienie

- **Da Cesarino**, Piazza IV Novembre 5. Restauracja na głównym placu Perugii. Typowa umbryjska kuchnia, duży wybór win.
- **Il Settimo Sigillo**, Via Rocchi 1. Restauracja w średniowiecznym klimacie z kelnerami w strojach z epoki, dobra tradycyjna kuchnia, niedrogo.
- **Osteria del Gambero**, Via Baldeschi 8a. Bardzo przyjemne miejsce, duży wybór win, dania lokalne i potrawy z ryb. Raczej drogo.
- **Pasticceria Sandri**, Corso Vannucci 32. Najstarsza w mieście, legendarna cukiernia, do której warto zajrzeć nie tylko ze względu na wspaniałe słodycze, ale i na XVIII-wieczny wystrój.
- **Ristorante Dal Mi'Cocco**, Corso Garibaldi 12; tel.: +39 075 5732511. Tradycyjnie urządzony lokal ze smaczną i tanią kuchnią regionalną. Dostaje się to, co akurat jest w ofercie. Za obfity obiad z przystawką, pierwszym i drugim daniem, winem i deserem zapłacimy 14 EUR. Restauracja jest bardzo popularna, więc stolik lepiej wcześniej zarezerwować.
- Bardzo dobra tradycyjna **lodziarnia** znajduje się przy Piazza Mateotti.

Wydarzenia

W połowie lipca odbywa się w Perugii znany festiwal **Umbria Jazz**. Miłośników muzyki klasycznej przyciąga wrześniowy **Sagra Musicale Umbria**, który gościł takich dyrygentów, jak Herbert von Karajan i Riccardo Muti. W dniach 18–26 października w Perugii odbywa się smakowity festiwal **Eurochocolate**.

OKOLICE

Przy drodze do Ponte San Giovanni, 7 km od Perugii, znajduje się ★ **Ipogeo dei Volumni** – szlachecki grób etruski z połowy II w. p.n.e. W przedsionku, z którego schodzi się do części właściwej hipogeum, umieszczone są urny znalezione podczas wykopalisk na pobliskiej nekropolii. W podziemiach, złożonych z atrium i cel, znajduje się siedem urn, w tym urna głowy rodziny, Arunta (z figurą leżącą i rzeźbami dwóch duchów śmierci).

Piza

To piękne miasto położone jest w dolnym biegu rzeki Arno, na równinie rozciągającej się pomiędzy górą Pisano a Morzem Liguryjskim. Dzięki swym zabytkom architektonicznym stało się jednym z najbardziej znanych miast włoskich i, co za tym idzie, obleganym przez ogromną rzeszę turystów, tłoczących się zwłaszcza w jednym miejscu – w okolicach słynnej Krzywej Wieży. Wpisany w 1987 r. na Listę UNESCO plac Katedralny (Piazza del Duomo), zwany też Campo dei Miracoli (Pole Cudów), zachwyca jeszcze kilkoma innymi pizańskimi cudami.

HISTORIA

Początki Pizy (Pisa) sięgają czasów osadnictwa liguryjsko-etruskiego, ale znaczenia nabrała dopiero jako miasto rzymskie, głównie dzięki swojemu portowi. Około roku 1000 Piza stała się wolnym miastem i rozciągnęła swe wpływy na Sycylię i Sardynię, a dzięki uczestnictwu w pierwszej krucjacie zdobyła wschodnie rynki. Jednocześnie jednak rozpoczęła się jej rywalizacja z innymi miastami: pobliską Lukką, bogatą Florencją, a nade wszystko z największą konkurentką na morzu – Genuą, która pokonała Pizę w bitwie pod Melorią w 1284 r. Miasto utraciło wówczas Korsykę i Sardynię, a następnie, na przełomie XIV i XV w., dostało się w strefę wpływów florenckich. Później weszło w skład Wielkiego Księstwa Toskanii. W 1860 r. zostało włączone do Królestwa Włoch. Piza jest nie tylko starym, zabytkowym miastem, ale także siedzibą uniwersytetu o bardzo bogatych tradycjach (1343) oraz miejscem narodzin Galileusza.

WARTO ZOBACZYĆ

Tutejszy **plac Katedralny** (Piazza del Duomo) zwany jest z powodu swego niezaprzeczalnego uroku Campo dei Miracoli, czyli Polem Cudów. Rzeczywiście, znajdujące się na nim budowle mają niepowtarzalny charakter. Romańska ★ **katedra** ℹ otwarte: 10.00–20.00, X i koniec XII do 19.00, XI i pocz. XII do 18.00, wstęp z bezpłatnym biletem na konkretną godzinę, została wybudowana na przełomie XI i XII w.

▼ „Pole Cudów"

Początkowo pracami kierował Buschetto, potem zastąpił go Rainaldo, którego dziełem jest też fasada z czterema rzędami arkad, które ciągną się także po bokach katedry. Niegdyś głównym wejściem do kościoła była tzw. Porta di San Ranieri – drzwi umieszczone w południowej części transeptu, a więc zwrócone w stronę środka placu. Dziś są to jedyne z czworga drzwi wykonanych z brązu (ok. 1180) przez Bonanna Pisana, jakie dotrwały do naszych czasów. Wyobrażone na nich zostały sceny z życia Chrystusa i Maryi, zaskakujące swą siłą wyrazu, prostotą i jednocześnie wyjątkową plastycznością.

Pięcionawowe wnętrze katedry z trzynawowym transeptem i emporami jest niepowtarzalnym połączeniem architektury wczesnochrześcijańskiej (bizantyjskiej) z elementami zapożyczonymi ze sztuki islamu. W bogactwie dekoracji uwagę przyciąga jednak

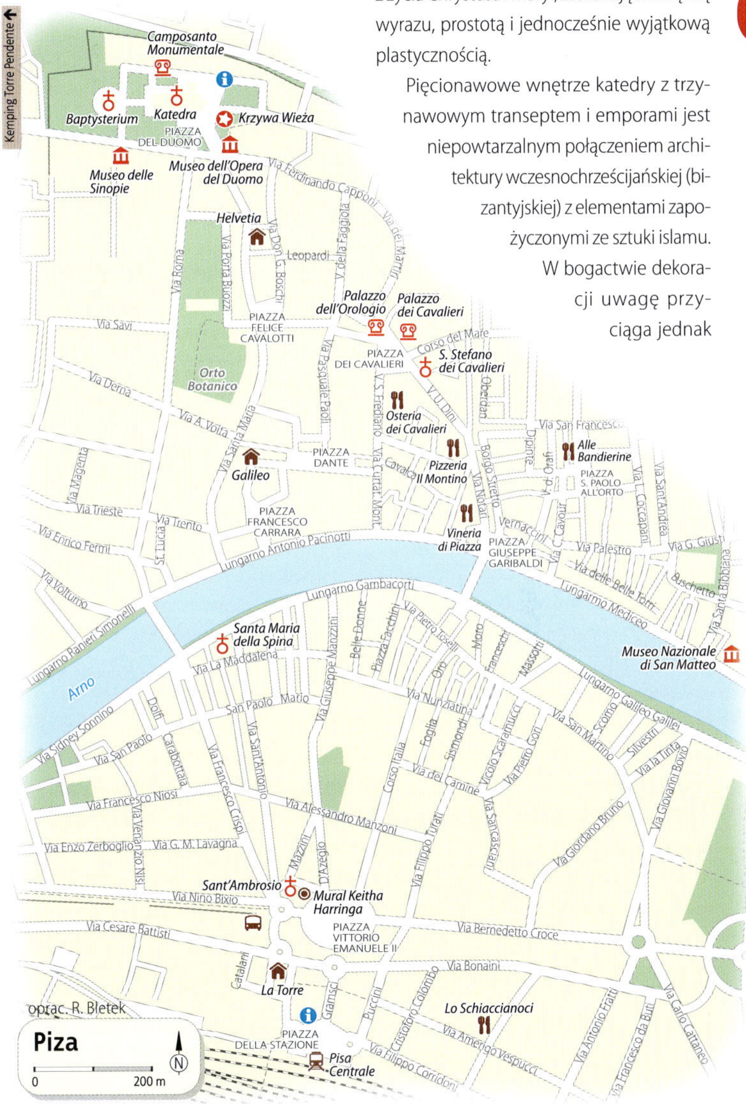

▲ Wnętrze pizańskiej katedry

przede wszystkim mozaika w absydzie, przedstawiająca Chrystusa Zbawiciela na tronie pomiędzy Maryją i św. Janem Chrzcicielem, którą współtworzył Cimabue (jego autorstwa jest prawdopodobnie twarz Jana Chrzciciela). Szczególnie interesująca jest marmurowa ambona Giovanniego Pisana, pochodząca z ok. 1310 r., na której wyobrażone zostały sceny z życia Chrystusa, od zwiastowania aż do ukrzyżowania. W lewej części transeptu znajduje się natomiast grobowiec cesarza Henryka VII (zmarłego na malarię w 1313 r. w czasie podróży do Rzymu na koronację), wyrzeźbiony przez Tina da Camaino, ucznia Giovanniego Pisana. Oprócz postaci leżącego imperatora widoczne są na nim postaci apostołów.

Obok katedry znajduje się ★ **baptysterium** ⓘ IV–7 IX 8.00–20.00, pozostałe okresy od 9.00 do 18.00 lub 19.00, wstęp: 5 EUR, bilet do dwóch obiektów spośród Camposanto, Museo delle Sinopie i baptysterium 7 EUR, do trzech – 8 EUR, którego budowę rozpoczęto w 1152 r. na podstawie projektu Diotisalviego. Zewnętrzne dekoracje gotyckie zostały dodane później, po 1260 r., przy udziale Nicoli i Giovanniego Pisanów. Kopuła pochodzi z połowy XIV w. Portal zwrócony w stronę katedry jest bogato zdobiony płaskorzeźbami przedstawiającymi prace wykonywane podczas poszczególnych miesięcy oraz dyskutujących apostołów (XII w.). Wewnątrz, pośrodku, umieszczona jest ośmioboczna misa chrzcielna z 1246 r. autorstwa Guida Bigarellego. Obok stoi przepiękna marmurowa ambona wykonana przez Nicolę Pisana w 1260 r.

Najbardziej znaną budowlą Pizy, a jednocześnie jej symbolem, jest oczywiście tzw. ★ **Krzywa Wieża** ⓘ Torre Pendente; otwarta: IV–16 VI 8.00–20.00, 17 VI–VIII 8.30–22.00, pozostałe okresy od 9.00 do 18.00, 19.00 lub 20.00; wstęp: 18 EUR, czyli po prostu dzwonnica, której budowa trwała od 1173 do 1350 r. Już w krótkim czasie po wzniesieniu pierwszych trzech poziomów wieża zaczęła się lekko przechylać. Próbowano zatrzymać ten proces na różne sposoby, m.in. stosując na wyższych poziomach różną wysokość kolumn, stąd też po stronie południowej są one wyższe niż po stronie północnej. Dopiero w połowie XIV w. Tommaso Pisano zakończył budowę siódmego, ostatniego poziomu, doprowadzając tym samym dzieło do końca. Wieża przechylała się jednak coraz bardziej i dopiero ostatnio udało się ten proces zahamować. Pizańska dzwonnica jest jednak unikatowa nie tylko ze względu na swe skrzywienie, ale przede wszystkim na oryginalną konstrukcję architektoniczną, niespotykaną w innych miastach Toskanii.

Po północnej stronie Campo dei Miracoli położony jest cmentarz – ★ **Camposanto Monumentale** ⓘ otwarte: IV–7 X 8.00–20.00, pozostałe okresy od 9.00 do 18.00 lub 19.00; wstęp: 5 EUR, bilet łączony – zob. baptysterium, jedna z najoryginalniejszych budowli gotyckich w całej Toskanii. W 1278 r. Giovanni di Simone rozpoczął budowę nowego cmentarza, który przyjął formę wydłużonych krużganków z wewnętrznym dziedzińcem porośniętym trawą i otoczonym podcieniami. Z zewnątrz, ze swym rzędem ślepych arkad i prostym portalem wejściowym, sprawia on niepozorne wrażenie, wewnątrz imponuje jednak przede wszystkim swoją harmonią i rozmiarami: 126 m długości i 52 m szerokości. Można tu zobaczyć liczne freski, m.in. XIV-wieczny cykl *Triumf Śmierci*.

Przy Campo dei Miracoli znajduje się też ★ **Museo dell'Opera del Duomo** ⓘ nieczynne z powodu renowacji, w którym zgromadzono liczne rzeźby, m.in. pochodzące z fasady katedry, jak np. *Madonna del Colloquio* czy *Św. Jan Ewangelista* Giovanniego Pisana. Nieopodal znajduje się też **Museo delle Sinopie** ⓘ otwarte i wstęp: tak jak Camposanto, bilet łączony: zob. baptysterium, w którym zgromadzono szkice fresków (*sinopie*) zdobiących Camposanto.

Piazza dei Cavalieri, która stanowiła centrum republikańskiej Pizy, została w XVI w. przebudowana przez Vasariego. Od wschodu plac ogranicza XVI-wieczny **kościół Santo Stefano dei Cavalieri**. Został on wzniesiony również przez Giorgia Vasariego, natomiast barokową fasadę zaprojektował Giovanni de'Medici. Obok znajduje się **Palazzo dei Cavalieri** – dawny Palazzo Comunale, który w XVI w. stał się siedzibą utworzonego właśnie Zakonu Rycerzy św. Stefana. Jego przebudowę zlecono Vasariemu, którego dziełem są liczne groteski i medaliony widoczne na fasadzie. Schody pochodzą z 1810 r., kiedy to budynek stał się siedzibą założonego przez Napoleona uniwersytetu, dzisiejszej Scuola Normale Superiore (czyli liceum). Stojący przy tym samym placu **Palazzo dell'Orologio** powstał dzięki połączeniu dwóch przedzielonych niegdyś ulicą wież mieszkalnych; pokrywają go interesujące dekoracje sgraffitowe.

▲ Kościół Santa Maria della Spina

Do najciekawszych pizańskich zabytków należy też stojący nad brzegiem Arno (przy Lungarno Gambacorti) ★ **kościół Santa Maria della Spina**. To prawdziwe arcydzieło architektury gotyckiej powstało w latach 1323–60 na miejscu oratorium. Przechowywana jest w nim relikwia przywieziona przez pewnego pizańczyka z Ziemi Świętej: cierń z korony Chrystusowej; stąd też pochodzi nazwa kościoła (wł. *spina* – kolec). Szczególne wrażenie robi fasada, wyraźnie podzielona na dwie części, połączone w górze za pomocą trzeciego szczytu. W samym centrum fasady znajduje się rzeźba przedstawiająca Madonnę z Dzieciątkiem i dwoma aniołami, przypisywana Giovanniemu Pisanowi.

W byłym klasztorze położonym na brzegu Arno, przy Piazza San Matteo in Soarta, mieści się obecnie **Museo Nazionale di San Matteo** otwarte: wt.–sb. 8.30–19.00, nd. 8.30–13.30; wstęp: 5 EUR, ulg. 2,50 EUR. Można w nim podziwiać przede wszystkim liczne dzieła Giovanniego Pisana, rzeźby Nicoli Pisana i Arnolfa del Cambio, piękny poliptyk Simona Martiniego *Madonna z Dzieciątkiem i świętymi*. Poza tym są tu inne dzieła XIV-wiecznych malarzy pizańskich, a także malarstwo XV- i XVI-wieczne.

Ciekawym i zupełnie innego rodzaju obiektem jest charakterystyczny, kolorowy **mural** Keitha Harringa znajdujący się na jednym z budynków w okolicy Piazza Sant'Antonio (przy dworcu autobusowym).

Informacja turystyczna

Biura APT znajdują się w pobliżu Krzywej Wieży i Museo delle Sinopie (tel.: +39 050 550100; www.pisaunicaterra.it; otwarte: 9.30–17.30), na dworcu kolejowym (tel.: +39 050 42291; piazzavittorioturismo@provincia.pisa.it; otwarte: 10.00–13.00 i 14.00–16.00) i na lotnisku (tel.: +39 050 502518; aeroportoturismo@provincia.pisa.it; otwarte: 9.30–21.30).

Noclegi

Piza chętnie gości turystów i na brak miejsc noclegowych nie można tu narzekać.

- **Hotel Galileo***, Via Santa Maria 12; tel.: +39 050 40621; www.hotelgalileo.pisa.it; dwójka jako jedynka od 48 EUR, dwójka od 60 EUR. Hotel w centrum oferuje nocleg w sześciu charakterystycznych, zabytkowych pokojach.
- **Hotel Helvetia***, Via Don Gaetano Boschi 31; tel.: +39 050 553084; www.pensionehelvetiapisa.com; jedynka 45 EUR, dwójka 56 EUR, dwójka z łazienką 64 EUR, trójka z łazienką 80 EUR.
- **Hotel La Torre****, Via Cesare Battisti 17; tel.: +39 050 25220; www.hotellatorre.pisa.it; jedynka 40–90 EUR w zależności od sezonu, dwójka 50–130 EUR, wszystkie pokoje z łazienką, w cenie śniadanie.
- **Kemping Torre Pendente**, Viale delle Cascine 86; tel.: +39 050 561704; www.campingtorrependente.it; otwarte: III–XI; osoba plus namiot od 12 EUR, nocleg w przyczepie typu domek holenderski od 34 EUR/os., w domku 2-os. 24 EUR/os.

Wyżywienie

- **Osteria dei Cavalieri**, Via San Frediano 16; www.osteriacavalieri.pisa.it. Rustykalny wystrój, przyjemna atmosfera, wyśmienita kuchnia. Lokal często odwiedzany przez studentów pobliskiego uniwersytetu.
- **Pizzeria Il Montino**, Vicolo del Monte 1 (niedaleko Piazza San Felice). Świetna pizza z pieca opalanego drewnem.
- **Ristorante alle Bandierine**, Via Mercanti 4. Niezła spaghetteria w centrum.
- **Ristorante Lo Schiaccianoci**, Via Vespucci 104/a. Znakomite są tu zwłaszcza dania rybne; duży wybór win.
- **Vineria di Piazza**, Piazza delle Vettovaglie 13. Znakomita kuchnia tradycyjna, stosunkowo niskie ceny.

Rawenna

Położona na rozległej równinie w pobliżu wybrzeża adriatyckiego Rawenna (Ravenna) jest stolicą i jedną z największych atrakcji turystycznych prowincji Emilia-Romania. Bogata w zabytki, zwłaszcza bizantyjskie (w tym przepiękne mozaiki), które wpisane zostały na Listę Dziedzictwa Kulturowego i Przyrodniczego UNESCO, Rawenna wydaje się jednak niedoceniana przez turystów. Dzięki temu można tu uniknąć tłumów i spokojnie wypocząć, korzystając także z uroków pobliskiego piaszczystego wybrzeża.

WARTO ZOBACZYĆ

Zwiedzanie Rawenny dobrze jest zacząć od ★ **kościoła San Giovanni Evangelista** ⓘ otwarte: codz. 8.00–12.00 i 14.30–19.00 znajdującego się z pobliżu dworca kolejowego, przy prowadzącej do centrum Viale Farini. Świątynia została wzniesiona w V w. przez cesarzową Galię Placydię. Uwagę przyciągają szczególnie marmurowy gotycki portal oraz dzwonnica z X w.

Skręcając w prawo za Via Roma, dochodzi się do pochodzącego z VI w. **Battistero degli Ariani** (Baptysterium Ariańskie) ⓘ otwarte: 8.30–19.15, wstęp: 1 EUR, ulg. 0,50 EUR, w którym znajduje się mozaika przedstawiająca chrzest Chrystusa w Jordanie oraz procesję apostołów. Charakterystyczne jest przedstawienie Jordanu jako brodatego mężczyzny.

Idąc cały czas prosto od dworca kolejowego, dochodzi się do stanowiącego serce miasta Piazza del Popolo. Można przy nim podziwiać m.in. XV-wieczny **Palazzetto Veneziano**, przed którym wznoszą się dwie zbudowane przez Wenecjan kolumny z postaciami patronów Rawenny: św. Apolinarym i św. Witalisem.

Kompleks San Vitale

Na północny zachód od Piazza del Popolo znajduje się jeden z najwspanialszych zabytków Rawenny: kompleks San Vitale. Poprzez **Arco di San Vitale** (łuk św. Witalisa) dochodzi się do samej bazyliki, jak również

▲ Mozaiki w Baptysterium Ariańskim

oprac. R. Bletek

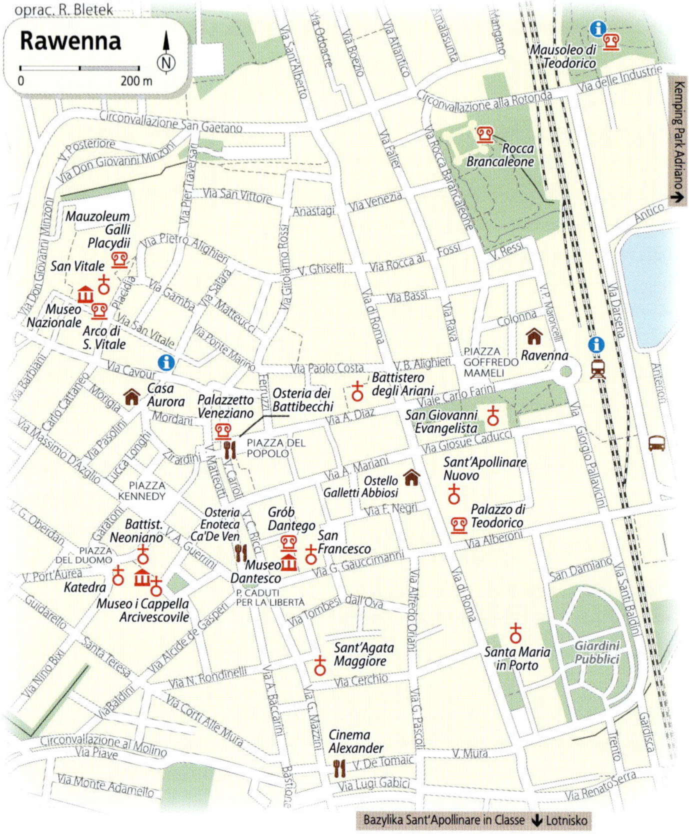

do **Museo Nazionale** 🛈 otwarte: wt.–nd. 8.30–19.30; wstęp: 6 EUR, ulg. 3 EUR; bilet łączony do Mauzoleum Teodoryka i bazyliki Sant'Apollinare in Classe 10 EUR, ulg. 5 EUR, mieszczącego się w krużgankach dawnego konwentu benedyktynów, należącego do kompleksu San Vitale. W muzeum podziwiać można bogate zbiory płyt nagrobnych, kolekcję tkanin (od koptyjskich do renesansowych), a także wyroby z kości słoniowej, ikony, monety i broń. Ponadto znajdują się tutaj XIV-wieczne freski przedstawiające św. Klarę, zdobiące niegdyś kościół Klarysek.

Pochodząca z 1. poł. VI w. ★ **bazylika San Vitale** 🛈 otwarte: III–X 9.00–19.00, XI–II 10.00–17.00; wstęp: 9,50 EUR, ulg. 8,50 EUR, bilet obejmuje także wstęp do Sant'Apollinare Nuovo, Battistero Neoniano, Museo Arcivescovile i – z dopłatą 2 EUR – mauzoleum Galli Placydii, ufundowana przez Giuliana Argentaria na polecenie biskupa Eklezjusza, została konsekrowana w 548 r. przez biskupa Maksymiana. Sklepienie świątyni zbudowanej na planie ośmiokąta podtrzymywane jest przez osiem solidnych filarów. Największe wrażenie na zwiedzających robią zwykle mozaiki w absydzie oraz

▲ Bazylika San Vitale

prezbiterium. Najstarsze (522–32) są mozaiki w absydzie przedstawiające Chrystusa pomiędzy dwoma aniołami oraz św. Witalisem i biskupem Eklezjuszem. Najmłodsze zaś to znajdujące się na bocznych ścianach absydy przedstawienia dwóch procesji: po prawej

▲ Freski w bazylice San Vitale

stronie cesarzowej Teodory z dworem, po lewej natomiast cesarza Justyniana z dygnitarzami, żołnierzami i biskupem Maksymianem.

Tuż obok bazyliki znajduje się nie mniej interesujący zabytek – ★ **mauzoleum Galli Placydii** ℹ otwarte: tak jak bazylika San Vitale; wstęp z tym samym biletem co do bazyliki San Vitale (dopłata 2 EUR), które zachwyca przede wszystkim precyzją, kolorytem i wzorami swoich mozaik. Mauzoleum zostało wybudowane prawdopodobnie w latach 425–450 na polecenie cesarzowej Galli Placydii. Wzniesione na planie krzyża, z zewnątrz wydaje się ascetyczne, ale jego wnętrze jest nadzwyczaj bogate. Mozaiki na sklepieniu przedstawiają gwiaździste niebo, a nad wejściem widoczny jest wizerunek Dobrego Pasterza, jeden z licznych symboli religijnych na ścianach mauzoleum. Znajdują się tutaj trzy grobowce, w jednym z nich ma spoczywać ciało Galli Placydii, w drugim jej syna.

Piazza del Duomo

Nieco bardziej na południe rozpościera się Piazza del Duomo, przy którym znajdziemy kompleks katedralny i drugie w Rawennie baptysterium. **Battistero Neoniano** ℹ otwarte: tak jak bazylika San Vitale;

wstęp z tym samym biletem co do bazyliki San Vitale, którego budowę zaczęto prawdopodobnie na przełomie IV i V w., zwane jest także Baptysterium Ortodoksów. Jest to niewielka ośmiokątna budowla centralna z czterema sporymi niszami. Wewnątrz zachowały się mozaiki wykonane ok. 450 r., za czasów biskupa Neona. Na sklepieniu znajduje się (podobnie jak w Baptysterium Ariańskim) scena chrztu Chrystusa w identycznej konwencji, z personifikacją Jordanu. Dookoła umieszczono postaci 12 apostołów, a zewnętrzny krąg stanowią wyobrażenia symboliczne: na przemian ołtarz z otwartą księgą oraz pusty tron, na którym spoczywa krzyż.

Wznosząca się obok **katedra** ❶ otwarte: 8.30–12.00 i 15.00–18.00, sb.–nd. 8.30–15.00, zimą w tygodniu do 17.00 powstała w V w. jako pięcionawowa bazylika. Niestety, została zburzona, a następnie odbudowana w XVIII w., stąd też jej barokowa fasada, która wyraźnie kontrastuje ze stojącą obok dzwonnicą z X w. We wnętrzu zachowała się m.in. marmurowa ambona z VI w.

Przy katedrze działa ★ **Museo Arcivescovile** ❶ otwarte: tak jak bazylika San Vitale; wstęp z tym samym biletem co do bazyliki San Vitale, w którym zgromadzono liczne dzieła sztuki, głównie mozaiki pochodzące z dawnej katedry oraz innych nieistniejących już kościołów. Największą atrakcją placówki jest jednak wykonany w VI w. przez artystów bizantyjskich, misternie rzeźbiony w kości słoniowej tron biskupa Maksymiana.

W tym samym budynku co muzeum (Palazzo Arcivescovile) mieści się też **Cappella Arcivescovile**. Wybudowana jako prywatna świątynia w czasach Teodoryka jest jedynym powstałym wtedy kościołem ortodoksyjnym, gdyż dzierżący wówczas władzę Ostrogoci wyznawali arianizm. Kaplicę zbudowano na planie krzyża, a jej wnętrze ozdobiono mozaikami. Powtarzającym się motywem jest tu przedstawienie Chrystusa w chwale, co interpretuje się jako chęć przeciwstawienia się arianizmowi nieuznającemu boskiej natury Jezusa. W lunecie nad wejściem zobaczymy Chrystusa w zbroi depczącego smoka i lwa.

Piazza Caduti per la Libertà

Nieco na wschód, za Piazza Caduti per la Libertà, znajduje się trzynawowa **bazylika San Francesco** ❶ otwarte: codz. 7.00–12.00 i 15.00–19.00, której początki sięgają V stulecia. Została ona odbudowana w X w., a następnie była wielokrotnie przebudowywana. Wnętrze jest trzynawowe. Pod ołtarzem głównym mieści się krypta z X w., w której zachowały się jeszcze mozaiki podłogowe z czasów biskupa Neona. Podłoga krypty znajduje się znacznie poniżej obecnego poziomu gruntu, co sprawia, że jest nieustannie pokryta wodą: robi to niezwykłe wrażenie. Ołtarz główny stanowi urna św. Liberiusza z V w. Jest niemal pewne, że to właśnie w tym kościele w 1321 r. odbyły się uroczystości pogrzebowe Dantego, którego prochy spoczywają w pobliskim grobowcu.

Dante zmarł na wygnaniu w Rawennie, cztery ostatnie lata przed śmiercią był goszczony przez Guida Novella da Polentę. Początkowo ciało Dantego złożono w skromnym grobie w bazylice San Francesco. W 2. poł. XV w. Pietro Lombardo wykonał ozdobny nagrobek z rzeźbą poety. Dopiero trzy wieki później Morigia zaprojektował obecny grobowiec, wewnątrz którego umieszczono rzeźbę wykonaną przez Lombarda. Tuż obok **grobu Dantego** znajduje się poświęcone poecie **Museo Dantesco** ❶ otwarte: wt.–nd. IV–1 XI 10.00–18.00, 2 XI–III 10.00–16.00; wstęp: 3 EUR, ulg. 2 EUR, w którym można obejrzeć związane z artystą ilustracje, obrazy, monety czy rzeźby.

Nieco bardziej na południe, przy Via Mazzini, wznosi się trzynawowy **kościół Sant'Agata Maggiore** ❶ otwarte: nd. 10.30–12.00, zimą także po 17.00, latem po 19.00, powstały w V, a przebudowany zupełnie w XV w. Wewnątrz można obejrzeć cenne rzymskie, bizantyjskie i renesansowe kapitele, marmurową ambonę z VI w. oraz ołtarzowy obraz Longhiego, przedstawiający święte: Agatę, Cecylię i Katarzynę.

Via Roma

Kolejną raweńską atrakcją, którą koniecznie trzeba zobaczyć, jest stojąca przy Via Roma ★ **bazylika Sant'Apollinare Nuovo** ℹ otwarte: tak jak bazylika San Vitale; wstęp: 9,50 EUR, ulg. 8,50 EUR, bilet obejmuje także wstęp do Battistero Neoniano, Museo Arcivescovile i mauzoleum Galli Placydii. Świątynia powstała w VI w. i poświęcona przez arcybiskupa Agnella, była początkowo kościołem pałacowym Teodoryka. Prosta fasada poprzedzona jest marmurowym portykiem. Po prawej wznosi się dzwonnica na planie koła, z przełomu IX i X w. Wnętrze trzynawowej bazyliki sławę zawdzięcza zdobiącym ją mozaikom, wykonanym na przestrzeni wieków. Dekoracje zachowały się na obydwu ścianach nawy głównej. Najstarsze mozaiki znajdują się u samej góry i przedstawiają sceny z życia Chrystusa; można je poznać po statycznych postaciach na złotym tle. W prezbiterium znajduje się ołtarz z VI w. z kolumnami o romańskich i bizantyjskich kapitelach oraz pochodząca z tego samego okresu ambona.

Nieopodal, także przy Via Roma, wznosi się **Palazzo di Teodorico** ℹ otwarte: czw., pt., sb. i 1. nd. mies. 8.30–13.30, wstęp: 1 EUR, ulg. 0,50 EUR. Pałac Teodoryka zawdzięcza swoją nazwę lokalizacji – stoi na miejscu *palatium* króla Ostrogotów. Budowla powstała prawdopodobnie jako narteks (kryty przedsionek w kościołach wczesnochrześcijańskich w formie prostokątnej przybudówki o szerokości nawy) kościoła San Salvatore, wielkiej, trzynawowej budowli, której ślady odnaleziono podczas wykopalisk. Wewnątrz zachowały się pozostałości mozaik pochodzących z prawdziwego pałacu Teodoryka.

Idąc dalej na południe Via Roma, dochodzi się do **bazyliki Santa Maria in Porto** ℹ otwarte: 7.30–12.30 i 15.30–19.00 z VI w., której majestatyczna fasada została zbudowana w XVIII stuleciu przez Camilla Morigię. Wnętrze składa się z trzech naw i szerokiego transeptu. W lewej części transeptu znajduje się marmurowa płaskorzeźba w stylu

▼ Bazylika Santa Maria in Porto

bizantyjskim przedstawiająca modlącą się Matkę Boską. Wizerunek ten znany jest jako „Grecka Madonna", gdyż wg tradycji trafił on do Rawenny z Konstantynopola.

Inne ciekawe miejsca

Na północ od dworca kolejowego wznosi się **Rocca Brancaleone** 🛈 otwarte: od 8.00 do 18.30 (III), 20.00 (IV), 21.00 (V–VI), 23.00 (VII–VIII), 19.30 (IX), 18.00 (X), 17.00 (XI–II), wstęp wolny – forteca wybudowana przez Wenecjan w 1457 r., która stanowiła część systemu obronnego miasta. Obecnie na jej terenie znajduje się park, a w lecie odbywają się tu przedstawienia teatralne.

Nieco dalej zobaczymy **Mausoleo di Teodorico** 🛈 otwarte: 8.30–19.00; wstęp: 4 EUR, ulg. 2 EUR. Mauzoleum Teodoryka zostało wybudowane z kamienia istryjskiego na polecenie samego władcy w 520 r. W części dolnej prawdopodobnie mieściła się kaplica pogrzebowa na planie dziesięciokąta. Mniej obszerna część górna przykryta jest kopułą o średnicy 10 m wykonaną z jednego bloku kamienia. Prawdopodobnie właśnie w tej części złożono ciało Teodoryka, usunięte potem podczas dominacji bizantyjskiej.

Bazylika Sant'Apollinare in Classe 🛈 otwarte: 8.30–19.30, nd. i święta 13.00–19.30; wstęp: 5 EUR, ulg. 2,50 EUR stoi już za miastem, w miejscu, gdzie dawniej znajdował się port Classe. Została wzniesiona w VI w. przez Giuliana Argentaria. Okrągła dzwonnica, typowa dla architektury raweńskiej, pochodzi z późniejszego okresu. Wewnątrz, wzdłuż naw bocznych umieszczono sarkofagi z V i VI w. Mozaika w absydzie przedstawia św. Apolinarego stojącego na kwitnącej łące w otoczeniu 12 owieczek. Powyżej znajduje się symbolicznie przedstawione Przeistoczenie.

▼ Mauzoleum Teodoryka

▲ Bazylika Sant'Apollinare in Classe

Informacja turystyczna

Biura informacji turystycznej znajdziemy na Via Salara 8/12 (tel.: +39 0544 35404; www.turismo.ra.it; latem pn.–pt. 8.30–19.00, nd. 10.00–18.00, zimą godzinę krócej), przy Mauzoleum Teodoryka, przy bazylice Sant'Apollinare in Classe oraz przy wyjściu z dworca kolejowego.

Noclegi

W Rawennie bez trudu znajdziemy nocleg dopasowany do zasobności naszego portfela.

- **B&B Casa Aurora**, Via G. Pasolini 27; tel.: +39 0544 216144; www.casaurora.com; jedynka 55–65 EUR, dwójka 65–89 EUR. B&B w centrum, 4 pokoje w romantycznym stylu (kolorowe ściany, drewniane stropy, zabytkowe meble i łóżka), śniadanie.
- **Hotel Ravenna*****, Via P. Maroncelli 12; tel.: +39 05 44212204; www.hotelravenna.ra.it; 26 pokoi, jedynka 60 EUR, dwójka 100 EUR, śniadanie w cenie. Na miejscu bar, wypożyczalnia rowerów, bankomat.
- **Kemping Park Adriano**, Via dei Campeggi 7, Punta Marina Terme; tel.: +39 0544 437230; www.campingadriano.com; otwarte: 16 IV–14 IX. Zielony kemping dla namiotów i przyczep. Na miejscu sklep, bar, pralnie, internet.
- **Ostello Galletti Abbiosi**, Via di Roma 140; tel.: +39 0544 31313; www.ostellogallettiabbiosi.it; jedynka 46 EUR, dwójka od 70 EUR, trójka od 80 EUR. Bardzo ładny i charakterystyczny hostel i hotel w przestronnych zabytkowych wnętrzach. Internet, rowery, oferty promocyjne.

Wyżywienie

- **Cinema Alexander**, Via Bassa del Pignataro 8. Charakterystyczna restauracja w dawnym kinie. Duży wybór win, smaczna klasyczna kuchnia.
- **Osteria dei Battibecchi**, Via della Tesoreria Vecchia 16. Niewielka i przytulna *osteria*. Dania kuchni regionalnej.
- **Osteria Enoteca Ca'De Ven**, Via Corrado Ricci 24. Klimatyczna tradycyjna winiarnia, gdzie można również smacznie zjeść, m.in. typowe *piadine*.

San Gimignano

Malutkie (7 tys. mieszkańców), lecz niezwykle malownicze San Gimignano wyróżnia się spośród innych miasteczek Toskanii 14 (zachowanymi z ponad 70) średniowiecznymi wieżami. Zamieszkane już przez Etrusków, w średniowieczu stało się celem pielgrzymek, a po okresie zależności od Volterry, dzięki rozwijającej się produkcji jedwabiu, osiągnęło niepodległość i bogactwo. Destrukcyjnie na rozwój miasta wpływały ciągłe walki gwelfów i gibelinów. Wrogość pomiędzy członkami stronnictw politycznych doprowadziła do wyścigu we wznoszeniu wież – im okazalsza była budowla, tym większy prestiż danej rodziny. Po epidemii dżumy w połowie XIV w. i śmierci połowy mieszkańców miasto poddało się Florencji. Wtedy też zatrzymał się jego rozwój urbanistyczny, dzięki czemu zachowało urok średniowiecznego grodu. W 1990 r. UNESCO uznało unikatowe walory San Gimignano, wpisując je na Listę Światowego Dziedzictwa Kulturowego i Przyrodniczego.

WARTO ZOBACZYĆ

Z południa do miasta wchodzi się przez XIII-wieczną **Porta San Giovanni**. Przy prowadzącej od bramy Via San Giovanni zobaczymy charakterystyczne ★ **domy z wieżami** z XIII w. Nieco dalej, po lewej stronie, stoi **Palazzo Pratellesi** (XIV w.), niegdyś budynek klasztorny, dziś siedziba biblioteki.

Centrum San Gimignano stanowią dwa place: **Piazza della Cisterna** i Piazza del Duomo. Na pierwszym z nich, otoczonym przez średniowieczne rezydencje, znajduje się **studnia**, która służyła mieszkańcom przez osiem wieków. Przy placu wznosi się XIII-wieczny budynek zajmowany obecnie przez słynny **hotel Cisterna**, a obok pochodzący z XIV w. **Palazzo Tortoli-Treccani** z bogatymi ornamentami zewnętrznymi i wieżą.

Przy **Piazza del Duomo** stoi **Palazzo del Podestà** (w loggiach freski autorstwa Sodomy) i **wieża Rognosa**, która niegdyś była więzieniem, a później – wieżą zegarową.

▼ Panorama miasteczka

▲ Główny plac San Gimignano

Przy **Piazza del Duomo** wznosi się również ★ **kolegiata Santa Maria Assunta** ⓘ otwarte: IV–X pn.–pt. 10.00–19.00, sb. 10.00–17.00, nd. 12.30–19.00, pozostałe okresy pn.–sb. 10.00–16.30, nd. 12.30–16.30, zamkn. dla turystów 16–30 XI i 16–31 I, wstęp: 4 EUR, ulg. 2 EUR, wybudowana w stylu romańskim w połowie XII w., której trzynawowe wnętrze kryje cenne freski. W lewej nawie zobaczymy sceny ze Starego Testamentu namalowane w 1367 r. przez Bartola di Fredi, w prawej zaś sceny z Nowego Testamentu powstałe prawdopodobnie ok. 1330 r. – dzieło braci Memmich. **Cappella di Santa Fina**, zbudowana pod koniec XV w. przez braci da Maiano, uważana jest za perłę renesansu. Freski ją zdobiące są dziełem Domenica Ghirlandaia i przedstawiają życie św. Finy. Cyborium umieszczone w ołtarzu to dzieło Benedetta da Maiano. Przez loggię dochodzi się do baptysterium, gdzie zobaczyć można *Zwiastowanie* Ghirlandaia.

Po lewej stronie kolegiaty znajduje się **Museo d'Arte Sacra** ⓘ wstęp: 3,50 EUR, ulg. 2 EUR prezentujące m.in. znaleziska etruskie, rzeźby, sztukę złotniczą.

są pokoje włodarzy miasta zdobione freskami z XIII w. autorstwa Memma di Filippuccia przedstawiającymi życie codzienne z pikantnymi szczegółami. Można wejść też na XIV-wieczną wieżę, z której roztacza się widok na miasto. Na tyłach kolegiaty i pałacu, w parku, znajduje się **Rocca** – forteca z XIV w.

Przy odchodzącej od placu Via San Matteo stoi XIII-wieczny **kościół San Bartolo** z dekoracjami z terakoty oraz szereg rezydencji, m.in. Palazzo della Cancelleria z XIV w., Palazzo Pesciolini z XIII w. oraz Palazzo Tinacci. Ulicę zamyka kolejna brama: Porta San Matteo.

Nieopodal bramy wznosi się **kościół San Pietro** z XI w., a nieco dalej na wschód, przy Piazza Sant'Agostino – **kościół Sant'Agostino**. Jednonawowa romańsko-gotycka

Palazzo del Popolo ℹ otwarte: IV–IX 10.00–19.30, X–III 11.00–17.30; wstęp: 9 EUR, ulg. 7 EUR, łączony z pinakoteką i Torre Grossa (najwyższa wieża w San Gimignano) pochodzący z XII–XIV w. jest dziś siedzibą urzędu miejskiego. Dziedziniec zdobią freski przedstawiające św. Geminiana z Modeny obok Maryi, a także *Sprawiedliwość* i *Dobry rząd*. Mieści się tu również **pinakoteka miejska** z dziełami malarskimi z XIII–XIV w. Zwiedzającym udostępniane

▲ Rocca – XIV-wieczna forteca

świątynia powstała pod koniec XIII w. W kaplicy San Bartolo znajduje się ołtarz wykonany przez Benedetta da Maiano pod koniec XV w., w nastawie ołtarza zobaczyć można *Ukoronowanie Dziewicy* Piera del Pollaiuoli. Freski w kościele są autorstwa XV-wiecznego malarza Benozza Gozzolego.

Via Folgore da San Gimignano prowadzi do bramy San Jacopo i **kościoła San Jacopo** z XIII w. z ciekawym portalem. Stąd można się przespacerować wzdłuż XIII-wiecznych **murów miejskich** prowadzących do jeszcze jednej bramy – Porta delle Fonti, i do obmurowanych **źródeł**, od których brama wzięła swą nazwę.

Informacja turystyczna

Biuro informacji turystycznej znajdziemy na Piazza del Duomo 1 (tel.: +39 0577 940008; www.sangimignano.com). Obsługa posługuje się językiem angielskim.

Noclegi

San Gimignano jest niewielkie, może się więc zdarzyć, że nocleg poza jego murami będzie się wiązać z koniecznością tylko krótkiego spaceru do centrum.

- **B&B Il Pianigiano**, Via Piano di Sotto 89, Ceretaldo; tel.: +39 328 8476318; www.ilpianigiano.it; dwójki 50–60 EUR, dostawka 20 EUR. Urocze pokoje z łazienką i tv w wiosce niedaleko San Gimignano. Pralnia, darmowe rowery, śniadanie, kuchnia do dyspozycji.
- **Kemping Boschetto di Piemma**, loc. Santa Lucia 38/c (ok. 1,5 km od San Gimignano); tel.: +39 0577 907134; www.boschettodipiemma.it; osoba 8,50–11 EUR, namiot 8–9 EUR, przyczepa 8–9 EUR, domki 50–115 EUR.
- **Sangi Apartments,** Via San Giovanni 21; tel.: +39 0577 941962; www.sangiapartments.com; dwójki 50–65 EUR, apartament 65–80 EUR. Ładne tradycyjne pokoje w centrum San Gimignano.

Wyżywienie

- **Osteria del Carcere**, Via del Castello 13. Mały lokal w centrum, duży wybór win, warta spróbowania *pappa al pomodoro*.
- **Ristorante Peruca'**, Via Capassi 16. Piękne kamienne wnętrza, lokalna kuchnia, dania głównie na bazie mięs.
- **Trattoria Chiribiri**, Piazza della Madonna 1; ceny: lasagne 5 EUR, królik w warzywach 8 EUR. Mała, dobra i dość tania *trattoria* i pizzeria.

Siena

Siena (54 tys. mieszkańców), jedno z najbardziej nietypowych i najpiękniejszych miast Toskanii, została założona przez Etrusków na wzgórzu między dolinami dwu rzek: Arbii i Elsy. Jest to miejsce o niepowtarzalnym charakterze, gdzie zachowało się wiele dawnych tradycji i zwyczajów.

Miasto ożywa szczególnie latem, kiedy odwiedza je niezwykle dużo turystów (zwłaszcza w okresie słynnego *palio*), a także studentów mającego tu siedzibę Uniwersytetu dla Cudzoziemców (Università per gli Stranieri). Siena, kryjąca w swych murach wspaniałe zabytki architektury, rzeźby i malarstwa, została w 1995 roku wpisana na Listę UNESCO.

HISTORIA

Miasto, położone na trzech wzgórzach stanowiących podstawę podziału na dzielnice (*terzii*), wg legendy założone zostało przez dwóch synów Remusa: Seniusza i Askiusza, wygnanych z Rzymu przez wuja, Romulusa, założyciela Wiecznego Miasta. W czasie ucieczki zatrzymali się oni dopiero na łagodnych wzgórzach Toskanii i tu się osiedlili. Przybyła z nimi także wilczyca kapitolińska, która wykarmiła ich, podobnie jak niegdyś Remusa i Romulusa. Stąd też wyobrażenia wilczycy i dwóch karmionych przez nią bliźniąt można w Sienie napotkać bardzo często.

Charakterystyczny dla Sieny jest widoczny do dzisiaj podział na tzw. contrady, czyli mniejsze niż terzie dzielnice miasta, które rywalizują ze sobą dwa razy w roku (2 lipca i 16 sierpnia) podczas *palio*. Jeźdźcy reprezentujący poszczególne contrady ścigają się wtedy wokół głównego placu miasta – Piazza del Campo.

WARTO ZOBACZYĆ

„Siena jest dużą sceną z muszlowatym wklęśnięciem Il Campo pośrodku. Sceną będąc architektonicznie, bogato przy tym dekorowaną,

▼ Sieneńska starówka

▲ Piazza del Campo i Palazzo Pubblico

budzi często wrażenie udziału w spontanicznym, tłumnym widowisku teatralnym. Spadzistymi zejściami spływają na Campo, na Pole, turyści, mieszkańcy miasta, wycieczki szkolne" – pisał o mieście Gustaw Herling-Grudziński. Centrum i serce miasta stanowi właśnie Piazza del Campo, swym nieregularnym, nierównym kształtem przypominający nieco muszlę. Tradycja mówi, że swoją formą miał oddawać kształt płaszcza Matki Boskiej, mającego swą opieką ogarnąć całe miasto.

Nad placem dominuje ★ **Palazzo Pubblico** ze swoją niebotyczną (102 m) wieżą – **Torre del Mangia** ⓘ zwiedzanie wieży: 16 X–II 10.00–16.00, III–15 X 10.00–19.00; wstęp: 10 EUR, bilet łączony z Museo Civico i Ospedale di S. Maria della Scala: 20 EUR, ważny 2 dni, wzniesioną w 1. poł. XIV w. Również sam pałac jest niewątpliwie jednym z najwspanialszych zabytków gotyckiej sztuki świeckiej. Wybudowany w latach 1288–1342, składa się z głównego trzypiętrowego budynku oraz dwóch bocznych, niższych o jeden poziom. Po lewej stronie, u stóp wieży, znajduje się Cappella di Piazza – kaplica powstała w XIV w. w podzięce za uwolnienie miasta od katastrofalnej epidemii dżumy.

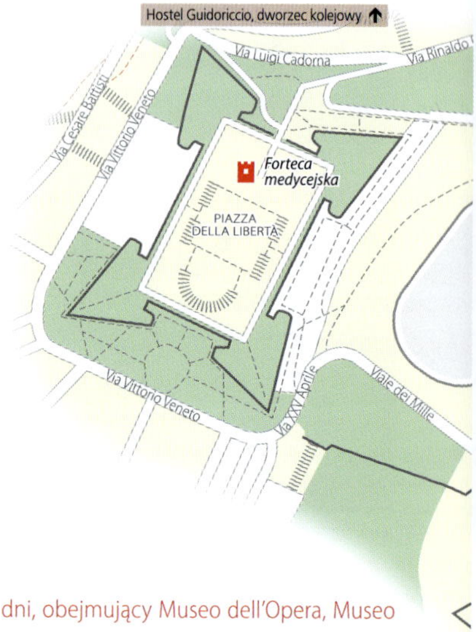

Wejście do pałacu prowadzi bezpośrednio na otoczony podcieniami dziedziniec zwany Cortile del Podestà, z którego można przejść do **Museo Civico** otwarte: XI–15 III 10.00–18.00, 16 III–X 10.00–19.00; wstęp: 9 EUR (bez rezerwacji, z rezerwacją 8 EUR), ulg. 8 EUR (bez rezerwacji 7,50 EUR), bilet łączony: zob. Torre del Mangia. W Sali Mappamondo, w której zgromadzone są mapy geograficzne, można podziwiać fresk Simonego Martiniego *Maestà* (*Madonna na tronie*) oraz przypisywany również temu malarzowi fresk przedstawiający kondotiera Guidoriccia da Fogliano. W Sali Pokoju (Sala della Pace) znajduje się natomiast znakomity i niezwykle sugestywny cykl fresków Ambrogia Lorenzettiego *Dobre i złe rządy*.

Po przeciwnej stronie Piazza del Campo, przy Via Banchi di Sotto, wznosi się renesansowy **Palazzo Piccolomini**, zaprojektowany prawdopodobnie przez Bernarda Rosselina.

Nieopodal Piazza del Campo, w jednym z najwyżej położonych miejsc w Sienie, wznosi się imponująca bryła ★ **katedry Santa Maria Assunta** www.operaduomo.siena.it; zwiedzanie: III–X 10.30–19.00, XI–II 10.30–17.30; wstęp: bilet łączony, ważny trzy dni, obejmujący Museo dell'Opera, Museo Diocesano di Arte Sacra, taras na fasadzie, baptysterium św. Jana, kryptę i oratorium św. Bernarda: 15, 13 lub 8 EUR w zależności od okresu w roku. Jej budowę rozpoczęto ok. 1150 r., a zakończono w XIII w. W 1339 r. pojawił się projekt, który przewidywał wykorzystanie istniejącej świątyni jako transeptu nowej, dużo większej katedry. Rozpoczęły się prace budowlane, które jednak kilka lat

▲ Katedra Santa Maria Assunta

później przerwano. Ich świadectwem pozostaje do dzisiaj m.in. niedokończona fasada wznosząca się nieopodal katedry.

Dolna część fasady obecnej katedry, z trzema rzeźbionymi portalami, na których wyobrażono wniebowzięcie, gloryfikację Maryi oraz proroków, filozofów i patriarchów, jest dziełem Giovanniego Pisana. Górna część fasady została ukończona dopiero w 2. poł. XIV w. na wzór katedry w Orvieto. Po prawej stronie wznosi się smukła romańska dzwonnica w charakterystyczne białe i zielone pasy.

Warto wejść do wnętrza kościoła, które jest niezwykle bogate. Szczególne wrażenie wywierają dwukolorowe, obłożone białym i czarnym marmurem ściany. Uwagę przykuwają też terakotowe popiersia papieży, umieszczone nad arkadami oddzielającymi nawy, oraz niezwykle bogata marmurowa posadzka, na której przedstawiono filozofów, Sybillę (niezwykle częsty motyw w sztuce włoskiej), cnoty i sceny biblijne (XIV–XV w.). Interesujące są również złocone posągi patronów miasta znajdujące się w rogach podstawy kopuły. Jednym z najcenniejszych dzieł w sieneńskiej katedrze jest niewątpliwie, wykonana przez Nicolę Pisana, rzeźbiona marmurowa ambona o ośmiu bokach, wsparta na kolumnach z granitu, porfiru i zielonego marmuru. U bazy kolumny środkowej przedstawionych zostało siedem sztuk wyzwolonych oraz filozofia, nad kapitelami natomiast – wyobrażenia cnót i proroków. Sceny biblijne przedstawione zostały z niespotykaną wprost precyzją, szczególnie *Hołd Trzech Króli* zwraca uwagę bogactwem detali i nowatorskim ujęciem tradycyjnego tematu.

Wnętrze katedry kryje wiele wspaniałych rzeźb. Na uwagę zasługują: *Św. Jan Chrzciciel* Donatella, *Św. Piotr* i *Św. Paweł* Michała Anioła na ołtarzu zwanym Altare Piccolomini, a także *Św. Maria Magdalena* i *Św. Hieronim* Giana Lorenza Berniniego znajdujące się w kaplicy Chigich, wzniesionej wg projektów tegoż architekta. W kaplicy znajduje się także XIII-wieczny obraz *Madonna del Voto*.

Jedną z największych atrakcji katedry jest też niewątpliwie **Libreria Piccolomini** – biblioteka, której budowę rozpoczęto w 1495 r. na zlecenie kardynała Todeschiniego-Piccolominiego, późniejszego papieża Piusa III. Zamierzał on stworzyć miejsce, w którym można by zgromadzić liczne i niezwykle cenne kodeksy znajdujące się w posiadaniu jego wuja, papieża Piusa II (Enea Silvio de Piccolomini). W pięknym pomieszczeniu zwracają uwagę zwłaszcza freski Pinturicchia przedstawiające dziesięć scen z życia Piusa II, w tym także *Spotkanie Fryderyka III i Eleonory Aragońskiej*, gdzie wyobrażeni zostali też liczni członkowie rodziny cesarskiej i papieskiej. W bibliotece można również podziwiać *Trzy Gracje*, rzymską kopię rzeźby greckiej.

Do katedry przylega **Battistero di San Giovanni**, czyli baptysterium św. Jana i zwiedzanie: zob. katedra. Znajduje się ono pod absydą. Przechodzi się do niego przez XIV-wieczny portal, a następnie po stromych schodkach w dół; na jednym ze stopni zaznaczony jest krzyż – jest to miejsce, gdzie wg legendy za sprawą diabła upadła św. Katarzyna.

Budowa baptysterium trwała od 1316 do 1325 r., a pracami kierował Camaino di Crescentino. Marmurowa późnogotycka fasada została wykonana dopiero pod koniec XIV w. i pozostaje do dziś nieukończona w górnej części. W jej części dolnej znajdują się trzy głębokie portale, między którymi widoczne są m.in. wpisane w romby głowy ludzkie i zwierzęce. W bogato zdobionym wnętrzu na szczególną uwagę zasługuje chrzcielnica (*fonte battesimale*). Nad ośmioboczną misą chrzcielną wznosi się cyborium, a nad nim, na kolumience, umieszczona jest niewielka figura św. Jana Chrzciciela wyrzeźbiona przez Jacopa della Quercia. Jego autorstwa są też niektóre posągi zdobiące nisze cyborium, pozostałe wykonane zostały przez Donatella i Giovanniego di Turino.

W bezpośrednim sąsiedztwie katedry znajduje się także ★ **Museo dell'Opera Metropolitana** ℹ zwiedzanie: zob. katedra. Zgromadzone są tu przede wszystkim oryginalne dzieła zdobiące niegdyś katedrę, a przeniesione tu dla ochrony przed zanieczyszczeniem. Są to przede wszystkim obrazy i rzeźby, ale także np. wyroby złotnicze i miniatury. Do najcenniejszych eksponatów należą m.in. rzeźba *Maria di Mosè* Giovanniego Pisana przedstawiająca Marię, siostrę Mojżesza, w nietypowej, niezwykle ekspresyjnej pozie, oraz przepiękna nastawa *Maestà* Duccia di Buoninsegna. Z muzeum można też obejrzeć mury projektowanej i niedokończonej nowej katedry i podziwiać panoramę miasta ze szczytu jej fasady.

Naprzeciwko katedry znajduje się dawny szpital – **Ospedale di Santa Maria della Scala** ℹ www.santamariadellascala.com; otwarte: 10.30–19.00; wstęp: 9 EUR (z rezerwacją 8 EUR), ulg. 7 EUR (6,50 EUR), wybudowany w XIII w. W mieszczącym się tu obecnie muzeum można podziwiać przede wszystkim XV-wieczne freski Domenica di Bartolo, Vecchietty i innych artystów.

Na południe od Piazza del Duomo, przy Via San Pietro, w XV-wiecznym **Palazzo Buonsignori** mieści się sieneńska **pinakoteka** ℹ www.pinacotecanazionale.siena.it; otwarte: wt.–sb. 8.15–19.15, nd.–pn. 9.00–13.00; wstęp: 4 EUR, ulg. 2 EUR. Wśród zgromadzonych tu dzieł toskańskich mistrzów znajdują się m.in. *Madonna z Dzieciątkiem i czterema świętymi* Guida da Siena, *Madonna z Dzieciątkiem* Ambrogia Lorenzettiego, *Święta Rodzina ze św. Janem* Sodomy, *Ukoronowanie Dziewicy* Francesca

di Giorgio Martiniego czy *Święta Rodzina* Pinturicchia.

Idąc dalej Via San Pietro, dochodzimy do XIII-wiecznej **bazyliki Sant'Agostino**, w której wnętrzu podziwiać można m.in. dzieła Perugina, Mattea di Giovanni, Sodomy i Ambrogia Lorenzettiego.

Na południowo-wschodnim krańcu Sieny, nieopodal Bramy Rzymskiej (Porta Romana), stoi XIII-wieczny **kościół Santa Maria dei Servi** z surową fasadą i romańską dzwonnicą. Wnętrze kościoła kryje XIII-wieczny obraz *Madonna del Bordone* Coppa di Marcovaldo, *Rzeź niewiniątek* Mattea di Giovanni oraz fresk Pietra Lorenzettiego.

Na północ od Piazza del Campo, na jednym ze wzgórz, wznosi się XV-wieczny **kościół** i były **klasztor San Francesco**. W jednonawowym surowym wnętrzu kościoła zobaczymy przepiękne *Ukrzyżowanie* Pietra Lorenzettiego oraz freski Ambrogia Lorenzettiego (*Św. Ludwik przed Bonifacym VIII* i *Męczeństwo sześciu franciszkanów w Cencie*). Na prawo od kościoła wznosi się budynek dawnego klasztoru z pięknymi renesansowymi krużgankami.

Nieopodal znajduje się XV-wieczne **oratorium San Bernardino** ⓘ zwiedzanie: III–X 13.30–19.00, 2 VI–16 VIII 13.30–16.30, wybudowane w miejscu, w którym nauczał święty Bernard. Składa się ono z dwóch części: ozdobionego freskami oratorium górnego oraz oratorium dolnego. Tuż obok, w **Museo Diocesano** ⓘ zwiedzanie: zob. katedra, można podziwiać m.in. pochodzące z kościoła San Francesco freski Ambrogia i Pietra Lorenzettich, a także obrazy Beccafumiego i Sodomy.

Po przeciwległej stronie miasta wznosi się imponująca i oryginalna bryła **bazyliki San Domenico**, budowanej od XIII do XV w. W jednonawowym wnętrzu na szczególną uwagę zasługuje Cappella delle Volte, gdzie podobno zwykła się była modlić pochodząca ze Sieny św. Katarzyna. Tutaj też znajduje się ponoć jedyny fresk przedstawiający wiernie tę świętą, wykonany przez współczesnego jej Andreę Vanniego. Kaplicę św. Katarzyny zdobią natomiast freski Sodomy (*Św. Łukasz* i *Św. Hieronim*, *Ekstaza* i *Omdlenie św. Katarzyny*). W tabernakulum przechowywany jest relikwiarz z głową sieneńskiej świętej.

▼ Bazylika San Domenico

Informacja turystyczna

Biura informacji turystycznej znajdziemy blisko katedry (Piazza del Duomo 1; tel.: +39 0577 280551; www.terresiena.it; otwarte: IV–X 9.00–18.00, XI–III pn.–sb. 10.00–17.00, nd. 10.00–13.00) i w Museo Civico (Piazza del Campo 1; tel.: +39 0577 292263.

Noclegi

- **Hostel Guidoriccio**, Via Fiorentina 89; tel.: +39 0577 1698177; www.sienahostel.it; nocleg w dormitorium od 15 EUR/os., śniadanie. Przyjemny i czysty hostel, dormitoria damskie i męskie oraz dwójki.
- **Hotel Alma Domus***, Via Camporegio 37; tel.: +39 0577 44177; www.hotelalmadomus.it; jedynka 40–50 EUR, dwójka 50–130 EUR, śniadanie ok. 5 EUR. Duży hotel przyklasztorny w XIV-wiecznym budynku niedaleko centrum. Dość ascetyczne, ale ładne pokoje.
- **Hotel Duomo*****, Via Stalloreggi 38 (niedaleko katedry); tel.: +39 0577 289088; www.hotelduomo.it; jedynka 65–125 EUR, dwójka 75–170 EUR, trójka 90–220 EUR. Hotel w zabytkowym budynku oferuje 30 eleganckich pokoi w jasnych kolorach.
- **Hotel Tre Donzelle***, Vicolo delle Donzelle 5; tel.: +39 0577 280358; www.tredonzelle.com; jedynka 38–60 EUR, dwójka 43–70 EUR, dwójka z łazienką 49–100 EUR, trójka odpowiednio 63–100 EUR i 69–110 EUR. Skromne, czyste pokoje. W hotelu tym zatrzymał się Zbigniew Herbert (i opisał go w swoim zbiorze esejów o kulturze i sztuce *Barbarzyńca w ogrodzie*); pobyt poety upamiętnia stosowna tablica.
- **Kemping Siena Colleverde**, Strada di Scacciapensieri 47; tel.: +39 0577 332545; www.sienacamping.com; 50–115 EUR w zależności od miejsca i sezonu. Miejsca dla namiotów i przyczep oraz bungalowy (2–5-os.).

Wyżywienie

- **Antica Trattoria Papei**, Piazza del Mercato 6. Świetna jest tu i atmosfera, i kuchnia. Warto spróbować *pappardelle ai funghi* (rodzaj makaronu z grzybami).
- **Osteria da Trombicche**, Via delle Terme 66. Sympatyczna restauracyjka jedna z najstarszych osterii w mieście, działająca od pół wieku; smaczne dania regionalne, szczególnie zupy, a wśród nich numer 1 to *ribollita*!
- **Osteria Il Carroccio**, Via Casato di Sotto 32. Niewielki lokal z przyjemną atmosferą. W menu dania regionalne, m.in. świetna *fiorentina* (krwisty befsztyk).
- **Osteria Il Ghibellino**, Via dei Pellegrini 6; *antipasti* ok. 4 EUR, *primi* 7–8 EUR. Domowa atmosfera i znakomita kuchnia regionalna.
- **Osteria Le Logge**, Via del Porrione 33. Jedna z najlepszych sieneńskich restauracji. Ciekawe wnętrza, smaczna kuchnia (specjalność lokalu: dania z królika).

Nieopodal bazyliki, u stóp wzgórza, znajduje się **Fontebranda**, jedno ze źródeł zaopatrujących niegdyś miasto w wodę. W tym celu została tu wybudowana w połowie XIII w. niewielka konstrukcja. W pobliżu wznosi się też potężna medycejska forteca z XVI w.

OKOLICE

Na stromych wzgórzach tufowych niedaleko Sieny (36 km na południowy wschód) znajduje się **opactwo Monte Oliveto Maggiore**. W tym do dzisiaj słabo zaludnionym rejonie Toskanii, zwanym Crete, na początku XIV w. powstał zakon benedyktynów. Wybudowany w XIV–XVI w. jednonawowy kościół na planie krzyża łacińskiego został ozdobiony w stylu barokowym. Wzdłuż ścian bocznych umieszczone są stalle chóru – finezyjne drewniane arcydzieła. W krużganku z XV w. znajdują się wspaniałe wczesnorenesansowe malowidła Luki Signorellego i Sodomy, które przedstawiają sceny z życia św. Benedykta.

Trydent

Trydent (Trento) jest stolicą regionu Trydent-Górna Adyga. Miasto leży nad rzeką Adygą, w cieniu masywów Bondone i Paganella.

HISTORIA

Już w czasach rzymskich *Tridentum* było ważnym centrum administracyjnym i handlowym. Po upadku imperium stało się karolińską marchią, a następnie przeszło w ręce Kościoła. Najszybciej rozwijało się od XVI w., kiedy to dostało się pod opiekę Habsburgów. W 1545 r. Trydent stał się miejscem obrad soboru, mającego zaradzić szerzącej się reformacji. Miasto, podobnie jak Triest, przyłączono do Włoch dopiero po I wojnie światowej.

WARTO ZOBACZYĆ

Tuż obok dworca kolejowego znajduje się wybudowany przez benedyktynów XII-wieczny **kościół San Lorenzo**. Dalej rozciąga się **park miejski** (Giardini Pubblici), w centrum którego stoi pomnik Dantego. Za parkiem wznosi się surowy, XVII-wieczny **Palazzo Galasso**, zwany także del Diavolo (diabelski), gdyż wg legendy budynek został wzniesiony w ciągu zaledwie jednej nocy.

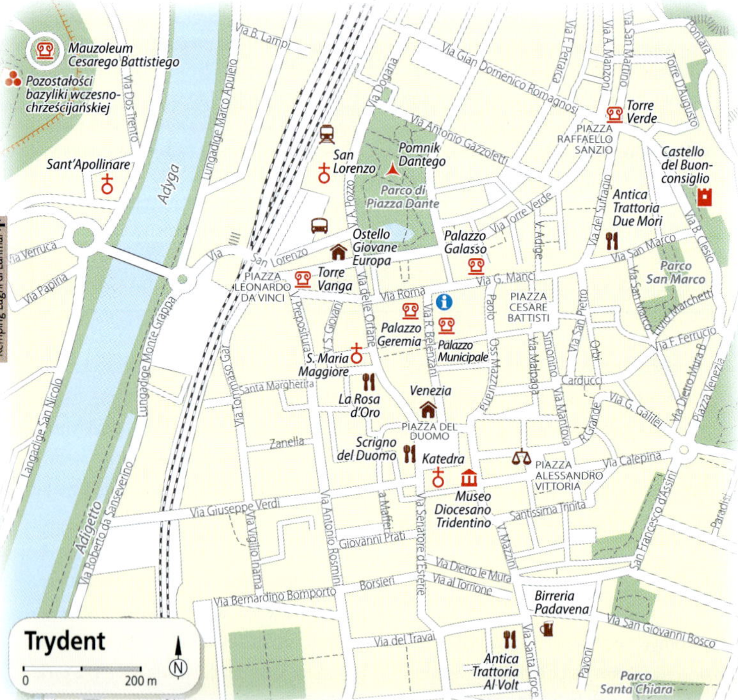

oprac. R. Blętek

▲ Fontanna na Piazza del Duomo

Nieco dalej na południe, przy Via Belenzano wznoszą się piękne renesansowe budynki: po prawej stronie ulicy jest to XVI-wieczny **Palazzo Geremia**, którego fasadę pokrywają freski przedstawiające różne postaci historyczne. Naprzeciwko niego stoi pochodzący z tego samego okresu **Palazzo Municipale**, na dziedzińcu którego zachował się oryginał fontanny Neptuna z 2. poł. XVIII w.

▲ Fasada Palazzo Geremi

Nieopodal znajduje się **kościół Santa Maria Maggiore**, w którym odbywała się większość posiedzeń soboru trydenckiego. Zbudowany został w latach 1520–24 przez Antonia Medaglię na podobieństwo mantuańskiego kościoła Sant'Andrea zaprojektowanego przez Leona Battistę Albertiego. Fasada świątyni została jednak w XIX w. przebudowana. W jednonawowym wnętrzu bez transeptu znajdują się liczne kaplice boczne z marmurowymi barokowymi ołtarzami, a także sarkofag kryjący prawdopodobnie relikwie św. Klemensa. Na szczególną uwagę zasługują znajdujące się w prezbiterium płaskorzeźby, marmurowy chór oraz pochodzące z 1536 r. organy.

Piazza del Duomo

Centralny punkt miasta stanowi Piazza del Duomo, przy którym znajduje się ciekawa architektonicznie ★ **katedra**. Jest to romańsko-gotycki kościół, którego budowę rozpoczęto w XII w. na miejscu wcześniejszej świątyni, poświęconej biskupowi Trydentu i męczennikowi, św. Wigiliuszowi. Prace zakończyły się dopiero w XV stuleciu.

Na północnej ścianie katedry widoczna jest rozeta, zwana kołem Fortuny ze względu na postać tej bogini umieszczoną w jej centrum. Obok znajduje się wejście – **Porta del Vescovo** (drzwi biskupie) – używane podczas soboru trydenckiego przez biskupów przybywających z zamku Buonconsiglio. Wnętrze katedry jest trzynawowe, na początku obydwu naw bocznych znajdują się kręcone schody prowadzące na wieże. Godna uwagi jest też drewniana figura *Madonna Addolorata*, a także romańska rzeźba przypisywana Adamowi d'Arogno, znana jako *Madonna degli annegati* (Madonna topielców). Ponoć u jej stóp składano zwłoki osób, które utonęły w wodach Adygi. W nawie południowej znajduje się ponadto barokowa **kaplica Albertiego**, zwana także Cappella del Crocefisso. Umieszczony jest w niej krzyż, przed którym 4 grudnia 1563 r. ogłoszono postanowienia soboru trydenckiego. W urnie na ołtarzu głównym przechowywane są prochy św. Wigiliusza. Z północnej części transeptu schodzi się do podziemi, gdzie można obejrzeć pozostałości wczesnochrześcijańskiej bazyliki.

Tuż obok katedry, przy Piazza del Duomo, wznosi się XII-wieczny **Palazzo Pretorio**, który aż do połowy XIII w. był siedzibą rządu biskupiego. Obecnie mieści się tam **Museo Diocesano Tridentino** ⓘ otwarte: X–V pn., śr.–sb. 9.30–12.30 i 14.00–17.30, VI–IX śr.–pn. 10.00–13.00 i 14.00–18.00; wstęp: 7 EUR, ulg. 5/2 EUR, w którym można podziwiać m.in. zbiory skarbca katedralnego, bogatą kolekcję XVI-wiecznych flamandzkich gobelinów oraz liczne drewniane rzeźby z XIV–XV w.

Castello del Buonconsiglio

Najbardziej znanym i charakterystycznym zabytkiem Trydentu jest ★ **Castello del Buonconsiglio** ⓘ otwarte: V–X 10.00–18.00, XI–IV 9.30–17.00; wstęp: 10 EUR, ulg. 6 EUR. Zamek przez ponad pięć wieków był siedzibą biskupów i ich dworów. Jego najstarszą częścią jest XIII-wieczny Castelvecchio. W XVI w. zamek przebudowano i wzniesiono nową część kompleksu, tzw. Magno Palazzo. W następnym stuleciu biskup Francesco Alberto Poia nakazał, by wybudowano połączenie między istniejącymi już budynkami – nazwano je Giunta Albertiana.

W salach Magno Palazzo i Castelvecchio, w których podziwiać można drewniane sklepienia i freski z XVI w., mieści się **Museo Provinciale d'Arte** gromadzące dzieła sztuki, a także zbiory archeologiczne i etnograficzne.

▼ Castello del Buonconsiglio

Ponadto w Torre dell'Aquila znajdują się gotyckie freski, wykonane przez nieznanego artystę (być może pochodzenia czeskiego), a przedstawiające 12 miesięcy, oraz cele, w których więziono bojowników o wyzwolenie Trydentu spod władzy austriackiej.

Inne ciekawe miejsca

Godne uwagi są w Trydencie także nieliczne wieże stanowiące pozostałość XIII-wiecznego kręgu murów, takie jak **Torre Verde** na Piazza Raffaello Sanzio czy **Torre Vanga** na Piazza da Vinci, nieopodal mostu na Adydze.

Na prawym brzegu rzeki, u stóp wzgórza Doss Trento wznosi się XIV-wieczny romańsko-gotycki **kościół Sant'Apollinare** z charakterystycznym stromym i bardzo wysokim dachem oraz romańskim portalem. W lasku na wzgórzu zachowały się **pozostałości wczesnochrześcijańskiej bazyliki**, a na samym szczycie znajduje się znakomicie widoczne z miasta **mauzoleum Cesarego Battistiego**.

Informacja turystyczna

Biura informacji turystycznej znajdziemy przy Via Manci 2 (tel.: +39 0461 216000; www.discovertrento.it; otwarte: 9.00–19.00) i na Monte Bondone (Strada di Vaenze 13; tel.: +39 0461 947128; info@discovermontebondone.it; otwarte: XII–III i VII–VIII 9.00–12.30 i 15.00–17.30). W tym pierwszym można kupić kartę **Museum Pass** (48-godzinna; 22 EUR) uprawniającą do darmowych wstępów do muzeów w Turynie i Rovereto, przejazdów (także publicznymi rowerami) oraz zniżek.

Noclegi

W samym Trydencie nie ma kempingów, znajdziemy je w sąsiednich miejscowościach.

- **Hotel Venezia****, Via Belenzani 70; tel.: +39 0461 234559; www.hotelveneziatn.it; jedynka 45 EUR, z łazienką 58 EUR, dwójka 61 EUR, z łazienką 81 EUR. Hotel w centrum (obok katedry).
- **Kemping Laghi di Lahmar**, Via Selva Faeda 15, Terlago; tel.: +39 0461 860423; www.laghidilamar.com. Spokojny kemping w miejscowości Terlago, w okolicach jezior Lamar. Na miejscu bar, sklep, boisko, basen. Do wynajęcia także domki.
- **Ostello della gioventù Giovane Europa**, Via Torre Vanga 9; tel.: +39 0461 163484; www.gayaproject.it; nocleg w pokoju wieloosobowym 16–18 EUR, jedynka 28–30 EUR, dwójka 45–50 EUR. Hostel w centrum dysponujący 32 pokojami 1–6-os. Pralnia na żetony, taras, internet, bankomat, wypożyczalnia rowerów, restauracja.

Wyżywienie

Świeże warzywa kupić można codziennie rano (oprócz niedziel) na **targu** przy Piazza Vittoria.

- **Antica Trattoria Al Volt**, Via Santa Croce 16, Piazza Fiera; zamkn. czw. i nd. wieczorem. Lokal w centrum. Znakomita kuchnia regionalna – warto polecić zwłaszcza gulasz, polentę i sery.
- **Antica Trattoria Due Mori**, Via San Marco 11. *Trattoria* z typowymi daniami i winami regionu.
- **Birreria Pedavena**, Piazza Fiera 13; pn. do 11.00 *happy hour*. Duża charakterystyczna piwiarnia. Smaczne niemieckie piwo oraz trunki robione na miejscu; można tu także zjeść.
- **La Rosa d'Oro**, Piazza Santa Maria Maggiore 21. Restauracja serwująca tradycyjne potrawy Trydentu i Bawarii, głównie na bazie mięs i ziemniaków. Można tu także zjeść smaczną pizzę.
- **Scrigno del Duomo**, Piazza del Duomo 29. Smacznie przyrządzone potrawy regionalne, duży wybór lokalnych win.

Wydarzenia

Trydent znany jest z festiwalu filmów górskich – **Trento Film Festival** (na przełomie kwietnia i maja) oraz historycznego ***palio*** (w pierwszym tygodniu września).

Alpy, przekraczające 4000 m n.p.m. i pokryte lodowcami, kuszą licznymi trasami turystycznymi i wspinaczkowymi. Mimo że wymagają one często odpowiedniego przygotowania i sprzętu specjalistycznego, cieszą się dużą popularnością. Niektóre rejony są latem wręcz „zadeptywane" przez wczasowiczów i turystów, zwłaszcza w Dolomitach i w Dolinie Aosty. Bywają również tereny, na których turysta z plecakiem jest rzadkim gościem. Szczególnie ustronne są Alpy Nadmorskie.

Alpy we Włoszech dzielą się na kilka części. Do Alp Wschodnich należą: Alpy Julijskie na północnym wschodzie, dalej Alpy Karnijskie oraz Dolomity na wschód od rzeki Adygi. Do Alp Centralnych zalicza się leżące na północ od Dolomitów Alpy Zillertalskie i pasmo Ortlera należące do Alp Retyckich. W Lombardii znajdują się Alpy Orbi. Pozostałe pasma (m.in. Alpy Walijskie i Graickie) należą do Alp Zachodnich.

Największą różnorodność pasm górskich można znaleźć w okolicy Doliny Aosty. Patrząc od wschodu, pierwsze widoczne są Alpy Walijskie z masywami Monte Rosa i **Matterhorn** (4478 m n.p.m.). Dalej, na północnym zachodzie, na granicy Włoch i Francji, dominuje masyw **Mont Blanc** (4810 m n.p.m.) – najwyższego szczytu Europy. W południowej części regionu króluje cieszący się dużą popularnością **Gran Paradiso** (4061 m n.p.m.) w Alpach Graickich. Przy granicy z Francją rozciągają się Alpy Kotyjskie, zaś na południe od nich – Alpy Nadmorskie.

Alpy Julijskie

Piękne, a nieodkryte jeszcze przez masową turystykę Alpy Julijskie (Alpi Giulie) wznoszą się przy północnej granicy Włoch, na obszarze prowincji Udine. Na ich niepowtarzalny krajobraz składa się biel wapienia i zieleń lasów, wspaniałe widoki oraz bogactwo świata roślin i zwierząt.

Najchętniej odwiedzane miejscowości wypoczynkowe i kurorty to **PONTEBBA** blisko granicy austriackiej, **SELLA NEVEA** z dużą stacją narciarską i **TARVISIO** z kompleksem nowoczesnych wyciągów.

Alpy

▼ Jezioro Fusine w Alpach Julijskich

Dolomity

Dla niektórych najpiękniejsze góry świata znajdują się w północno-wschodniej części regionu Trydent-Górna Adyga. Dolomity (Dolomiti) składają się z grup skalnych, nieraz potężnych „baszt", oddzielonych głębokimi dolinami i wysokimi, lecz zwykle łatwo dostępnymi przełęczami. Cały ich obszar w 2009 r. został wpisany na Listę UNESCO. Najwyższymi szczytami pasma są **Marmolada** (3343 m n.p.m.) oraz **Antelao** (3264 m n.p.m.).

Właśnie w Dolomitach znajdują się słynne via ferraty – żelazne drogi. To wyjątkowo trudne trasy turystyczne prowadzące wyeksponowanymi ścianami skalnymi. Żeby ułatwić poruszanie się po nich, zabezpieczono je sztucznymi ułatwieniami: żelaznymi drabinkami, stalowymi kółkami, mostkami itp. Niebywałą atrakcją pasma jest podróż pomiędzy znanymi ośrodkami sportów zimowych: **CORTINA D'AMPEZZO** i **BOLZANO**, tak zwaną **Grande Strada delle Dolomiti** – Wielką Drogą Dolomitów. To niemal legendarna trasa prowadząca karkołomnymi zakrętami przez podniebne przełęcze (powyżej 2000 m n.p.m.). Widoki z niej są tak magnetyzujące, że pokonują ją codziennie dziesiątki autokarów.

▼ Dolomity

Alpy Retyckie

Alpy Retyckie (Alpi Retiche) stanowią najwyższą partię Alp Wschodnich i zajmują obszar na styku granic Szwajcarii, Włoch i Austrii. Mają typowo alpejską rzeźbę z iglicami skalnymi, wielkimi pionowymi ścianami, ostrymi graniami i głębokimi dolinami, będącymi rezultatem działania lodowców. Część lodowców do dziś zachowała się w wyższych partiach gór. Najwyższym wzniesieniem Alp Retyckich jest **Ortler** (3905 m n.p.m).

Warto zobaczyć m.in. schronisko nad jeziorem **Lago di Fontana Bianca** (niem. Weissbrunn, 1872 m n.p.m), malowniczą **Val di Senales** (niem. Schalstal) oraz **wieżę romańskiego kościoła** wyłaniającego się z wód sztucznego jeziora Lago di Resia i wspaniały **zamek Lichtenberg** w dolinie Venosta.

▼ Lago di Resia w Alpach Retyckich

Matterhorn (widok od strony szwajcarskiej)

Alpy Walijskie

Alpy Walijskie (Alpi Pennine) rozciągają się od Wielkiej Przełęczy św. Bernarda na zachodzie do przełęczy Simplon na wschodzie, na granicy Włoch i Szwajcarii. Łańcuch nacinają liczne głębokie i rozgałęzione doliny, a wyższe partie pokryte są lodowcami. Na terenie Alp Walijskich znajduje się 36 z 60 alpejskich czterotysięczników. Najwyższe z nich to: **Dufourspitze** (4634 m n.p.m.), **Dom** (4545 m n.p.m.), **Weisshorn** (4506 m n.p.m.) oraz uznawany za jeden z najpiękniejszych szczytów na świecie – **Matterhorn** (4478 m n.p.m.).

Pasmo przecinają liczne szlaki turystyczne o różnym stopniu trudności, np. trawersująca cały łańcuch wielodniowa Alta Via 1. W dolinach Val di Gressoney, Val d'Ayas i Valtournenche znajdują się znane stacje narciarskie, m.in. najpopularniejsza w **BREUIL-CERVINIA** u stóp Matterhornu czy największa w dolinie Aosty **Monterosa Ski**.

Masyw Monte Rosa, największy zwarty masyw alpejski, zajmuje wschodnią część Alp Walijskich na granicy Włoch i Szwajcarii, jego znaczna część należy do regionu Dolina Aosty. Monte Rosa ma aż 10 wierzchołków czterotysięcznych; najwyższy to wspomniany Dufourspitze. W tej okolicy najlepiej zatrzymać się w którejś z miejscowości w dolinie **Val di Gressoney**.

Masyw Mont Blanc ciągnie się wzdłuż granicy włosko-francuskiej i administracyjnie znajduje się w granicach regionu Dolina Aosty. Wierzchołek Mont Blanc (4810 m n.p.m.) jest najwyższym szczytem Alp i Europy, ale leży w całości na terytorium Francji. Najwyższy na terenie Włoch jest boczny wierzchołek masywu: Mont Blanc de Courmayeur (4748 m n.p.m.). Największą miejscowością w rejonie masywu po stronie włoskiej jest **COURMAYEUR** – popularny ośrodek narciarski, a zarazem urocze stare miasteczko. Latem warto wybrać się autobusem z Aosty na północ, na **Wielką Przełęcz Świętego Bernarda** (2869 m n.p.m.; zamkn. X–V).

Alpy Walijskie

Alpy Graickie

Alpy Graickie (Alpi Graie) wznoszą się na granicy Włoch i Francji (we Włoszech na terenie regionów Dolina Aosty i Piemont). Rozciągają się od przełęczy Mont-Cenis na wschodzie do Małej Przełęczy św. Bernarda na zachodzie. Najwyższym szczytem całego pasma jest **Gran Paradiso** (4061 m n.p.m.) w jego wschodniej części. Na terenie Alp Graickich utworzono dwa parki narodowe: PN Gran Paradiso i PN Vanoise. W paśmie tym można odwiedzić m.in. miejscowość **LES COMBES**, gdzie przyjeżdżał na wakacje św. Jan Paweł II, **VALNONTEY** z alpejskim ogrodem botanicznym **Paradisia** czy **SAINT-MARTIN-DE-ORLEANS** z neolitycznym centrum kultu z II tysiąclecia p.n.e.

▼ Sauze d'Oulx

„Alpy Olimpijskie"

Autostrada A32 z Turynu na zachód prowadzi szlakiem dawnej drogi pątniczej przez dolinę **Val di Susa**. W kilku miejscowościach alpejskich w tej dolinie odbyły się konkursy w różnych dyscyplinach narciarskich podczas igrzysk olimpijskich w Turynie w 2006 r. Najbardziej znane miejscowości to: **SAUZE D'OULX** – kolebka włoskiego narciarstwa, **SANSICARIO**, gdzie co roku w lipcu odbywa się Carton Rapid Race (wyścig łodzi, które uczestnicy zawodów budują własnoręcznie przez dwie godziny z… kartonu), i **SESTRIERE** – najpopularniejsze centrum narciarskie w dolinie.

Alpy Nadmorskie

Alpy Nadmorskie (Alpi Marittime) to rozległe pasmo na granicy Włoch i Francji, ciągnące się od przełęczy Colle della Maddalena na północy po Col de Tende. W tej części Alp znajdują się najdalej na południe wysunięte lodowce alpejskie. Najwyższym szczytem jest tu **Punta dell'Argentera** (3297 m n.p.m.). Obie części Alp Nadmorskich – po stronie włoskiej i francuskiej – są chronione; po stronie włoskiej w ramach Parco Naturale delle Alpi Marittime. Na terenie parku znajduje się ponad 80 jezior.

Najpopularniejsze miejscowości w Alpach Nadmorskich to **SAMBUCO** na północy, **VALDIERI** w środkowej części i **LIMONE PIEMONTE** po drugiej stronie szczytu Argentera. Warto odwiedzić **ogród botaniczny** w okolicy **TERME DI VALDIERI**, ukazujący bogactwo flory Alp Nadmorskich.

▼ Pietraporzio koło Sambuco

Turyn

We Włoszech niemal przysłowiowy jest brak sympatii, jakim darzą się mediolańczycy i turyńczycy. Na pierwszy rzut oka widać, jak różne są te dwa miasta, a przyczyn wzajemnej niechęci można upatrywać w skrajnie odmiennych charakterach ich mieszkańców.

HISTORIA

Zanim Turyn (Torino) stał się pierwszą stolicą Włoch, przez wiele wieków pozostawał w strefie wpływów francuskich. W XI w. miasto znalazło się w rękach dynastii sabaudzkiej, która słynęła z dążeń imperialistycznych. W 1713 r. Sabaudowie uzyskali tytuł królewski, co zwiększyło ich apetyt na podbój kolejnych ziem Półwyspu Apenińskiego. Królestwo Piemontu odegrało ważną rolę w procesie jednoczenia Włoch – po prawie 100-letnich staraniach Wiktor Emanuel II został królem Włoch, a Turyn na kilka lat stał się stolicą zjednoczonego państwa. Znajdujące się w mieście i okolicach rezydencje królewskie zostały wpisane w 1997 r. na listę UNESCO.

Dzisiejszy Turyn jest znany przede wszystkim jako ojczyzna Fiata. Lecz to nie wszystko. Turyn słynie także ze wspaniałej architektury barokowej (prace budowlane prowadzone od XVII w. prawie zupełnie zlikwidowały średniowieczną strukturę urbanistyczną) i drugiej na świecie kolekcji egiptologicznej, jest też centrum wydawniczym oraz miejscem o wciąż żywych tradycjach teatralnych (miasto chętnie sponsoruje imprezy i festiwale teatralne). Szybko rozwijający się przemysł spowodował, że do Turynu w poszukiwaniu pracy przyjechało wiele osób z południa Włoch. Wreszcie Turyn to miasto nierozerwalnie związane ze słynnym klubem piłkarskim Juventus, w którym grał Zbigniew Boniek.

WARTO ZOBACZYĆ

Piazza Castello i okolice

Historycznym centrum i zarazem sercem miasta jest Piazza Castello, na którą prowadzi ekskluzywna Via Roma pełna luksusowych

▼ Widok na Turyn z Monte dei Capuccini

▲ Palazzo Madama

sklepów. Na początku XVII w. Karol Emanuel I zdecydował, że Turyn jest zbyt mały, by pomieścić wszystkich mieszkańców, i nakazał rozbudowę miasta. Pierwszą z nowo powstałych ulic była właśnie Via Roma. W centralnej części placu wznosi się Palazzo Madama, a po lewej stronie Palazzo Reale.

Historia **Palazzo Madama** ℹ otwarte: Museo Civico d'Arte Antica oraz dziedziniec i klatka schodowa śr.–pn. 10.00–18.00; wstęp: 12 EUR, ulg. 10 EUR sięga XIII w., kiedy to powstały dwie wieże, zalążki przyszłego pałacu. Pomysł rozbudowy wyszedł w XVII w. od Krystyny Francuskiej, żony księcia Wiktora Amadeusza I, stąd też nazwa pałacu. Ówczesny projekt nie został jednak zrealizowany w całości – powstała jedynie barokowa fasada. Od 1934 r. ma tu siedzibę **Museo Civico d'Arte Antica**. W Muzeum Sztuki Starożytnej, wbrew jego nazwie, można obejrzeć dzieła średniowieczne, renesansowe i barokowe, m.in. obrazy, rzeźby, iluminowane rękopisy, ceramikę, tkaniny.

★ **Palazzo Reale** ℹ otwarte: wt.–nd. 9.00–19.00; wstęp: 12 EUR, ulg. 6 EUR, bilet łączony z Galerią Sabaudzką zbudowano w 1. poł. XVII w. na planie kwadratu z wewnętrznym dziedzińcem. Gmach był siedzibą książąt sabaudzkich, a następnie – do 1865 r. – pierwszego króla Włoch. Dekoracje wnętrz to świadectwo dwu wieków obecności znakomitych artystów na dworze książęcym i królewskim. Zwiedzanie pałacu rozpoczyna się od wejścia obszernymi XIX-wiecznymi schodami, wiodącymi na pierwsze piętro. Warto zobaczyć np. Galerię Całunu Turyńskiego (Galeria della Sacra Sindone), Salę Cnót z fryzami oraz gobelinami z XVIII w. przedstawiającymi historię Don Kichota oraz Gabinet Chiński (Gabinetto Cinese) zaprojektowany przez Juvarrę. We wschodnim skrzydle można oglądać m.in. pokoje królowej: sypialnię (sufit Seytera), pracownię, toaletę, prywatną kaplicę królowej z dekoracjami z XVIII w., gabinet miniatur i jadalnię. Na drugim piętrze zamku znajdują się apartamenty książąt Sabaudii i Aosty.

Galeria Sabaudzka, mieszcząca się w skrzydle Manica Nuova, to przede wszystkim ogromna kolekcja malarstwa piemonckiego z XV i XVI w., dzieł mistrzów toskańskich i weneckich (m.in. Fra Angelico, Pollaiuolo,

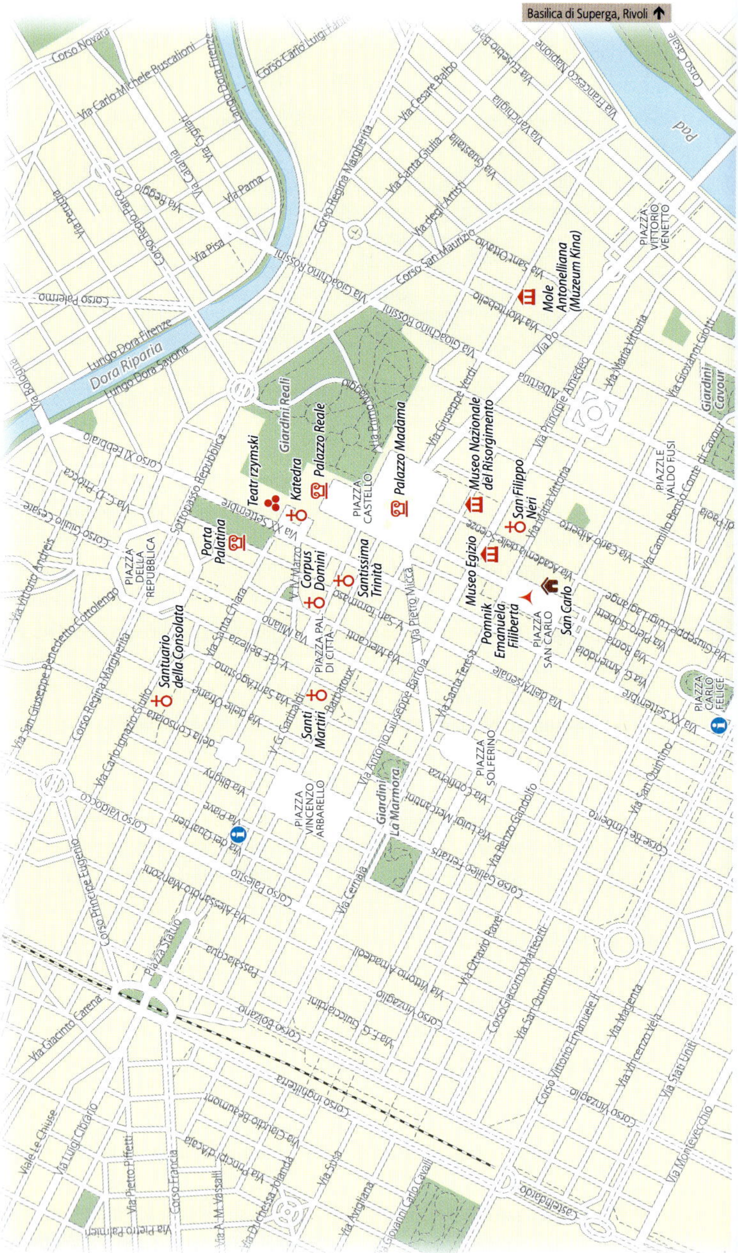
Basilica di Superga, Rivoli
Mole Antonelliana (Muzeum Kina)
Museo Nazionale del Risorgimento
San Filippo Neri
Museo Egizio
Pomnik Emanuela Filiberta
San Carlo
Palazzo Madama
Palazzo Reale
Giardini Reali
Teatr rzymski
Katedra
Porta Palatina
Corpus Domini
Santissima Trinità
Santi Martiri
Santuario della Consolata
Giardini La Marmora
Giardini Cavour
Piazza Castello
Piazza San Carlo
Piazza Vittorio Veneto
Piazza della Repubblica
Piazza Solferino
Piazza Vincenzo Arbarello
Piazza Carlo Felice
Piazzle Valdo Fusi
Piazza Statuto
Piazza Pal. di Città
Dora Riparia
Po

Turyn
0
200 m
N
oprac. R. Bletek
Gran Madre di Dio
Santa Maria del Monte
MONTE DEI CAPPUCCINI
Ajuola Balbo
Castello del Valentino
Parco del Valentino
Borgo e Rocca Medievale
Torino Esposizioni
Scaletta
Pad
Museo dell'Automobile
Lingotto, Galeria Giovanniego i Marelli Agnellich
Ostello Torino
Corso Moncalieri
Corso Massimo D'Azeglio
Corso Vittorio Emanuele II
Corso Fiume
Corso Cairoli
Via Giuseppe Mazzini
Via Madama Cristina
Via Nizza
Corso Guglielmo Marconi
Corso Sommeiller
Corso Raffaello
Corso Dante Alighieri
Corso Turati
Via Filippo Turati
Corso Re Umberto
Corso Galileo Ferraris
Via Alfonso Lamarmora
Corso Enrico De Nicola
Corso Carlo e Nello Rosselli
Corso Luigi Einaudi
Corso Duca degli Abruzzi
Via Thovez
Strada del Righino
Viale Seneca
Via Luigi Gatti
Via Settimio Severo
Via Antica di Sanvito
Via Giacomo Giovanni Lanza
Corso Giovanni Lanza
Via Mantana
Via Vincenzo Monti
Via Ugo Foscolo
Via Giorgio Bidone
Via Oddino Morgari
Via Federico Campana
Via Giuseppe Giacosa
Via Belfiore
Via Saluzzo
Via Principe Tommaso
Via Claudio Luigi Berthollet
Via Bernardino Galliari
Via San Pio V
Via Silvio Pellico
Via Giuseppe Baretti
Via C. Lombroso
Via Ormea
Via Paolo Sacchi
Via San Secondo
Via Vincenzo Gioberti
Via Legnano
Via Pastrengo
Via Andrea Massena
Via Stati Uniti
Via Valeggio
Via Governolo
Via Govone
Via Giuseppe Piazzi
Via Amerigo Vespucci
Via Giandomenico Cassini
Via F. Magellano
Via A. G. Barrili
Spallanzani
Via Francesco Lanfranchi
Via de Mille
Via Accademia Albertina
Via S. Francesco

Bronzino, Mantegna, Veronese) oraz flamandzkich i holenderskich (van Eyck, Rembrandt). Częścią muzeum jest **Collezione Gualino** z malarstwem włoskim, rzeźbami chińskimi i średniowiecznymi meblami. Na tyłach Palazzo Reale znajdują się ogrody królewskie i pełen ciekawych eksponatów skład broni (**Armeria Reale**) z XVI–XIX w.

Na placyku sąsiadującym z Palazzo Reale od zachodu wznosi się **katedra** ❶ pn.–nd. 7.00–12.30 (w nd. od 8.00) i 15.00–19.00. Fasada kościoła jest jedynym w Turynie przykładem architektury renesansowej. Absyda katedry chowa się w budynku pałacu, a po jej prawej stronie znajduje się ★ **kaplica z Całunem Turyńskim** (*Sacra Sindone*). Sama kaplica zdobiona czarnym marmurem i uwieńczona niezwykłą kopułą jest dziełem Guariniego z 2. poł. XVII w. i stanowi idealny przykład architektury barokowej. Legenda Całunu Turyńskiego owiana jest tajemnicą i niektórzy eksperci uważają dziś, że stanowi on przykład fałszerstwa idealnego. Nie zmienia to jednak faktu, że wiele osób przekonanych jest o autentyczności materiału, w który miało być owinięte ciało Chrystusa tuż po zdjęciu go z krzyża.

Idąc wspomnianą już Via Roma, dochodzi się do **Piazza San Carlo**. Plac ten nazywany jest „salonem Turynu" i uważa się go za jeden z najpiękniejszych placów Europy. Oprócz licznych kafejek i restauracji znajdują się tu dwa bliźniacze kościoły (San Carlo i Santa Cristina), a w centrum stoi monumentalny konny **pomnik Emanuela Filiberta**, który turyńczycy w swym dialekcie nazywają: „'l caval 'd brons" co oznacza: „koń z brązu".

Przy odchodzącej na wschód Via Maria Vittoria wznosi się **kościół San Filippo Neri** ze wspaniałą neoklasyczną fasadą. Obecny wygląd świątyni jest w dużej mierze dziełem Juvarry.

Pobliska **Accademia delle Scienze** to XVII-wieczne dzieło Guariniego. Obiekt ma ciekawą fasadę, a mieści ★ **Museo Egizio** ❶ otwarte: pn. 9.00–14.00, wt.–nd. 9.00–18.30; wstęp: 15 EUR, ulg. 11 EUR. W przebogatych zbiorach Muzeum Egipskiego znajdują się mumie, sarkofagi, zwoje papirusów, wazy, narzędzia, broń i malowidła. Jest to jedno z najciekawszych i największych muzeów tego typu we Włoszech i jako takie zasługuje na szczególną uwagę tych turystów, którzy mają nieco więcej czasu, by zatrzymać się w Turynie.

Wzdłuż Padu

Pierwszy murowany most Turynu powstał w epoce napoleońskiej przy jednym

▼ Castello del Valentino

z najobszerniejszych placów Europy, czyli przy **Piazza Vittorio Veneto**. Stąd można przespacerować się promenadą wzdłuż rzeki aż do **Castello del Valentino** ⓘ zwiedzanie w 1. i 3. sb. mies. o 10.00 i 11.30, po wcześniejszej rezerwacji na stronie www.castellodelvalentino.polito.it, wstęp: 3,50 EUR opłaty rezerwacyjnej. Zamek jest konstrukcją XVII-wieczną. Wybudowano go na wzór zamków francuskich z XVI w. na życzenie Krystyny Francuskiej. Najciekawsze pomieszczenia to Pokój Zielony, Pokój Róż i Pokój Zodiaku oraz Apartament Turyński z dekoracjami w postaci fresków i białych stiuków (1. poł. XVII w.). Obok zamku rozciąga się **ogród botaniczny** o powierzchni 27 tys. m^2, założony przez Wiktora Amadeusza II na początku XVIII w. Można tu zobaczyć rzadkie okazy roślin, zwiedzić zielarnię i bibliotekę.

W przylegającym do zamku Parco del Valentino znajduje się ★ **Borgo e Rocca Medievale** ⓘ otwarte: zimą 9.00–19.00, latem do 20.00; wstęp wolny, ogród (IV–X): 3 EUR – rekonstrukcja średniowiecznego miasteczka powstała w 1884 r. Jej budowniczowie chcieli odtworzyć różne typy architektury średniowiecznej na przykładzie elementów zachowanych w Piemoncie i Dolinie Aosty. W miasteczku znajdują się liczne sklepy z rękodziełem, co ma dodawać mu specyficznego charakteru. Po wejściu do Borgo e Rocca Medievale przez most przy bramie z wieżą Oglianico zobaczymy Hotel Pielgrzymów oraz fontannę. Dalej widać domy, bramę Rivoli, wieżę Alba, kościół. Za domami Mondově, przy placyku, znajduje się fontanna Issogne. Miasteczko zamykają Osteria di San Giorgio (karczma św. Jerzego) i dom Ozegna – dodane na początku XX w. Dalej można zobaczyć zejście nad Pad. Stąd warto udać się w stronę zamku; przy trasie umieszczono średniowieczne machiny wojenne. Na obrzeżach miasteczka znajdziemy **Torino Esposizioni**, świadectwo prężnego rozwoju przemysłowego i demograficznego miasta w XX w.

Z Piazza Vittorio Veneto, przekraczając Pad, łatwo można dostać się na Piazza Gran Madre di Dio, gdzie wznosi się XIX-wieczny **kościół Gran Madre di Dio**. W jego architekturze wyraźnie widać inspirację rzymskim Panteonem. Według legendy, właśnie w tej świątyni ukryto Świętego Graala.

Z placu warto wybrać się na pobliskie wzgórze (Monte dei Capuccini), gdzie stoi XVI-wieczny **kościół Santa Maria del Monte**, z figurą Matki Boskiej z Lourdes. Przed kościołem znajduje się niewielki placyk, z którego rozciąga się piękny widok na całe miasto.

▼ Borgo e Rocca Medievale

Inne ciekawe miejsca

Niewiele pozostało w Turynie śladów obecności rzymskiej: w pobliżu Piazza della Repubblica zobaczymy **teatr rzymski**, a na Piazza Augusto – **Bramę Palatyńską** (Porta Palatina). Podobnie ma się sprawa z zabudową średniowieczną: dwa odrestaurowane **domy średniowieczne** stoją przy Via IV Marzo.

Bardziej zadowoleni będą amatorzy architektury późniejszych epok, którzy oprócz już wymienionych gmachów obejrzeć mogą wiele innych ciekawych budynków. Przy XVIII-wiecznej Via Garibaldi wznoszą się dwa znaczące **kościoły**: **Santissima Trinità**, z wnętrzem zdobionym marmurem, wg projektu Juvarry, oraz **Santi Martiri** zaprojektowany przez Pellegriniego, z cenną barokową kaplicą Bankierów i Kupców (dei Banchieri e Mercanti). Przy skrzyżowaniu z Via Milano stoi barokowy **kościół Corpus Domini**, zbudowany na pamiątkę cudu – wg legendy w tym miejscu ze skradzionej monstrancji wypadła hostia, a następnie wzniosła się do nieba. Niedaleko Piazza Giulio znajduje się **Santuario della Consolata** (Matki Boskiej Pocieszenia) – kościół, którego początki sięgają VI w. Obecny kształt świątynia uzyskała w XVII (projekt Guariniego) i XX w. (wnętrze). Oryginalna barokowa fasada (dzieło Guariniego) **Palazzo Carignano** kryje **Museo Nazionale del Risorgimento** (Muzeum Walk o Zjednoczenie Włoch) ℹ otwarte: wt.–nd. 10.00–18.00; wstęp: 10 EUR, ulg. 8 EUR. To tutaj zostało proklamowane Królestwo Włoch w połowie XIX w.

Informacja turystyczna

Informacja turystyczna znajduje się naprzeciwko dworca kolejowego Porta Nuova na Piazza Carlo Felice (otwarte: codz. 9.00–18.00), przy Via Garibaldi 45A (otwarte: pn.–sb. 13.30–19.00), a także na Piazza Castello przy skrzyżowaniu z Via Garibaldi (tel.: +39 011 535181; www.turismotorino.org; otwarte: codz. 9.30–12.30 i 14.30–18). W biurach informacji turystycznej można zaopatrzyć się w jedną z trzech rodzajów kart. **Torino + Piemonte Card** (wersja 1-dniowa 25 EUR, 2-dniowa 35 EUR, 3-dniowa 42 EUR, 5-dniowa 51 EUR uprawnia do darmowego wstępu do wielu atrakcji turystycznych oraz serii zniżek na terenie miasta i w jego okolicach. Po wykupieniu dodatkowych opcji można jeździć ze zniżką we wszystkich środkach transportu. **Torino Contemporary Card** jest ważna 48 godzin, podobnie jak **Royal Card** (34 EUR, z bezpłatnym transportem).

Noclegi

Turyn, jak na tak duże miasto przystało, ma zróżnicowaną bazę noclegową i ze znalezieniem noclegu nie powinno być problemu.

- **Hotel San Carlo***, Piazza S. Carlo 197; tel.: +39 011 5627846; www.hotelsancarlo-torino.biz; dwójka od 55 EUR. Obiekt ma bardzo dobrą lokalizację, ale niestety standard pokoi odbiega od ideału.
- **Ostello Torino**, Corso Giambone 87/34 (wejście Via Giordano Bruno 191); tel.: +39 011 6602939; www.ostellotorino.it; miejsce w sali wieloosbowej 17 EUR, jedynka 25–30 EUR, dwójka 42–50 EUR, śniadanie w cenie. Klasycznie urządzony hostel. Bezpłatne Wi-Fi i kącik internetowy. Pralki na żetony.

Wyżywienie

Turyn słynie z wędlin i mięs marynowanych w czerwonym winie. Będąc w tym mieście warto też spróbować tzw. *grissini*, czyli niezwykle lekkich paluszków. Legenda mówi, że po raz pierwszy upiekł je niejaki Antonio Brunero na polecenie nadwornego lekarza dynastii sabaudzkiej. *Grissini* miały wyleczyć młodego księcia Wiktora Amadeusza.

- **Scaletta**, Via Belfiore 37. Podają tu przepyszne spaghetti i dania z grzybami. Ceny nieco wyższe od przeciętnych.

Miłośnikom kultury industrialnej Turyn oferuje **Museo dell'Automobile im. C. Biscaretti di Ruffia** (Muzeum Samochodów) ⓘ otwarte: wt.–nd. 10.00–18.00; wstęp: 10 EUR, ulg. 8 EUR przy Corso Unità d'Italia 10. W pobliżu, przy Via Nizza, zachowały się stare budynki fabryki Fiata: **Lingotto** z początku XX w. Współcześnie znajduje się tu ogromne centrum kongresowo-wystawienniczo-rozrywkowe. W dzielnicy Lingotto mieści się również niewielka, lecz znacząca **galeria sztuki Giovanniego i Marelli Agnellich**. W zbiorach placówki znajdują się obrazy m.in. Picassa, Modiglianiego, Maneta i Matisse'a.

Spacerując po Turynie, nie sposób pominąć ★ **Mole Antonelliana** ⓘ otwarte: pn., śr.–pt. i nd. 9.00–20.00, sb. do 23.00; wstęp: z wjazdem na szczyt Mole 15 EUR, ulg. 12 EUR, gmachu, który miał być turyńską synagogą. Gdy powstał w 2. poł. XIX w., był najwyższym budynkiem świata. Dzisiaj mieści **Muzeum Kina**, jedno z największych i najbardziej oryginalnych muzeów Europy. Także wjazd na szczyt Mole Antonelliana ⓘ 8 EUR, ulg. 6 EUR to obowiązkowy punkt wizyty w Turynie, bowiem rozciąga się stamtąd niepowtarzalny widok na całe miasto.

OKOLICE

Niedaleko Turynu (ok. 10 km) wznosi się widoczne z miasta wzgórze z bazyliką. Klasycystyczna, przykryta wysoką kopułą **Basilica di Superga** powstała w 1. poł. XVIII w. na życzenie Wiktora Amadeusza II, wg projektu Juvarry. W krypcie świątyni znajdują się groby Sabaudów. Co ciekawe, tutaj też gromadzą się kibice klubu Juventus, by przy symbolicznym grobie modlić się za piłkarzy z drużyny AC Torino (nazwanej później Grande Torino, mistrza Włoch w latach 1946–48), którzy zginęli w katastrofie lotniczej w 1949 r. – podczas powrotu z Lizbony samolot z zawodnikami rozbił się o wzgórze.

W **MONCALIERI** (tuż poza południowymi granicami Turynu), przemysłowym miasteczku nad Padem, znajduje się XIII-wieczny królewski **zamek Sabaudów** ⓘ pt.–nd. 10.00–18.00, po rezerwacji telef. +39 011 4992333, którego ostatnią przebudowę przeprowadzono w XVIII w.

RIVOLI (na wschód od Turynu), dzisiejsze centrum przemysłowe okolic Turynu, w średniowieczu było siedzibą dworu sabaudzkiego. Znajduje się tu **Casa del Conte Verde** (Dom Zielonego Księcia) z XV lub XVI w. oraz będący dawną rezydencją królewską **zamek** ⓘ otwarte: wt.–pt. 10.00–17.00, sb. i nd. 10.00–19.00; wstęp: 6,50 EUR z XVIII w.

▼ Basilica di Superga

Urbino

Urbino, rozłożone na dwóch z pozoru łagodnych wzgórzach, to jedno z miejsc, w których rodził się renesans. Tutejsze stare miasto, będące znakomicie zachowanym przykładem realizacji wytycznych urbanistycznych i architektonicznych tamtej epoki, zostało wpisane na Listę Światowego Dziedzictwa Kulturowego i Przyrodniczego UNESCO. Wciąż tętniące życiem Urbino jest dziś ważnym ośrodkiem uniwersyteckim oraz stolicą prowincji.

HISTORIA

Założone przez Rzymian *Urvinum Metaurense* stało się ważnym ośrodkiem w VI w., gdy toczono wojny z Gotami. Miasto było pierwotnie własnością Longobardów, potem Franków, w 744 r. król Pepin przekazał je Państwu Kościelnemu. W 1213 r. powstało hrabstwo Urbino, nad którym rządy sprawował ród Montefeltro di Carpegna. Papieska nominacja jednego z jego przedstawicieli na księcia zapoczątkowała istnienie Księstwa Urbino. Urbino jako jego stolica rozkwitło i stało się jednym z głównych ośrodków rodzącego się renesansu. Czasy największej świetności miasta przypadają na okres panowania Federica da Montefeltro (1444–82), odnoszącego sukcesy polityka, zręcznego dyplomaty, a także miłośnika sztuki. To właśnie jemu Urbino zawdzięcza renesansowy charakter zabudowy. W rękach rodzin da Montefeltro, a potem della Rovere miasto pozostawało do 1626 r., gdy na powrót znalazło się w Państwie Kościelnym.

WARTO ZOBACZYĆ

Nad miastem dominuje imponująca bryła ★ **Palazzo Ducale** ℹ otwarte: pn. 8.30–14.00, wt.–nd. 8.30–19.15; wstęp: 5 EUR, ulg. 2,50 EUR. Pałac jest dziełem Luciana Laurany, który w 1465 r. na polecenie księcia Federica da Montefeltro rozpoczął rozbudowę istniejącej już części (skrzydło przy Piazza Rinascimento). W centrum nowej budowli umieścił piękny dziedziniec, a od strony doliny wzniósł charakterystyczną fasadę flankowaną dwiema

▼ Stare miasto w Urbino

▲ Kopuły katedry

smukłymi wieżami. W gmachu mieści się **Galleria Nazionale delle Marche**, w której zbiorach znajdują się m.in. dwa dzieła Piera della Francesca: *Biczowanie* oraz *Madonna z Senigalli*, *Portret damy* Rafaela i *Ostatnia Wieczerza*. Spośród pałacowych sal na szczególną uwagę zasługuje gabinet księcia Federica.

Naprzeciwko pałacu, przy Piazza Rinascimento, wznosi się gotycki **kościół San Domenico**, przebudowany w XVIII w. przez Filippa Barigioniego; wewnątrz warto zwrócić uwagę na dwa obrazy Francesca Vanniego. Także przy Piazza Rinascimento stoi **katedra** ℹ otwarte: 7.30–13.00 i 14.00–19.00 powstała w XI w. i dwukrotnie przebudowywana: w XV oraz w XVIII w. Tej ostatniej przebudowie zawdzięcza swój obecny neoklasyczny wygląd. W harmonijnym, jasnym i monumentalnym wnętrzu można zobaczyć obrazy Federica Barocciego: *Męczeństwo św. Sebastiana* i *Męczeństwo św. Cecylii* oraz dzieła Claudia Ridolfiego i Rafaella Motty. Przy katedrze działa **Museo del Duomo „Albani"** ℹ otwarte: 10.00–13.00 oraz 14.00–18.00; wstęp: 3 EUR, w którego zbiorach znajdują się m.in. ceramika z XVI–XVIII w. i cenne brązy.

Nieopodal, przy Via Barocci, znajdują się dwa oratoria, należące niegdyś do bractw miejskich i niedostępne wówczas publicznie. Pierwsze z nich to **oratorium San Giovanni Battista** ℹ otwarte: pn.–sb. 10.00–12.30 i 15.00–17.30, nd. i święta 10.00–12.30; wstęp: 2,50 EUR, którego ściany pokryte są freskami Slimbenich (m.in. *Ukrzyżowanie* oraz *Żywot św. Jana Chrzciciela*). W drugim, **oratorium San Giuseppe** ℹ godziny i ceny takie jak oratorium San Giovanni, można podziwiać XVI-wieczną szopkę Brandaniego.

Przy Via Raffaello wznosi się przebudowany w XVIII w. **kościół San Francesco**, w którym pochowani są znakomici przedstawiciele szlacheckich rodów Urbino. Nieopodal znajduje się **dom rodzinny Rafaela** ℹ otwarte: III–X pn.–sb. 9.00–13.00 i 15.00–19.00, nd. 10.00–13.00 (w 1. nd. mies. 15.00–19.00), XI–II pn.–sb. 9.00–14.00; wstęp: 3,50 EUR, w którym urodził się ojciec artysty, Giovanni Santi (także malarz), a w 1483 r. sam Rafael. Wewnątrz można oglądać obrazy, rękopisy i meble. Na szczególną uwagę zasługuje *Madonna z Dzieciątkiem* – fresk na ścianie pokoju, w którym Rafael przyszedł na świat, uznawany za jego młodzieńcze dzieło. Poza tym znajdują się tu obrazy ojca Rafaela, Giovanniego, i jego uczniów. Na dziedzińcu leży kamień, na którym malarze, ojciec i syn, mieli mieszać farby. Mówi się też, że to właśnie w domu Santich przebywał podczas swojego pobytu w Urbino Piero della Francesca.

Pnąca się stromo w górę Via Raffaello prowadzi na **Piazzale Roma**, gdzie stoi **pomnik Rafaela** i z balkonu widokowego rozpościera się piękna panorama okolicy. Idąc dalej Viale Buozzi wzdłuż murów miejskich, dociera się do imponującej XV-wiecznej fortecy, znanej jako **Fortezza Albornoz**, od nazwiska kardynała, który miał rozpocząć jej budowę (prawdopodobnie zainicjowana ona została dopiero przez jego następcę). W jej murach znajduje się wejście do ★ **parku** otwarte: 9.00–18.00, z którego można podziwiać zabudowę miejską, wyglądającą stąd tak, jak na obrazach renesansowych mistrzów. W cieniu licznych grusz i jabłoni, i w towarzystwie studentów, którzy upodobali sobie to miejsce, można odpocząć przed dalszą wędrówką po stromych, wąskich uliczkach Urbino.

Informacja turystyczna

Biuro informacji turystycznej znajdziemy na Via Puccinotti 35, zaraz przy Piazza del Rinascimento (tel.: +39 0722 2613, 2441; www.comune.urbino.pu.it), oraz obok dworca na Borgo Mercatale (tel.: +39 0722 2631).

Noclegi

- **Hotel Italia*****, Corso Garibaldi 32; tel.: +39 0722 2701; www.albergo-italia-urbino.it; jedynka 50–70 EUR, dwójka 80–120 EUR, w cenie śniadanie. Usytuowany w centrum zabytkowej zabudowy (niedaleko Piazza della Republica), czysty, niedawno odnowiony hotel z tarasem i barem. Ładne pokoje z łazienką, tv, klimatyzacją. Internet.
- **Hotel San Giovanni****, Via Barocci 13; tel.: +39 0722 2827; www.albergosangiovanniurbino.it; jedynka bez łazienki od 29 EUR, dwójka 46 EUR, z łazienką drożej o ok. 10 EUR. Mały, rodzinny hotel w pobliżu oratoriów, skromny, ale przyjemny. Na miejscu bar i restauracja.

Wyżywienie

- **Il Ghiottone**, Via Mazzini 10 (tuż przy Piazza della Repubblica). Popularna wśród studentów, tania, godna polecenia pizzeria.
- **La Balestra Antica Hostaria**, Via Valerio 16. Wybór dań na bazie trufli, a także smaczna pizza z pieca opalanego drewnem.

Wydarzenia

W lipcu odbywa się w Urbino **Międzynarodowy Festiwal Muzyki Dawnej** (Festival della Musica Antica), gromadzący wybitnych wykonawców z całego świata.

Co roku w trzecią niedzielę sierpnia rozpoczyna się **La Festa del Duca**, na parę dni przywracająca renesansowy splendor i klimat miasta z czasów Księstwa Urbino. Na placu wokół Palazzo Ducale gromadzą się w tym czasie muzycy, akrobaci, tancerze, bębniarze, rzemieślnicy. Odbywa się też pochód w tradycyjnych renesansowych strojach i prezentacja historycznych flag. Co roku odegrana zostaje inna scena z historii księstwa. Centralnym wydarzeniem jest rycerski turniej o dworski pierścień, będący odwzorowaniem rozgrywanego od 1450 r. konnego turnieju, podczas którego, prawdopodobnie po ciosie lancą zadanym przez przeciwnika, książę Federico stracił prawe oko. Fieście towarzyszy szereg warsztatów, spektakli teatralnych i filmowych, jarmarków.

Na początku września obchodzone jest **Święto Latawca** (Festa dell'Aquilone). Między dziesięcioma miejskimi contradami toczy się pojedynek, czyj latawiec wzbije się najwyżej i czyj jest najładniejszy.

Wenecja

Wenecja (Venezia), jest z pewnością jednym z najpiękniejszych i najczęściej odwiedzanych miast świata. W 1987 r. została wpisana na Listę Światowego Dziedzictwa Kulturowego i Przyrodniczego UNESCO. Miasto położone na licznych wyspach Laguny Weneckiej przyciąga rzesze turystów, zwłaszcza w czasie wakacji oraz karnawału. Aby choć w części ją poznać, na zwiedzanie trzeba poświęcić kilka dni.

HISTORIA

Początki Wenecji nie są do końca jasne. Najprawdopodobniej jednak najazdy barbarzyńskie z przełomu V i VI w. zmusiły ludność zamieszkałą u wybrzeży Zatoki Weneckiej do ucieczki i osiedlenia się na wyspach. W ten sposób narodziło się miasto rządzone najpierw przez tzw. trybunów morskich, a następnie dożów (*il doge*).

Początkowo Wenecja pozostawała pod wpływem Bizancjum, ale dość szybko zdołała się uniezależnić jako republika morska, podobnie jak Genua, Piza czy Amalfi. W IX w. miasto umocniło swoją pozycję jednego z największych portów handlowych Morza Śródziemnego, stanowiąc pomost między rynkami Wschodu i Zachodu. Wkrótce Wenecja zaczęła podporządkowywać sobie sąsiednie terytoria – początkowo Dalmację, a następnie także Aleksandrię i wyspy greckie na Morzu Egejskim, w tym Kretę. Zapewniła sobie również monopol w handlu z Azją Mniejszą. Pod koniec XIII w. Wenecjanin Marco Polo dzięki swoim podróżom zapewnił miastu kontakty z Chinami. Ekspansja Wenecji przybrała też inny kierunek: po kolei zdobywała ona władzę nad miastami włoskimi: Padwą, Vicenzą, Weroną, Bergamo, Brescią, Rawenną i Piacenzą.

Republika osłabła nieco w XV w., kiedy Turcy zajęli część posiadłości weneckich. Wenecja zaczęła tracić swoją pozycję także dlatego, że odkrycie Ameryki zmniejszyło znaczenie szlaków śródziemnomorskich na rzecz

▼ Canal Grande i kościół Santa Maria della Salute

atlantyckich. Nawet udział w zwycięskiej bitwie morskiej przeciwko Turkom pod Lepanto (1571) nie przywrócił miastu dawnej świetności.

W 1797 r., w wyniku traktatu w Campo Formio, Wenecja przypadła Austrii. Po wojnie francusko-austriackiej stała się w 1805 r. częścią napoleońskiego Królestwa Włoch, aby już 10 lat później w wyniku postanowień kongresu wiedeńskiego zostać znowu podporządkowana Austrii w ramach Królestwa Lombardzko-Weneckiego. Wreszcie w 1866 r. miasto stało się częścią Królestwa Włoch.

WARTO ZOBACZYĆ

Wenecja podzielona jest na sześć dzielnic, tzw. *sestiere*: San Marco, Castello, Cannaregio, San Polo, Dorsoduro i Santa Croce. Zdecydowanie najbardziej znane jest *sestiere* San Marco, a zwłaszcza stanowiący wizytówkę Wenecji **plac św. Marka** (Piazza San Marco). Tu właśnie znajdują się najpiękniejsze zabytki miasta.

San Marco

Na placu św. Marka przede wszystkim warto zobaczyć ★ **bazylikę św. Marka** ℹ otwarte: XI–Boże Ciało pn.–sb. 9.30–17.00, nd. 14.00–16.30, Boże Ciało–X pn.–sb. 9.45–17.00, nd. 14.00–17.00; wstęp wolny; zwiedzanie trwa ok. 10 min; www.basilicasanmarco.it. Według legendy, w 828 r. dwóch weneckich żeglarzy przywiozło z egipskiej Aleksandrii ciało św. Marka Ewangelisty. Od tego momentu stał się on patronem i opiekunem miasta, a także symbolem jego politycznej niezależności od patriarchy Akwilei oraz biskupa Gradum. Bazylika, w której miały spoczywać szczątki świętego, wzniesiona została w X w. na planie krzyża greckiego. Obecny wygląd kościoła jest przede wszystkim efektem wielu wieków prac, mieszania się stylów: bizantyjskiego, romańskiego i gotyckiego, oraz rozmaitych przekształceń zakończonych dopiero w XVII w.

Niezwykle ozdobna fasada o pięciu portalach, obłożona marmurem i udekorowana licznymi mozaikami, przedzielona jest na dwie części tarasem, na którym ustawiono cztery konie ze złoconej miedzi przysłane w 1204 r. doży Enricowi Dandolowi z Konstantynopola (są to kopie oryginałów znajdujących się wewnątrz bazyliki). Na szczególną uwagę zasługują zdobienia głównego

▼ Bazylika św. Marka

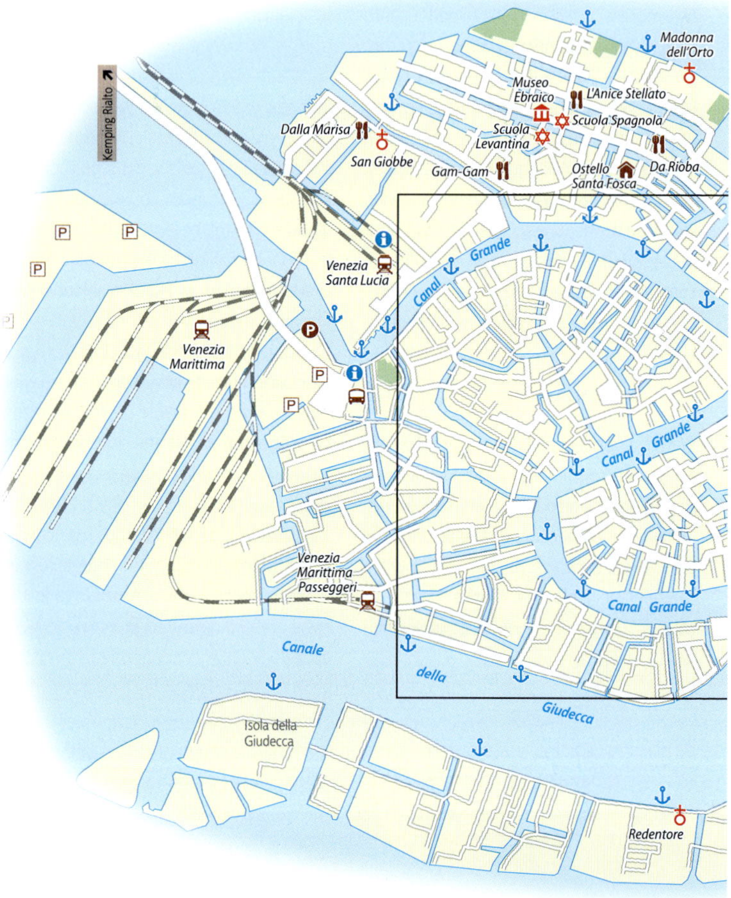

portalu, zwłaszcza XIII-wieczne płaskorzeźby na łukach, przedstawiające miesiące, cnoty i proroków. Na południowej ścianie bazyliki znajdują się rzeźbione wizerunki czterech rzymskich tetrarchów, pochodzące z IV w., prawdopodobnie z Syrii, a obok dwa ozdobne syryjskie pilastry (VI w.).

Do kościoła wchodzi się przez bogato zdobione atrium: szczególnie interesujące są tu mozaiki na kopułach wykonane w XIII w. w stylu wenecko-bizantyjskim i przedstawiające historie biblijne. Wnętrze jest typowo bizantyjskie – każde z trzech ramion krzyża podzielone jest rzędami arkad na trzy nawy, nad którymi ciągną się typowe dla wczesnochrześcijańskich kościołów empory. Całą górną część wnętrza pokrywają mozaiki wykonane przez artystów weneckich i bizantyjskich (XII–XIV w.), częściowo zrekonstruowane w XVI–XVII w. na podstawie rysunków Tycjana, Tintoretta i Veronesego. Silny kontrast pomiędzy hieratycznością pierwszych a renesansowym smakiem drugich pozwala bez problemu odróżnić dzieła dwóch epok.

W prezbiterium, zamkniętym ikonostasem, znajduje się cyborium oparte na czterech XII-wiecznych kolumnach.

Za ołtarzem głównym umieszczono tzw. Złotą Kulę – **Pala d'Oro** otwarte: XI–Boże Ciało pn.–sb. 9.45–16.45, nd. 14.00–16.30, Boże Ciało–X pn.–sb. 9.45–17.00, nd. 14.00–17.00; wstęp: 2 EUR z X–XIV w. To arcydzieło weneckiego złotnictwa – osiemdziesiąt emalii oprawionych w złoto wysadzane drogimi kamieniami. Centralna emalia, przedstawiająca Chrystusa Błogosławiącego, pochodzi z Konstantynopola (XIII w.).

Z prawego ramienia transeptu przechodzi się do **skarbca** otwarte: jak Pala d'Oro; wstęp: 3 EUR. Z kolei w prawej nawie znajduje się wejście do baptysterium oraz kaplicy Zen, udekorowanej XIII-wiecznymi mozaikami.

W **Museo San Marco** otwarte: codz. 9.45–16.45; wstęp: 5 EUR można podziwiać figury czterech koni, których kopie umieszczono na fasadzie. Warto też wejść na empory i taras fasady, skąd rozciąga się piękny widok na plac św. Marka i lagunę.

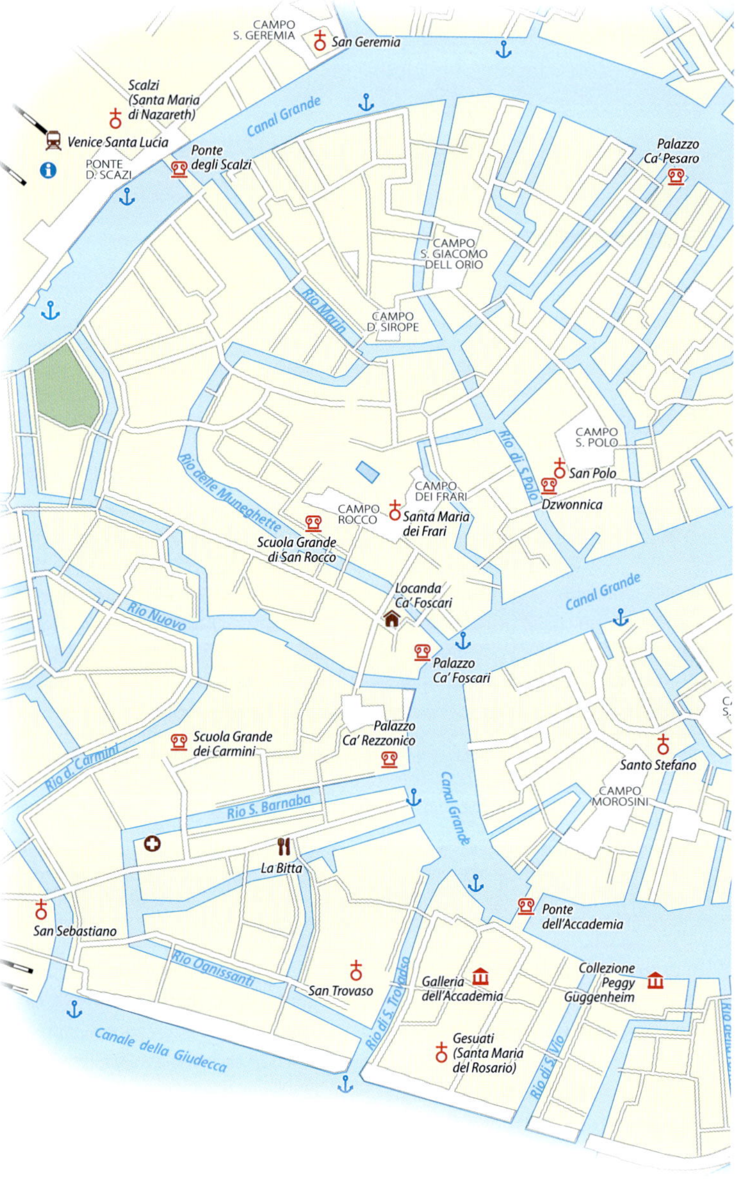

Na lewo od bazyliki wznosi się **Torre dell'Orologio** ℹ otwarte: zwiedzanie tylko po rezerwacji i z przewodnikiem po ang. pn.-śr. 10.00 i 11.00, czw.-nd. 14.00 i 15.00, także po wł. i franc., rez. telef. +39 041 42730892, www.vivaticket.it; wstęp: 12 EUR, ulg. 7 EUR. Wieża zegarowa została wzniesiona w latach 1496–99, prawdopodobnie przez Maura Condussiego.

Umieszczony na niej zegar pokazuje godziny, fazy Księżyca oraz ruch Słońca po zodiaku. Powyżej znajduje się złocony posąg Madonny, a po jej lewej stronie małe drzwiczki, z których w tygodniu Wniebowstąpienia co godzinę wychodzi anioł i Trzej Królowie, aby pokłonić się Matce Bożej i następnie zniknąć w drzwiczkach po prawej. Nad wszystkim

▲ Zegar na Torre dell'Orologio

dominuje złocona rzeźba lwa św. Marka na błękitnym gwieździstym tle. Wyjście na wieżę daje możliwość nie tylko podziwiania panoramy Wenecji, ale też przyjrzenia się dwóm posągom Maurów wybijających godziny, wykonanym przez Paola Savina w 1497 r.

Długi budynek, w który wbudowana jest Torre dell'Orologio, stanowiący północną pierzeję placu św. Marka, to tzw. **Procuratie Vecchie** datowane na 1514 r. – renesansowa konstrukcja z wyraźnymi śladami gotyku. Naprzeciwko, po południowej stronie placu, wznoszą się natomiast **Procuratie Nuove**, których budowę rozpoczął w 1582 r. Vincenzo Scamozzi, a zakończył w 1640 r. Longhena. Stojące naprzeciwko bazyliki i zamykające plac od zachodu skrzydło pałacu z charakterystycznym rzędem podcieni, to tzw. **Ala Napoleonica** (skrzydło napoleońskie) z początków XIX w., wzniesione na miejscu zburzonego kościoła San Geminiano.

Strzelista wieża (99 m) pomiędzy Procuratie Nuove a bazyliką św. Marka to **Campanile di San Marco** – dzwonnica. Jej budowę rozpoczęto w IX w. (dlatego dolna część ma charakter romański), ale ukończona została dopiero w początkach XVI stulecia. W 1902 r. konstrukcja ku zaskoczeniu wszystkich runęła, ale po 10 latach została wiernie zrekonstruowana.

Mieszczące się w salach Procuratie Nuove ★ **Museo Correr** ⓘ otwarte: codz. IV–X 10.00–19.00, XI–III 10.00–17.00; wstęp: 20 EUR, ulg. 13 EUR – bilet łączony do Museo Correr, Palazzo Ducale, Museo Archeologico Nazionale i Biblioteca Marciana powstało dzięki wenecjaninowi Teodorowi Correrowi, który w 1830 r. zapisał miastu swoje zbiory. Muzeum składa się z dwóch części. W pierwszej zebrane są pamiątki, dokumenty, broń i inne eksponaty przypominające o minionej świetności Wenecji. Drugą część stanowi tzw. **Quadreria**, prezentująca malarstwo weneckie, m.in. *Portret doży Mocenigo* Gentilego Belliniego, *Damy weneckie* Carpaccia, *Ukrzyżowanie* Jacopa Belliniego, *Portret* Lorenza Lotta.

Plac św. Marka łączy się z nabrzeżem poprzez Piazzetta di San Marco. Na tym placyku stoją dwie **kolumny** z XII w. zwieńczone rzeźbami: lwa św. Marka oraz św. Teodora. Zachodnią pierzeję Piazzetta di San Marco stanowi renesansowa **Libreria Marciana** – biblioteka wybudowana w latach 1537–88 przez pochodzącego z Toskanii Jacopa Sansovina, by pomieścić cenną kolekcję starożytnych manuskryptów podarowanych republice przez wielkiego humanistę, kardynała Bessariona. Przez portal pod numerem 13, a następnie imponującymi schodami przechodzi się do sal biblioteki, zdobionych m.in. przez Tycjana, Veronesego i Tintoretta. Wśród cennych zbiorów, godny uwagi jest zwłaszcza *Breviario Grimani*, kodeks z końca XV w., zawierający miniatury wykonane przez artystów flamandzkich.

Naprzeciwko wznosi się ★ **Palazzo Ducale** ⓘ otwarte: IV–X 8.30–19.00, XI–III 8.30–17.30; wstęp: zob. Museo Correr, od IX w. stanowiący siedzibę dożów. Dzisiejszy Pałac Dożów od strony nabrzeża oraz Piazzetta di San Marco ma piękne gotyckie fasady, podczas gdy skrzydło między dziedzińcem a kanałem Rio di Palazzo jest późnorenesansowe. Na dziedzińcu pałacu warto zwrócić uwagę na Schody Gigantów (Scala dei Giganti) zaprojektowane przez Antonia Rizza pod koniec XV w. Brązowe posągi Marsa i Neptuna u szczytu schodów wykonał Jacopo Sansovino w 1556 r. Na lewo od nich wznosi się imponujący łuk Foscari (1470), którego styl jest unikatowym połączeniem gotyku i renesansu.

Wnętrze Pałacu Dożów to przede wszystkim szereg imponujących sal, m.in. apartamenty doży, Sala Rady Dziesięciu, Sala Senatu czy Sala Wielkiej Rady. Wszystkie one zostały udekorowane przez największych weneckich mistrzów; można podziwiać tu takie arcydzieła jak: *Wenecja przyjmująca hołd od Neptuna* Tiepola, *Porwanie Europy* i *Apoteoza Wenecji* Veronesego czy *Raj* Tintoretta.

Ponte dei Sospiri, czyli Most Westchnień, został wybudowany w 1602 r. Łączy Palazzo Ducale, w którym znajdowała się siedziba Inkwizycji, z Prigioni Nuove – więzieniami mieszczącymi się po drugiej stronie Rio di Palazzo. Tym właśnie mostem prowadzeni byli m.in. skazani na śmierć i, wg legendy, wzdychali ciężko, spoglądając po raz ostatni na Wenecję poprzez ażurowe okienka.

Na niewielkiej wyspie naprzeciwko Piazzetta San Marco wznosi się **kościół San Giorgio Maggiore** ⓘ otwarte: IV–X 9.00–19.00, XI–III 8.30–18.00, nd. przerwa 10.40–12.00, wstęp wolny; wieża: 6 EUR, ulg. 4 EUR z przełomu XVI i XVII w. Jest to jedna z najpiękniejszych budowli zaprojektowanych przez Andrea Palladię. Wewnątrz na uwagę zasługują przede wszystkim dwa arcydzieła Tintoretta na ścianach prezbiterium: *Ostatnia Wieczerza* oraz *Manna z nieba*. W ołtarzu znajduje się obraz Carpaccia *Święty Jerzy ze smokiem*, w kaplicy zaś można zobaczyć *Złożenie do grobu* Tintoretta. W sąsiadującym ze świątynią klasztorze interesująco przedstawiają się dwa dziedzińce oraz refektarz, także wybudowany wg projektu Palladia. Poza tym klasztor jest siedzibą Fondazione Giorgio Cini, renomowanej fundacji zajmującej się głównie organizacją wystaw. Zwiedzający mogą tu obejrzeć płótna Tintoretta oraz malarzy XVI i XVII w.

▼ Pałac Dożów

Główna ulica prowadząca z Piazza San Marco na północ, a zarazem najprostsza droga do Ponte del Rialto, jednego z najwspanialszych weneckich mostów, to tzw. **Mercerie**. Zaczynają się one pod Torre dell'Orologio, a kończą na innym zawsze pełnym życia placu – Campo di San Bartolomeo. Kamienny ★ **Ponte del Rialto** wybudowano w XVI w. na miejscu wcześniejszego drewnianego mostu. Szczególnie charakterystyczne i malownicze są umieszczone po obu jego stronach kramy.

Przy Mercerie znajduje się także Campo San Salvador, a przy nim **kościół San Salvador**. We wnętrzu tej XVI-wiecznej trzynawowej konstrukcji o barokowej fasadzie można podziwiać m.in. posąg doży Francesca Veniera autorstwa Sansovina, *Zwiastowanie* i *Przemienienie* Tycjana czy przepiękną *Wieczerzę w Emaus* Giovanniego Belliniego.

Poprzez Campo San Luca i Campo Manin dochodzi się do jednego z najciekawszych weneckich budynków: **Palazzo Contarini del Bovolo** ⓘ otwarte: codz. 10.00–18.00, wstęp: 7 EUR, ulg. 6 EUR z charakterystyczną krętą klatką schodową z końca XV w. na dziedzińcu, nie bez przyczyny zwaną Scala del Bovolo (*bovolo* w dialekcie weneckim znaczy „ślimak").

Idąc na południe, dociera się do stojącego już nad kanałem San Moisé **kościoła San Moisé**. Wybudowany on został w X w. przez Moisé Verniera. W jednonawowym wnętrzu na szczególną uwagę zasługuje późne dzieło Tintoretta *Obmywanie nóg*.

Nieco dalej na północny zachód, po drugiej stronie kanału znajduje się Campo San Fantin, a przy nim wznosi się największy wenecki **teatr: La Fenice**. Ukończony został w 1790 r. przez Antonia Selvę, pierwsze przedstawienie odbyło się zaś dwa lata później. Teatr został dwukrotnie zniszczony przez pożar: w 1836 i, całkiem niedawno, w 1996 r. Odbudowano go i przywrócono wenecjanom pod koniec 2003 r.

Idąc dalej na południe, w stronę Canal Grande, dochodzi się do wspaniałego **kościoła Santa Maria del Giglio**, zwanego też Santa Maria Zobenigo ⓘ otwarte: pn.–sb. 10.00–17.00, nd. 10.00–17.30; wstęp: 3 EUR.

Zachwyca on przede wszystkim XVII-wieczną fasadą, stanowiącą znakomity przykład weneckiego baroku. Wewnątrz znajdują się m.in. *Czterej Ewangeliści* i *Chrystus w otoczeniu świętych* Tintoretta.

Poprzez Campo San Maurizio dociera się do obszernego Campo Santo Stefano. Stojący tu **kościół Santo Stefano** ⓘ otwarte: pn.–sb. 10.00–17.00, nd. 12.00–17.30, wstęp: 3 EUR z XV–XVI w. jest znakomitym przykładem gotyku kwiecistego. Szczególnie interesująco przedstawia się bogato zdobiony portal, wykonany przez Bartolomea Bona i jego uczniów. W trzynawowym wnętrzu na uwagę zasługuje gotycki chór w prezbiterium (1488) oraz obrazy Tintoretta w zakrystii.

Dorsoduro

Przechodząc przez Ponte dell'Accademia na drugą stronę Canal Grande, obok kościoła San Vidal (wewnątrz m.in. *Święty Witalis* Carpaccia), dochodzi się do Campo Carità, przy którym znajduje się ★ **Galleria dell'Accademia** ⓘ otwarte: pn. 8.15–14.00, wt.–nd. 8.15–19.15; wstęp: 15 EUR (+1,50 EUR za rezerwację), ulg. 7,50 EUR (+1,50 EUR), w 1. nd. mies. bezpł.; konieczna rezerwacja: tel.: +39 041 5200345 lub na stronie www.ticket.gallerieaccademia.org. Galerie Akademii, powstałej w 1750 r., mieszczą się w kompleksie byłego klasztoru Santa Maria della Carità. Zgromadzono tu największy zbiór malarstwa weneckiego z okresu od XIV do XVI w., m.in. obrazy takich mistrzów, jak Paolo Veneziano, Mantegna, Vittore Carpaccio, Giovanni Bellini, Giorgione, Tycjan, Lorenzo Lotto, Veronese czy Tintoretto. Tutaj także znajduje się m.in. obraz Piera della Francesca *Święty Hieronim*.

Koneserów sztuki przyciąga także ★ **Collezione Peggy Guggenheim** ⓘ otwarte: pn., śr.–nd. 10.00–18.00; wstęp: 15 EUR, ulg. 13/9 EUR mieszcząca się w Palazzo Venier dei Leoni nad brzegiem Canal Grande. Peggy Guggenheim, ekscentryczna Amerykanka ze słynnej rodziny kolekcjonerów sztuki, nabyła ten budynek w 1949 r. i umieściła w nim swój zbiór sztuki współczesnej. Wśród dzieł pogrupowanych wg stylu, w jakim powstały (dadaizm, kubizm, surrealizm itd.), można znaleźć obrazy np. de Chirico, Brâncuşiego i Malewicza.

▼ Ponte del Rialto

Idąc na wschód, ku końcowi Dorsoduro, dochodzi się do **kościoła Santa Maria della Salute** malowniczo usytuowanego u ujścia Canal Grande. Obiekt łatwo rozpoznać dzięki wielkiej półkolistej kopule i łukowi triumfalnemu poprzedzającemu wejście. Ten barokowy kościół wzniesiony w XVII w. przez Baldassarre Longhenę miał stanowić wotum wdzięczności za zakończenie epidemii dżumy. Wnętrze jest obszerne i jasne, znajdują się w nim interesujące obrazy, m.in. na trzecim ołtarzu po lewej można podziwiać późne dzieło Tycjana *Zesłanie Ducha Świętego*, w zakrystii natomiast jego kolejne cztery obrazy (m.in. *Święty Marek w otoczeniu świętych*), a także *Wesele w Kanie Galilejskiej* Tintoretta.

Tuż obok kościoła, na cyplu kończącym Dorsoduro (Punta della Dogana), otoczonym wodami Bacino di San Marco z jednej i Canal Grande z drugiej strony, wznosi się **Dogana da Mar**. Jest to masywna konstrukcja zbudowana w miejscu wieży stanowiącej niegdyś część systemu obronnego miasta. Na narożnej wieży umieszczono widoczną z daleka złotą kulę (Palla d'Oro), podtrzymywaną przez dwóch Atlasów – dzieło Bernarda Falconego.

Po drugiej stronie Canale della Giudecca wznosi się wotywny **kościół Redentore**, wybudowany z inicjatywy Senatu Republiki Weneckiej w trakcie wielkiej zarazy, jaka dotknęła Wenecję w latach 70. XVI w. Powstał on w latach 1577–92 wg projektu Andrei Palladia, wówczas znanego już i cenionego architekta. Świątynia jest wzorem harmonii i elegancji. Znajdują się w niej liczne obrazy weneckich artystów, m.in. Tintoretta, Veronesego, Vivariniego i Palmy Młodszego.

Wzdłuż południowego nabrzeża Dorsoduro ciągnie się urokliwy bulwar Zattere. Idąc nim od Punta de Mar, dochodzi się do XVIII-wiecznego **kościoła Gesuati** (inaczej Santa Maria del Rosario) ❶ otwarte: pn.–sb. 10.00–17.00, nd. 14.00–17.30; wstęp: 3 EUR. Wzniesiony na podstawie projektu Giorgia Massariego dla zakonu dominikanów miał zastąpić mniejszy, do dziś stojący obok kościółek. Wewnątrz można zobaczyć freski Tiepola (na sklepieniu), a także obrazy Tintoretta i rzeźby Morlaitera.

Nieco dalej znajduje się **squero San Trovaso**, sięgający swymi początkami XVII w. Squero to miejsce, gdzie dawniej wyrabiano wszelkiego rodzaju łodzie, obecnie wytwarza się tu i reperuje tylko gondole. Po przeciwnej stronie placu wznosi się **kościół San Trovaso** ❶ otwarte: pn.–sb. 14.30–17.30 odbudowany w XVI w., a w nim można zobaczyć m.in. cenne płótna Jacopa i Domenica Tintorettich oraz nastawy ołtarza Palmy Młodszego.

Jeszcze dalej na zachód, między Rio San Sebastiano a Campo Angelo Raffaelo wznosi się XVI-wieczny **kościół San Sebastiano** ❶ otwarte: pn.–sb. 10.00–17.00, nd. 14.00–17.30; wstęp: 3 EUR. Jest on interesujący ze

▼ Squero San Trovaso

względu na obrazy i freski Paola Veronesego, którymi ozdobione jest wnętrze. Artysta w latach 1555–65 wykonał malowidła na sklepieniu (*Historie królowej Ester*), na suficie zakrystii oraz na chórze (*Święty Sebastian przed Dioklecjanem* i *Męczeństwo świętego Sebastiana*). W prezbiterium obejrzeć można także jego obrazy związane z męczeństwem św. Sebastiana. Warto też dodać, że to właśnie tutaj Veronese został pochowany.

Idąc wzdłuż nabrzeża Rio San Sebastiano, a następnie Rio dei Carmini, dochodzi się do placu, przy którym znajduje się **Scuola Grande dei Carmini** ℹ otwarte: codz. 11.00–17.00; wstęp: 5 EUR, ulg. 4 EUR. Weneckie *scuole* były stowarzyszeniami religijnymi, częściowo utożsamianymi z towarzystwami cechowymi. Ich siedziby znajdowały się na ogół w monumentalnych pałacach, dekorowanych przez największych artystów. Budynek Scuola dei Carmini wzniesiony został w XVII w. na podstawie projektu Baldassarre Longheny. Wewnątrz znajduje się seria obrazów Tiepola, uważanych za jego najlepsze dzieła.

Nieco dalej na wschód, nad Canal Grande, wznosi się jeden z najdoskonalszych przykładów weneckiego baroku: ★ **Ca' Rezzonico**. W 1649 r. jego budowę zaczął Longhena, na zlecenie rodziny Bon, jednak nie udało mu się dokończyć dzieła. Dopiero w następnym stuleciu nowi właściciele, rodzina Rezzonico, powierzyła jego wykończenie Giorgiowi Massariemu. Obecnie mieści się tu **Museo del Settecento Veneziano** ℹ otwarte: pn., śr.–nd. IV–X 10.00–18.00, XI–III 10.00–17.00; wstęp: 10 EUR, ulg. 7,50 EUR, czyli muzeum XVIII-wiecznej Wenecji. Zobaczymy tu dużą kolekcję mebli oraz obrazów z tego okresu, m.in. Guardiego i Pietra Longhiego, oraz freski Tiepola.

Również nad Canal Grande stoi kolejny zachwycający wenecki pałac: ★ **Palazzo Ca' Foscari** – obecnie siedziba jednego z wydziałów uniwersytetu. Budynek ten stanowi znakomity przykład gotyckiego domu patrycjuszowskiego. Trójdzielna fasada odzwierciedla wewnętrzny układ pomieszczeń – dwa krótkie rzędy loggii w środku to okna salonu, podczas gdy boczne skrzydła z niewielkimi oknami przeznaczone były na pokoje mieszkalne. Na parterze centrum budynku stanowiło atrium, w którym składowano towary.

San Polo

Nieco dalej na północ znajduje się **Scuola Grande di San Rocco** otwarte: codz. 9.30–17.30; wstęp: 10 EUR, ulg. 8 EUR z 1. poł. XVI w. W latach 1564–87 budynek dekorował Tintoretto. Wśród jego fresków na szczególną uwagę zasługują *Zwiastowanie*, *Ucieczka do Egiptu* i *Maria Magdalena* w salonie na parterze oraz *Ukrzyżowanie* i *Pasja* w Sala d'Albergo. W scuoli zobaczymy też dzieła innych artystów, np. *Ecce Homo* Tycjana.

Nieopodal wznosi się franciszkański **kościół Santa Maria dei Frari** otwarte: pn.–sb. 9.00–18.00, nd. 13.00–18.00; wstęp: 3 EUR, ulg. 1,50 EUR, który obecny kształt zyskał w XV w. Układ świątyni jest typowy dla włoskich kościołów franciszkańskich: trzy nawy i transept, tworzące literę T, oraz absyda wraz z kaplicami. Warto zwrócić uwagę na pięknie zdobione portale. Wnętrze kościoła jest bogate w dzieła sztuki: przede wszystkim liczne rzeźby nagrobne dożów i innych znakomitych wenecjan. Pośrodku nawy głównej umieszczono obłożony marmurem chór oraz drewniane inkrustowane stalle (XV w.). W lewej nawie podziwiać można jedno z arcydzieł malarstwa włoskiego: obraz *Madonna di Ca' Pesaro* Tycjana. Za ołtarzem głównym zobaczymy kolejny obraz tego malarza: *Wniebowzięcie* o bardzo nowoczesnej kompozycji i ciekawej kolorystyce. W kaplicach absydy znajdują się polichromowana drewniana rzeźba Donatella przedstawiająca św. Jana Chrzciciela (1450) oraz *Święty Ambroży i święci* Vivariniego i Basaitiego. W zakrystii natomiast zobaczyć można tryptyk Giovanniego Belliniego *Madonna na tronie z Dzieciątkiem i świętymi*.

Dalej na wschód rozciąga się najrozleglejszy plac w Wenecji, znajdujący się na tyłach **kościoła San Polo** otwarte: pn.–sb. 10.00–17.00; wstęp: 3 EUR z widoczną absydą z IX w. Była ona dwukrotnie przebudowywana: w XV w. w stylu późnogotyckim i w XIX w. w stylu neoklasycznym. Do dziś zachował się jednak gotycki boczny portal. Wewnątrz podziwiać można obrazy Tintoretta, Veronesego i Tiepola. Stojąca obok **dzwonnica** pochodzi z 1362 r. i ze swymi tryforiami jest klasycznym przykładem XIV-wiecznej weneckiej budowli.

Na północ od San Polo, w dzielnicy Santa Croce, nad Canal Grande wznosi się kolejny zachwycający wenecki pałac – ★ **Palazzo Ca' Pesaro**. Zaprojektowany w 1628 r. przez Baldassarre Longhenę dla rodziny Pesaro, został ukończony dopiero w początkach XVIII w. przez Antonia Gaspariego i jest chyba najdoskonalszym przykładem weneckiego baroku. Mieści się tu ★ **Galleria Nazionale dell'Arte Moderna** otwarte: wt.–nd. IV–X 10.00–18.00, XI–III 10.00–17.00; wstęp: 10 EUR, ulg. 7,50 EUR, tj. Galeria Sztuki Współczesnej, gromadząca obrazy malarzy europejskich (Klimt, Chagall, Kandinsky) oraz największe dzieła XX-wiecznych artystów włoskich. W tym

samym budynku znajduje się także **Museo d'Arte Orientale** ℹ otwarte: wt.–nd. IV–X 10.00–18.00, XI–III 10.00–17.00; wstęp: 10 EUR, ulg. 7,50 EUR. Muzeum Sztuki Wschodniej powstało na bazie kolekcji Henryka Burbona zebranej pod koniec XIX w. Gromadzi m.in. malarstwo, rzeźbę, ceramikę i broń, zwłaszcza japońskie z okresu Edo (XVII–XIX w.).

Castello

Do dzielnic Cannaregio i San Marco przylega od wschodu dzielnica Castello. Po drugiej stronie Canal Grande, nieco na północ od Ponte Rialto, stoi jedna z najpiękniejszych świątyń Wenecji – niewielki **kościół Santa Maria dei Miracoli** ℹ otwarte: pn.–sb. 10.00–17.00, nd. 10.00–17.30; wstęp: 3 EUR. Świątynia zbudowana między 1481 a 1489 r. na podstawie projektu Pietra Lombarda zachwyca przede wszystkim elegancką fasadą obłożoną marmurem podobno pozostałym z budowy bazyliki św. Marka. W kopule umieszczono drewniane kasetony z popiersiami proroków i świętych.

Nieopodal znajduje się Piazza Santi Giovanni e Paolo, a przy nim kościół o tej samej nazwie. Dominikański **kościół Santi Giovanni e Paolo** budowany był od XIII do XV w. Wnętrze wypełnione jest interesującymi zabytkami. W prawej nawie bocznej uwagę przykuwa poliptyk *San Vincenzo Ferrier* Giovanniego Belliniego. W prezbiterium, pomiędzy grobowcami dożów wyróżnia się XV-wieczna figura nagrobna doży Vendramina oraz gotycka figura doży Cornera z *Madonną z Dzieciątkiem i czterema świętymi* Nina Pisana. W głębi lewej części transeptu znajduje się Cappella del Rosario ze sklepieniem udekorowanym przez Veronesego.

Nieopodal wznosi się **kościół Santa Maria Formosa**, prawdopodobnie jeden z najstarszych w Wenecji, który został jednak przebudowany w stylu wczesnorenesansowym

▲ Kościół Santi Giovanni e Paolo

(1492). W głębokich bocznych kaplicach można podziwiać m.in. poliptyk Palmy Starszego przedstawiający św. Barbarę i czterech świętych.

Bardzo blisko, w pięknym renesansowym pałacu mieści się **Pinacoteca Querini-Stampalia** gromadząca głównie obrazy artystów weneckich z okresu XIV–XVI w., m.in. Donata i Catarina Veneziano, Palmy Starszego, Tiepoli czy Belliniego.

W południowej części dzielnicy Castello, nieopodal placu św. Marka, wznosi się **kościół San Zaccaria**. Swój obecny wygląd zyskał po odbudowie w XV w. Harmonijna renesansowa fasada jest dziełem Condussiego, ale uwagę zwraca przede wszystkim gotycki portal, a w nim *Madonna ze świętymi* Bartolomea Bona. Wnętrze zgrabnie łączy elementy gotyckie i renesansowe. Można tu zobaczyć serię obrazów, w tym poliptyk autorstwa Andrei da Murano. Na prawo od kościoła znajduje się XIII-wieczna dzwonnica, na lewo – arkady klasztoru (a w nich sklepiki).

Nieopodal stoi greckokatolicki **kościół San Giorgio dei Greci** wzniesiony w XVI w. wg projektu Santiego Lombarda.

▲ Arsenał

Jednonawowe wnętrze z półokrągłą kopułą ograniczone jest ikonostasem, ozdobionym marmurowymi dekoracjami i malarstwem szkoły grecko-bizantyjskiej.

Tuż obok kościoła znajduje się **Scuola di San Nicolò dei Greci**, w której zebrano m.in. kolekcję greckich ikon. Nieco dalej wznosi się **Scuola di San Giorgio degli Schiavoni**, założona na początku XVI w. przez społeczność dalmatyńską (*Schiavoni* to właśnie Dalmatyńczycy). Największą jej atrakcją jest cykl dzieł Vittore Carpaccia, uważany za jedno z jego największych dokonań, a przedstawiający sceny z życia św. Jerzego.

Nieco dalej na północ, przy Campo della Confraternità, znajduje się zaprojektowany przez Jacopa Sansovina XVI-wieczny **kościół San Francesco della Vigna** z fasadą autorstwa Andrei Palladia. Wewnątrz można podziwiać dzieła m.in. Domenica Tintoretta, Palmy Młodszego i Giovanniego Belliniego.

We wschodniej części dzielnicy Castello rozciągają się rozległe obszary **Arsenale**. Wenecki arsenał (słowo *arsenale* pochodzi od arabskiego *darsina'a*, czyli „dom przemysłu") powstał w 1104 r. z inicjatywy doży Ordelaffiego Faliera i w kolejnych stuleciach był systematycznie powiększany. Była to państwowa stocznia budująca okręty wojenne i handlowe, a zarazem fabryka i składnica broni, posiadająca też wszelkie cechy charakterystyczne dla nowoczesnej bazy morskiej. Władze weneckie z rozmysłem pokazywały cudzoziemcom Arsenał w celach propagandowych, licząc na efekt, jaki może wywrzeć na przedstawicielach innych państw potęga floty i armii Republiki Weneckiej. Arsenał jest zamknięty dla zwiedzających, otwiera się go tylko na czas wystaw lub targów, jak np. sławnego Biennale d'Arte.

Na położonej nieopodal wysepce San Pietro wznosi się **kościół San Pietro**. Jego historia sięga VIII w., a obecny wygląd jest wynikiem zmian wprowadzonych na przełomie XVI i XVII w. Fasada powstała w 1596 r. na podstawie wcześniejszego projektu Andrei Palladia. Charakterystyczna krzywa dzwonnica z kamienia istryjskiego jest dziełem Mauro Codussiego (1482–90).

Niedaleko od San Pietro znajdują się **Giardini della Biennale**, które od czasów napoleońskich stanowią największy park miasta. To właśnie tutaj odbywa się prestiżowe biennale sztuki.

Cannaregio

W dzielnicy Cannaregio, na północnym nabrzeżu, przy Fondamenta Nuova wznosi się XVIII-wieczny **kościół Santa Maria Assunta dei Gesuiti** z imponującą barokową fasadą w formie zbliżoną raczej do baroku rzymskiego niż tradycyjnych rozwiązań weneckich. Także dekoracja wnętrza (biały i zielony marmur oraz złocone stiuki) jest jedyną tego typu w Wenecji. W świątyni znajduje się arcydzieło Tycjana *Męczeństwo świętego Wawrzyńca* (1588; w pierwszym ołtarzu po lewej), a także obrazy Tintoretta i Palmy Młodszego. W stojącym tuż obok XIII-wiecznym oratorium dei Crociferi zgromadzono cykl obrazów tego ostatniego.

Na południowym krańcu dzielnicy Cannaregio, przy Canal Grande, wznosi się jeden z najpiękniejszych weneckich pałaców: XV-wieczny **Palazzo Ca' d'Oro**. Swoją nazwę zawdzięcza złotym dekoracjom, które niegdyś zdobiły jego fasadę. W pałacu mieści się **Galeria Giorgio Franchetti** ℹ otwarte: pn. 8.15–14.00, wt.–sb. 8.15–19.15, nd. 9.00–19.00; wstęp: 11 EUR (+1,50 EUR za rezerwację), ulg. 5,50 EUR, rez. telef. +39 041 5200345 lub na stronie www.cadoro.org, prezentująca liczne dzieła sztuki, gobeliny i meble z XV w. Do najważniejszych eksponatów należą obrazy *Święty Sebastian* Mantegni i *Wenus* Tycjana, a także prace Carpaccia, Tintoretta i Luki Signorellego.

Powracając znów na północny kraniec Cannaregio, dochodzi się do **kościoła Madonna dell'Orto**, jednego z najbardziej interesujących w Wenecji, zarówno ze względu na oryginalną fasadę z terakoty, jak i na sposób, w jaki łączy elementy stylu romańskiego, gotyku i renesansu. Jego początki sięgają XIV w., ale w następnym stuleciu świątynia ta została zupełnie przebudowana. W trzynawowym wnętrzu można podziwiać dzieła Tintoretta (który został tu pochowany w 1594 r.), jak również *Świętego Jana Chrzciciela w otoczeniu świętych* Cimy da Conegliano z końca XV w.

Nieco dalej na południe rozciąga się dzielnica, która w latach 1516–1797 przeznaczona była dla ludności żydowskiej. Domy w okolicy **Piazza Ghetto Nuovo** są bardzo wysokie, ze względu na konieczność zmieszczenia na niewielkim, ograniczonym obszarze bardzo licznej społeczności. Do dzisiaj zachowało się tutaj jeszcze sześć synagog.

Przy Campo Ghetto Nuovo znajduje się muzeum sztuki żydowskiej: **Museo Ebraico** ℹ otwarte: pn.–pt., nd. X–V 10.00–17.30, VI–IX 10.00–19.00, w pt. możliwe wcześniejsze zamknięcie; zamkn. w święta żydowskie; wstęp: 8 EUR, ulg. 6 EUR; bilet obejmujący wizytę w trzech synagogach 12 EUR, ulg. 10 EUR, przybliżające życie wspólnoty żydowskiej w Wenecji. Przy tym samym placu znajdują się dwie **synagogi**: Scuola Spagnola i Scuola Levantina o bogatych wnętrzach.

Po drugiej stronie Canale di Cannaregio wznosi się powstały w XI w. **kościół San Geremia** z charakterystyczną romańską terakotową dzwonnicą, jedną z najstarszych w Wenecji. W świątyni przechowywane są szczątki syrakuzańskiej męczenniczki, św. Łucji, przeniesione tutaj ze zburzonego kościoła Santa Lucia, na którego miejscu stoi obecnie dworzec kolejowy.

Idąc wzdłuż Canale di Cannaregio, dociera się do **kościoła San Giobbe**. Jego budowę rozpoczęto w stylu gotyckim, a dokończono w 2. poł. XV w. w stylu renesansowym. Warto tu zwrócić uwagę na portal i prezbiterium projektu Lombardiego, a także obrazy Savolda i Vivariniego.

Tuż przy dworcu kolejowym wznosi się barokowy gmach Santa Maria di Nazareth, znany bardziej jako **Chiesa degli Scalzi**, wybudowany w XVII w. dla zakonu karmelitów bosych wg projektu Baldassarre Longheny. Fasadę wykonaną z marmuru z Carrary (jedyną taką w Wenecji) zaprojektował Giuseppe Sardi. Wewnątrz, na sklepieniu nawy bocznej, można podziwiać freski Giambattisty Tiepola.

▲ Uliczka na wysepce Burano

Laguna Wenecka

Warto wybrać się także na którąś z licznych wysp Laguny Weneckiej. Dość nietypową, ale niewątpliwie wartą odwiedzenia, jest wysepka **SAN MICHELE**. Znajduje się na niej miejski cmentarz, a obok niego renesansowy **kościół San Michele** zaprojektowany przez Mauro Codussiego.

Kolejna wyspa – **MURANO** – słynie z wyrobu pięknego, kolorowego szkła najwyższej jakości, znanego jako „szkło Murano" albo „szkło weneckie". W XIII w. przeniesiono tu wszystkie huty szkła z Wenecji, by uniknąć pożarów w mieście. W Palazzo Giustinian mieści się **Museo del Vetro** ❶ otwarte: codz. XI–III 10.00–17.00, IV–X 10.00–18.00; wstęp: 10 EUR, ulg. 7,50 EUR, prezentujące przede wszystkim historię weneckiego szklarstwa od XV do XVIII w., a także współczesne wyroby lokalne. Ponadto warto zwrócić uwagę na XII-wieczną **bazylikę Santi Maria e Donato**. Wewnątrz można zobaczyć m.in. mozaikę podłogową z XII w., XIII-wieczne kapitele i bizantyjską mozaikę w absydzie oraz freski z początku XV w.

Kolejna wysepka, **BURANO**, znana jest przede wszystkim z koronek, które wytwarza się tu już od XIV w. W gotyckim pałacu przy Piazza Galuppi mieści się **Museo del Merletto** ❶ otwarte: XI–III 10.00–17.00, IV–X 10.00–18.00; wstęp: 5 EUR, ulg. 3,50 EUR, gromadzące najwspanialsze przykłady sztuki koronkarskiej.

LIDO to długa, wąska wyspa, która oddziela Lagunę Wenecką od morza. Jest to znany kurort, gdzie kręcone były sceny do *Śmierci w Wenecji* Viscontiego.

Na kolejnej wyspie, **TORCELLO**, znajduje się m.in. **Cattedrale di Santa Maria Assunta** z VII w. W trzynawowym wnętrzu katedry podziwiać można przede wszystkim mozaikę *Sąd Ostateczny* z XII–XIII w. Za świątynią wznosi się nieco przysadzista dzwonnica z XI w., z której rozpościera się wspaniały widok na lagunę.

Informacja turystyczna

Punkty informacji turystycznej znajdują się przy Piazza San Marco 71f (otwarte: 8.30–19.00), Piazzale Roma (otwarte: 8.00–14.30) i przy dworcu kolejowym (tel.: +39 041 5298711; www.turismovenezia.it; otwarte: 9.00–19.30).

Komunikacja miejska

Wenecja nie jest duża i zdecydowanie najprościej jest przemieszczać się podczas zwiedzania pieszo. Oczywiście można także skorzystać z tramwajów wodnych, tzw. *vaporetto*. Bilet kupuje się w tabaccherii, automacie lub bezpośrednio na przystanku (7,50 EUR w jedną stronę, ważny 75 min, można się przesiadać). Gdy chce się zwiedzić wysepki na lagunie *vaporetto* staje się koniecznością. Można też kupić jeden z bogatej oferty biletów czasowych, np. ważny przez 24 (20 EUR), 48 (30 EUR) lub 72 godziny (40 EUR). Po Canal Grande kursują tramwaje linii 1 i 2.

Noclegi

Wenecja, choć stosunkowo niewielka, może oszołomić liczbą (a często i ceną) propozycji noclegowych. Poniżej kilka tańszych obiektów.

- **Ostello Santa Fosca**, Cannaregio 2372; tel.: +39 041 715775; www.ostellosantafosca.it; nocleg w domu studenckim, dormitorium 23 EUR, dwójka 26 EUR od osoby.
- **Hotel Ai Do Mori***, Calle Larga San Marco 658; tel.: +39 041 5204817; www.hotelaidomori.com; dwójka z łazienką 50–150 EUR w zależności od okresu. Niedaleko placu św. Marka, 11 tradycyjnie urządzonych pokoi.
- **Hotel Caneva***, Castello 5515; tel.: +39 041 5228118; www.hotelcaneva.com; jedynka od 35 EUR, dwójka od 50 EUR, trójka od 70 EUR, nie wszystkie tańsze pokoje mają oddzielne łazienki, w cenie śniadanie. Tani i skromny, ale przyjemny hotel w centrum.
- **Kemping Rialto**, Via Orlanda – Loc. Campalto 16; tel.: +39 041 5420295; www.campingrialto.com; 6,50–8 EUR/os., namiot 6–9 EUR, domek 2-os. bez łazienki 30–35 EUR, 3-os. 45–50 EUR. Są tu również domki i miejscowe podwójne namioty z łóżkami. Kemping oddalony o 10 minut jazdy autobusem od Wenecji (przystanek przed wejściem). Internet, pralnia, sklep, bar, pizzeria.
- **Locanda Ca' Foscari***, Dorsoduro 3887/B; tel.: +39 041 710401; www.locandacafoscari.com; dwójki ok. 60 EUR. Czysty hotel niedaleko centrum.
- **Ostello Venezia**, Giudecca, Fondamenta delle Zitelle 86; tel.: +39 041 8778288; www.hostelvenice.org; nocleg w dormitorium ze śniadaniem 30 EUR, ciepły posiłek ok. 10 EUR.

Wyżywienie

- **Da Rioba**, Cannaregio 2553 – Fondamenta della Misericordia. Przyjemna *osteria*, gdzie można zjeść m.in. dobrego typowego dorsza (*baccalà*).
- **Dalla Marisa**, Cannaregio 652b – Fondamenta San Giobbe. Chętnie odwiedzana (i zawsze pełna) *trattoria* serwująca mięsne i rybne dania weneckiej kuchni; lepiej rezerwować stolik.
- **Gam-gam**, Cannaregio 1122. Dobra koszerna restauracja przy kanale w żydowskiej dzielnicy Ghetto Vecchio.
- **L'Anice Stellato**, Cannaregio 3272 – Fondamenta della Sensa. *Osteria* z lokalną kuchnią bazującą na rybach.
- **La Bitta**, Dorsoduro 2753a – Calle Lunga San Barnaba. Typowe wnętrza i smaczna wenecka kuchnia.
- **Trattoria Antico Calice**; Calle Dei Stagneri 5228; czw. zamknięte. Specjalności kuchni weneckiej.

Wydarzenia

W lutym miasto bawi się podczas słynnego weneckiego **karnawału**, a na ulicach na każdym kroku spotyka się weneckie „maski" (tak ogólnie nazywane są przebrane postacie). Innymi ciekawymi wydarzeniami są: **Festa della Sensa** (24 maja) – święto zaślubin miasta z morzem, **La Festa del Redentore** (3. niedziela lipca), podczas której niebo nad Wenecją rozświetla się setkami fajerwerków, **historyczne regaty** we wrześniu oraz odbywające się co rok w innym mieście **regaty czterech republik morskich** (Amalfi, Piza, Genua i Wenecja).

Nie można też nie wspomnieć o prestiżowym weneckim **Biennale** organizowanym co dwa lata, czyli słynnym festiwalu poświęconym różnym dziedzinom sztuki i kultury. Częścią Biennale jest **Międzynarodowy Festiwal Filmowy**, najstarszy na świecie, organizowany w końcu sierpnia lub na początku września.

Werona

Werona (Verona), malowniczo położona nad Adygą, kojarzy się z jedną z najważniejszych opowieści literatury europejskiej: z historią Romea i Julii. To jednak niejedyny atut miasta – Werona ma wiele cennych zabytków, co sprawiło, że w 2000 r. została wpisana na Listę UNESCO.

WARTO ZOBACZYĆ

Centrum miasta stanowi **Piazza Bra** (słowo pochodzi od longobardzkiego *braida*, co oznacza „rozległa równina") – nieregularny plac, na który wchodzi się (idąc od strony dworca) poprzez **Portoni della Bra**, czyli bramę w postaci dwóch wielkich łuków, stanowiącą część murów miejskich z XIV w. Tuż obok wznosi się pięciokątna **Torre Pentagona** – wieża z tego samego okresu, a przy niej znajduje się wejście do **Museo Lapidario Maffeiano** ⓘ otwarte: wt.–nd. 8.30–14.00; wstęp: 4,50 EUR, ulg. 3 EUR. To najstarsze muzeum-lapidarium w Europie, założone w 1. poł. XVIII w., gromadzi m.in. starożytne (greckie, rzymskie, etruskie) inskrypcje, kamienie i rzeźby nagrobne, urny.

Na prawo od Portoni della Bra wznosi się sporych rozmiarów **Palazzo della Gran Guardia**, budowany przez kilka stuleci (XVII–XIX w.). Drugą pierzeję placu stanowi neoklasyczny **Palazzo Barbieri**. Rząd budynków naprzeciwko niego, częściowo ozdobionych podcieniami, ciągnie się lekkim łukiem wzdłuż głównego deptaka miasta, znanego jako Liston.

Oczywiście tym, co rzuca się w oczy po wkroczeniu na Piazza Bra, jest pochodząca z I w. n.e. ogromna ★ **Arena**, być może najbardziej znany zabytek Werony i jeden z największych rzymskich amfiteatrów, jakie zachowały się do naszych czasów.

Z Piazza Bra poprzez Via Mazzini dochodzi się do malowniczego **Piazza delle Erbe**, na którym, wśród XIV-wiecznych i renesansowych budynków codziennie rozkłada się targ warzywny.

Idąc dalej poprzez łuk znany jako **Arco della Costa**, który zawdzięcza swoją nazwę zawieszonej pod nim ogromnej wielorybiej kości, dociera się do Piazza dei Signori. Zobaczymy tu **Palazzo del Comune** (zwany też della Ragione) z XII–XVI w. z pięknym wewnętrznym dziedzińcem oraz **Torre dei Lamberti** – jedyną prywatną wieżę w Weronie. Jej budowę rozpoczęła w 1172 r. rodzina Lambertich. Po drugiej stronie placu wznosi się

▼ Arena

▲ Piazza delle Erbe

renesansowa **Loggia del Consiglio** (1476–93), a dalej znajdują się okazałe gotyckie grobowce członków rodu della Scala, tzw. **Arche Scaligere**, nad którymi rozpościerają się misternie zdobione baldachimy. Grobowce chroni ogrodzenie z kutego żelaza, którego głównym motywem ozdobnym jest drabina – herb rodu Scaligeri.

Niedaleko od Piazza delle Erbe, przy Via Cappello, stoi tzw. **dom Julii** ⓘ otwarte: pn. 13.30–19.30, wt.–nd. 8.30–19.30; wstęp: 6 EUR, ulg. 4,50 EUR, bilet łączony z grobem Julii 7 EUR, ulg. 5 EUR, czyli hipotetyczne domostwo Capulettich. Po wejściu na dziedziniec zobaczymy balkon oraz posąg szekspirowskiej bohaterki. Udostępnione zwiedzającym wnętrze stanowi przykład typowego domu okresu renesansu.

W pobliżu, na brzegu Adygi wznosi się największa świątynia w Weronie – **kościół Santa Anastasia**. Jego budowę rozpoczęli dominikanie w 1290 r., a choć prace trwały aż do 1481 r., fasadę ukończono tylko w połowie (jedynie jej dolną część zdobi marmurowa okładzina). W trzynawowym wnętrzu wzrok przyciągają figury tzw. *gobbi*, czyli garbusów, podtrzymujących kropielnice. Ponadto znajdują się tu freski Altichiera (w absydzie) i Pisanella (*Święty Jerzy ruszający na ratunek dziewicy* w kaplicy Giustich).

Idąc Via Duomo, dociera się do romańskiej **katedry** z XII w. Wewnątrz, na pierwszym ołtarzu po lewej, znajduje się jedyny w Weronie obraz Tycjana: *Wniebowzięcie*.

Na lewym brzegu Adygi, za mostem Garibaldiego (należy skręcić w prawo) wznosi się renesansowy **kościół San Giorgio in Braida**, w którym podziwiać można m.in. *Męczeństwo św. Jerzego* Paola Veronesego. Nieopodal zobaczymy jedyny z rzymskich mostów w Weronie, jaki dotrwał do naszych czasów: **Ponte Pietra**. Z jego pięciu łuków, najbliższy prawego brzegu Adygi odbudowany został w 1298 r. wraz z wieżą Torre di Guardia przez Alberta della Scala.

Na zboczu pobliskiego wzgórza znajdują się ruiny **rzymskiego teatru** z I w. Powyżej, w dawnym klasztorze San Girolamo, mieści się **Museo Archeologico** ⓘ otwarte: pn. 13.30–19.30, wt.–nd. 8.30–19.30; wstęp: 4,50 EUR, ulg. 3 EUR z kolekcją zawierającą m.in. brązy etruskie, greckie i rzymskie, mozaiki oraz szkło. Ze wzgórza rozciąga się piękny widok na miasto.

W pobliżu wznosi się **kościół Santa Maria in Organo** z 1481 r., interesujący ze względu na bogate renesansowe dekoracje wnętrza, zwłaszcza przepięknie intarsjowany chór w zakrystii (XV–XVI w.). Obok znajduje się **Palazzo Giusti**, który okalają XVIII-wieczne ogrody włoskie z cyprysową alejką, a nieco na południe, nad brzegiem Adygi stoi **Palazzo Pompei**, wybudowany w 1531 r. wg projektu Sammicheliego.

Na prawym brzegu Adygi wznosi się gotycki (XIII–XIV w.) **kościół San Fermo Maggiore**, jeden z najciekawszych w Weronie pod względem architektonicznym. Natomiast nieco dalej na południe znajduje się tzw. **grób Julii** otwarte: pn. 13.30–19.30, wt.–nd. 8.30–19.30; wstęp: 4,50 EUR, ulg. 3 EUR, bilet łączony z domem Julii 7 EUR, ulg. 5 EUR, gdzie wg legendy miały się rozegrać ostatnie sceny tragedii Szekspira i gdzie pochowana miała zostać Julia Capuletti. Wzniesiony w XIII w. budynek należał kiedyś do zakonu kapucynów i do dziś podziwiać można piękne krużganki oraz kryptę z rzekomym sarkofagiem szekspirowskiej bohaterki. Na ścianach umieszczono freski przeniesione tu z kościołów i pałaców werońskich. Obecnie w budynku mieści się także pałac ślubów, w którym nie tylko Włosi, ale także cudzoziemcy mogą wstąpić na nową drogę życia.

Od Piazza delle Erbe, równolegle do Via Mazzini, odchodzi Corso di Porta Corsari, kończące się rzymską bramą, tzw. ★ **Porta dei Borsari** (I w. p.n.e.), której forma była wielokrotnie naśladowana przez architektów renesansowych. Jej nazwa pochodzi od słowa *bursarii* oznaczającego rzymskich strażników pobierających cło przy wwozie towarów do miasta. Na architrawie do dziś widoczny jest napis z rzymską nazwą miasta: Colonia Augusta Verona.

Idąc dalej Corso Cavour, mija się po lewej piękny XVI-wieczny **Palazzo Bevilacqua**, a następnie dociera do jednego z najbardziej imponujących zabytków w Weronie: ★ **zamku Castelvecchio** otwarte: pn. 13.30–19.30, wt.–nd. 8.30–19.30; wstęp: 6 EUR, ulg. 4,50 EUR. Został on wybudowany w latach 1354–56 na życzenie Cangrandego II della Scala. Przez lata panowania rodów Scaligerich, Viscontich, a następnie dominacji weneckiej, napoleońskiej i wreszcie

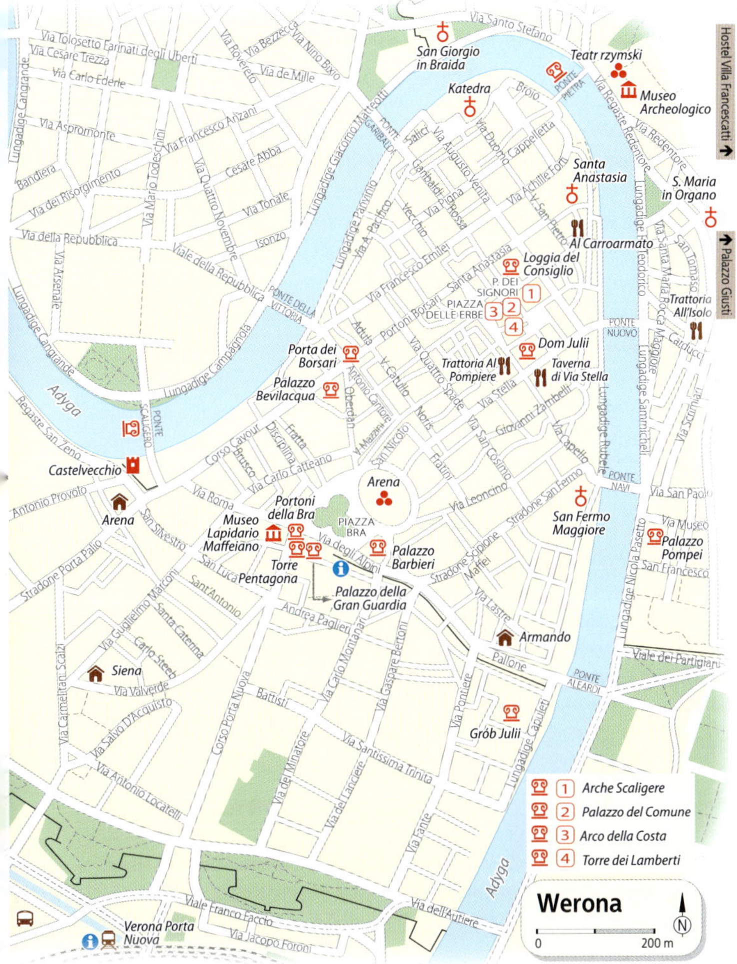

oprac. R. Bletek

austriackiej zamek pełnił kolejno funkcję rezydencji mieszkalnej, magazynu broni, szkoły wojskowej i koszar. Wreszcie w 1925 r. stał się siedzibą **Museo Civico di Verona**, prezentującego w ponad 20 salach przede wszystkim dzieła malarstwa z okresu XIV–XVIII w., głównie szkoły werońskiej, m.in. Stefana da Verona, Pisanella, Giovanniego Belliniego, Tintoretta i Tiepola. Z zamkiem połączony jest piękny most – **Ponte Scaligero**, pochodzący z tego samego okresu co zamek.

W zachodniej części miasta, jeszcze w obrębie murów, wznosi się ★ **bazylika San Zeno Maggiore**, uważana za jedno z największych osiągnięć architektury romańskiej we Włoszech. Jej budowę rozpoczęto prawdopodobnie ok. 1120 r., a następnie prace kontynuowano aż do XIV w., kiedy ukończona została absyda. Fasada w kolorze kości słoniowej znakomicie współgra ze stojącą po prawej stronie smukłą dzwonnicą z 1. poł. XII w. oraz z nieco bardziej przysadzistą XIII-wieczną ceglaną wieżą byłego opactwa po lewej. Dominującym elementem fasady jest ogromna rozeta oraz portal z płaskorzeźbami mistrza Nicolò (ok. 1138). Na brązowych drzwiach przedstawiono sceny z życia św. Zenona oraz ze Starego i Nowego Testamentu (XII w.). Wewnątrz na szczególną uwagę zasługuje ołtarz główny, w którym znajduje się renesansowy tryptyk *Madonna w otoczeniu świętych* Andrei Mantegni (1459). W głównej absydzie w urnie spoczywają doczesne szczątki św. Zenona. Poprzez lewą nawę boczną wychodzi się na pełne uroku romańskie krużganki (XII–XIV w.), gdzie można obejrzeć m.in. ciekawy fresk artysty ze szkoły Giotta. Można również zejść do krypty, by obejrzeć oryginalne kapitele kolumn.

Nieco dalej na południe znajduje się XV-wieczny franciszkański **kościół San Bernardino**, łączący w swej architekturze elementy gotyku i renesansu. Wewnątrz podziwiać można liczne freski szkoły weronskiej (m.in. Giolfina, Bonsignoriego, Francesca Moronego czy Francesca Carota). Do kościoła przylegają piękne krużganki.

Informacja turystyczna

Biura informacji turystycznej znajdują się obok Piazza Brà (Via degli Alpini 9; tel.: +39 045 8068680; www.tourism.verona.it; otwarte: pn.–pt. 9.00–19:00, nd. 10.00–18.00) oraz na dworcu kolejowym (Piazza XXV Aprile; tel.: +39 045 800861). Można w nich nabyć **Verona Card** (24-godz.: 18 EUR, 48-godz.: 22 EUR) uprawniającą do wstępu do muzeów i kościołów oraz darmowych przejazdów miejskimi liniami AMT.

Noclegi

- **Hostel Villa Francescatti**, Salita Fontana del Ferro 15; tel.: +39 045 590360; www.ostelloverona.it; nocleg w dormitorium 18 EUR, w mniejszych pokojach rodzinnych 20 EUR, śniadanie 8 EUR. Hostel w zabytkowej willi z pięknym ogrodem. Piętrowe łóżka, internet, pralnia. Obiekt przystosowany do potrzeb osób niepełnosprawnych.
- **Hotel Arena***, Stardone Porta Palio 2; tel.: +39 045 8032440; www.albergo-arena.it; jedynka bez łazienki 30–60 EUR, z łazienką 35–75 EUR, dwójka odpowiednio 45–95 i 50–125 EUR. Tradycyjny, nie najnowszy hotel niedaleko centrum. Śniadanie, internet, winda.
- **Hotel Armando****, Via Dietro Pallone 1; tel.: +39 045 8000206; www.hotelarmando.it; dwójka 189 EUR. Tradycyjny hotel w centrum.
- **Hotel Siena****, Via Marconi 41; tel.: +39 045 8003074; www.hotelsiena-verona.it; jedynka 75–85 EUR, dwójka 108–135 EUR. 27 jasnych pokoi w pastelowych kolorach z łazienką i tv; śniadanie, klimatyzacja.

Wyżywienie

- **La Taverna di Via Stella**, Via Stella 5c; www.tavernadiviastella.com; śr. zamkn. Przyjemny lokal niedaleko Areny. Dania kuchni regionalnej.
- **Osteria al Carroarmato**, Violo Gatto 2 (przecznica Via San Pietro); www.carroarmato.it; pn. zamknięte. *Osteria* z wiekową tradycją. Typowa lokalna kuchnia, warto skosztować *ragù d'anatra* (ragù z kaczki).
- **Trattoria All'Isolo**, Piazza Isolo 5a. Smaczna kuchnia lokalna; w menu dominują dania mięsne, w tym z koniny.
- **Trattoria Al Pompiere**, Vicolo Regina D'Ungheria 5; www.alpompiere.com. Godna polecenia *trattoria*, duży wybór win.

Słowniczek polsko-włoski

ZASADY WYMOWY

Wymowa włoska zbliżona jest do wymowy polskiej, a kilka prostych zasad pozwala poprawnie czytać i wymawiać włoskie słowa.

c wymawiane jest jak *k*, chyba że występuje przed *e* lub *i*, gdzie wymawiane jest jak *cz* – *cane* [kane], *cinema* [czinema];

chi, che wymawiane jest jak *ki* i *ke* – Michele [Mikele], *che* [ke];

g wymawiane jest jak *g*, chyba że występuje przed *e* lub *i*, gdzie wymawiane jest jak *dż* – *gatto* [gatto], *giardino* [dżiardino], Genova [dżenowa];

ghi, ghe wymawiane jest jak *gi* i *ge* – Ghirlandina [girlandina];

gli wymawiane jest jak *lj* – *famiglia* [familja], *figlio* [filjo];

gn wymawiane jest jak *ń* – *bagno* [bańo];

h jest nieme, nie wymawia się go

q(u) wymawiane jest jak *kł* – *acqua* [akła];

sc wymawiane jest jak *sk*, chyba że występuje przed *e* lub *i*, gdzie wymawiane jest jak *sz* – *scala* [skala], *scendere* [szendere], *scivolare* [sziwolare];

sch wymawiane jest jak *sk* – *scheda* [skeda];

z wymawiane jest jak *c*, chyba że występuje na początku wyrazów, gdzie wymawiane jest jak *dz* – *zio* [dzijo]

MINIROZMÓWKI (ZESTAWIENIE TEMATYCZNE)

Liczebniki

0 – *zero*
1 – *uno*
2 – *due*
3 – *tre*
4 – *quattro*
5 – *cinque*
6 – *sei*
7 – *sette*
8 – *otto*
9 – *nove*
10 – *dieci*
11 – *undici*
12 – *dodici*
20 – *venti*
30 – *trenta*
40 – *quaranta*
50 – *cinquanta*
90 – *novanta*
100 – *cento*
200 – *duecento*
300 – *trecento*
500 – *cinquecento*
1000 – *mille*

Dni tygodnia

poniedziałek – *lunedì*
wtorek – *martedì*
środa – *mercoledì*
czwartek – *giovedì*
piątek – *venerdì*
sobota – *sabato*
niedziela – *domenica*

Miesiące

styczeń – *gennaio*
luty – *febbraio*
marzec – *marzo*
kwiecień – *aprile*
maj – *maggio*
czerwiec – *giugno*
lipiec – *luglio*
sierpień – *agosto*
wrzesień – *settembre*
październik – *ottobre*
listopad – *novembre*
grudzień – *dicembre*

Pory dnia, czas, pory roku

rano – *mattina*
dzień – *giorno*
wieczór – *sera*
noc – *notte*
godzina – *ora*
doba – *giorno*

tydzień – *settimana*
miesiąc – *mese*

rok – *anno*
dzisiaj – *oggi*
jutro – *domani*
wczoraj – *ieri*
wiosna – *primavera*
lato – *estate*
jesień – *autunno*
zima – *inverno*

Która jest godzina? – *Che ore sono?*
Jest dziesiąta / druga (po południu) / w pół do szóstej / 15 po trzeciej – *Sono le dieci / le due / le cinque e mezza / le tre e un quarto*

Konwersacja

Dzień dobry – *Buon giorno* (do obiadu) / *buona sera* (po sjeście)
Dobry wieczór – *Buona sera*
Do widzenia – *Arrivederci*
Dobranoc – *Buona notte*
Jak się masz? / Jak się Pani / Pan ma? – *Come stai? / Come sta?*
Dziękuję, dobrze – *Bene, grazie*
Nie najlepiej – *Non molto bene*
Przepraszam – *Scusa* („ty") / *Scusi* („Pan / Pani") / *Scusami / Mi scusi* (przepraszam za coś Ciebie / Pana / Panią)
Proszę (podając coś) – *Prego*
Dziękuję – *Grazie*
Nie ma za co – *Di niente*
Słabo mówię po… – *Non parlo bene…*
Nie rozumiem – *Non capisco*
Skąd Pan / Pani jest? – *Di dov'è?*
Jestem Polakiem / Polką – *Sono polacco / a*
Mieszkam w… – *Vivo a…*
Jak Panu / Pani na imię? – *Come si chiama?*
Mam na imię… – *Mi chiamo…*
Ile masz lat? Ile ma Pan / Pani lat? – *Quanti anni hai / ha?*
Mam … lat – *Ho … anni*

Sytuacje awaryjne

dokumenty – *documenti*
paszport – *passaporto*
wiza – *visto*
Chcę zadzwonić do ambasady polskiej – *Vorrei chiamare ambasciata polacca*
Czy może mi Pan / Pani pomóc? – *Può aiutarmi?*
Jak mogę dotrzeć do ambasady polskiej? – *Come arrivare all'ambasciata polacca?*
Pomocy! – *Aiuto!*
Skradziono mi dokumenty – *Mi hanno rubato i documenti*

Wymiana waluty, operacje gotówkowe

kantor wymiany walut – *cambio*
Gdzie mogę wymienić walutę? – *Dove posso cambiare la moneta?*
Jaki jest kurs dolara / euro? – *Quanto costa un dollaro / un euro*

Kierunki i pytanie o drogę

wschód – *est*
zachód – *ovest*
północ – *nord*
południe – *sud*
daleko – *lontano*
blisko – *vicino*
Zabłądziłem – *Mi sono perso / a*
Skręcić w lewo / w prawo – *Girare a sinistra / a destra*
Jak dojechać do …? – *Come arrivare a …?*
Jak dojść pieszo do …? – *Come arrivare a …?*

Transport

autobus – *pullman / bus*
bilet – *biglietto*
droga – *strada*
dworzec autobusowy – *autostazione*
dworzec kolejowy – *stazione ferroviaria*
informacja – *informazione / ufficio di informazione*
kasa biletowa – *sportello*
lotnisko – *aeroporto*
metro – *metropolitana*
minibus – *navetta*
most / wiadukt – *ponte / cavalcavia*
odjazdy – *partenze*
peron – *binario*
pociąg – *treno*
poczekalnia – *sala d'attesa*
przedział – *scompartimento*
przyjazdy – *arrivi*
przystanek autobusowy – *fermata*
rozkład jazdy – *orario*
samochód – *macchina, auto*
skrzyżowanie – *incrocio*
taksówka – *taxi*
tor – *binario*
wagon – *carozza*
Palenie wzbronione – *Vietato fumare*
Gdzie się znajduje … ? – *Dove si trova / dov'è?*
O której odjeżdża pociąg do … ? – *A che ora parte il treno per … ?*
Poproszę 1/2/3 bilet(y) 1/2 klasy do … ? – *Un / due / tre bliglietti di prima / seconda classe*
Za … np. skrzyżowaniem / mostem – *Dopo l'incrocio / il ponte*
Gdzie można wynająć samochód? – *Dove si può noleggiare una macchina?*

Miasto
ambasada – *ambiasciata*
bank – *banca*
galeria – *galleria*
muzeum – *museo*
park – *parco, giardini pubblici*
plac – *piazza*
szkoła – *scuola*
toaleta – *bagno*
ulica – *via*
Gdzie jest … ? – *Dove si trova … ?*

Poczta, telefon
list – *lettera*
poczta – *posta, ufficio postale*
pocztówka – *cartolina*
telefon – *telefono*
zadzwonić – *chiamare, telefonare*
znaczek – *francobollo*

Zdrowie
apteka – *farmacia*
bandaż – *benda*
plaster – *cerotto*
gardło – *gola*
głowa – *testa*
lekarstwo / tabletka / pigułka – *medicina / pillola / pastiglia*
przychodnia – *consultorio, ambulatorio*
serce – *cuore*
szpital – *ospedale*
ząb – *dente*
Boli mnie… – *Mi fa male…*
Gdzie znajdę lekarza / dentystę? – *Dove trovo un medico / una dentista?*
Jestem cukrzykiem – *Sono diabetico*
Jestem uczulony na… – *Sono alergico a …*
Mam kaszel – *Ho tosse*
Mam mdłości – *Ho nausea*
Mam gorączkę – *Ho febbre*

Noclegi
hotel – *albergo, hotel*
łazienka – *bagno*
pensjonat – *pensione*
pokój gościnny / kwatera – *affittacamere*
prysznic – *doccia*
Macie Państwo wolne pokoje? – *Avete camere libere?*
Chciałbym wynająć pokój jedno- / dwuosobowy / z łazienką – *Vorrei affittare una camera singola / doppia / con bagno*
Na 1 / 2 / 3 noce / doby – *Per un / due / tre notti / giorni*
Czy śniadanie jest wliczone w cenę? – *La colazione è compresa nel prezzo?*
Czy pokój jest z łazienką? – *La camera ha il bagno?*

Wyżywienie, restauracja
artykuły spożywcze – *generi alimentari*
chleb – *pane*
cukier – *zucchero*
herbata – *té*
jaja – *uova*
kawa – *caffè*
kiełbasa – *salsiccia*
makaron – *pasta*
masło – *burro*
mięso – *carne*
mleko – *latte*
owoce – *frutta*
piwo – *birra*
rosół – *brodo*
ryby – *pesce*
ryż – *riso*
ser – *formaggio*
sok – *succo*
warzywa – *verdura*
wędlina – *affettati*
wino czerwone / białe, wytrawne / słodkie – *vino nero / bianco, secco / dolce*
woda mineralna – *acqua minerale*
ziemniaki – *patate*
zupa – *zuppa*
sklep spożywczy – *alimentari*
targ z żywnością / bazar – *mercato alimentare*
Ile to kosztuje? – *Quanto costa?*
Ile płacę? – *Quanto pago?*
Poproszę kilogram / pół kilo – *Un chilo / mezzo chilo, per favore*
Poproszę menu – *Vorrei il menu*
Poproszę rachunek – *Vorrei il conto*
Poproszę kawę cappuccino / czarną / białą (z mlekiem) – *Un capuccino / un caffè / caffelatte, per favore*
Poproszę coś bez mięsa – *Qualcosa senza carne, per favore*
Z cukrem – *Con zucchero*
Bez cukru – *Senza zucchero*
Bez mięsa – *Senza carne*
Za mało / za dużo – *Poco / troppo*
Smaczne – *Buono / squisito*
Smacznego – *Buon appetito!*
Na zdrowie! – *Cin cin!*

Przyroda, krajobraz
deszcz – *pioggia*
drzewo – *albero*
góra – *monte*
jezioro – *lago*
kwiat – *fiore*

masyw górski – *massiccio*
morze – *mare*
niebo – *cielo*
pogoda – *tempo*
rzeka – *fiume*
skała – *roccia*
słońce – *sole*
śnieg – *neve*
wiatr – *vento*
wodospad – *cascata*
źródło – *torrente*

Przydatne przymiotniki i przysłówki
drogi / tani – *caro / economico*
ładny / piękny / brzydki – *carino / bello / brutto*
bogaty / biedny – *ricco / povero*
dobry / zły – *buono / cattivo*
duży / mały – *grande / piccolo*
gorący / zimny – *caldo / freddo*
ciężki / lekki – *pesante / leggero*
mądry / głupi – *saggio / stupido*
nowy / młody / stary – *nuovo / giovane / vecchio*
szybki / wolny – *veloce / lento*
teraz / później – *ora, adesso / più tardi, dopo*
ten / tamten – *questo / quello*
tutaj / tam – *qui / lì*

Przydatne czasowniki
być – *essere*
jechać – *andare*
jeść – *mangiare*
kupować – *comprare*
mieć – *avere*
można – *si può*
odjeżdżać – *partire*
oglądać – *guardare*
pić – *bere*
potrzebować – *bisogno*
przyjeżdżać – *arrivare*
spać – *dormire*
wsiadać – *salire*
wysiadać – *scendere*
zatrzymać się – *fermarsi*
zrobić – *fare*

Zaimki pytające
co – *che*
gdzie – *dove*
ile – *quanto*
jaki, który – *quale*
kiedy – *quando*
kto – *chi*

Legenda

- Świątynia rzymskokatolicka, zbór protestancki
- Cerkiew prawosławna, unicka
- Synagoga, inny obiekt związany z kulturą żydowską
- Meczet, inny obiekt związany z kulturą muzułmańską
- Świecki obiekt zabytkowy
- Twierdza, zamek
- Pomnik, fontanna, mała architektura
- Ruina trwała, obiekt archeologiczny
- Muzeum, galeria
- Inna atrakcja
- Atrakcja przyrodnicza
- Atrakcyjny obiekt przyrody nieożywionej
- Punkt informacji turystycznej
- Dworzec kolejowy
- Dworzec autobusowy
- Stacja metra
- Lotnisko
- Obiekt noclegowy (dowolnego typu)
- Kemping
- Obiekt gastronomiczny (dowolnego typu)
- Kawiarnia, cukiernia
- Winiarnia, enoteka
- Winnica
- Pub
- Supermarket, sklep, targ, bazar
- Kawiarnia internetowa, strefa Wi-Fi
- Poczta
- Ośrodek zdrowia, szpital
- Apteka
- Policja
- Teatr
- Punkt widokowy
- Inny obiekt (sklep, biuro, kasa itp.)
- Plaża
- Kąpielisko, basen
- Przystań promowa, port

Indeks

Autorzy zdjęć

Depositphotos.com: AndreyKr (234), Antonio-S (11, 128, 129), Baloncici (9), Bareta (136), Crisferra (134), Iakov (56), Lenorlux (121), Maugli (193), Mayalain (210), Nowhereman (7), Photocreo (154), Photoerick (211), Rhombur (80), VBaleha (75), Valentyn_Volkov (77), WDGPhoto (85), adogslifephoto (6), alan64 (103), alessandro0770 (223), aluha123 (52), anshar (150, 156), artush (32), bepsimage (27, 172), chezmoreau (64), citylights (143), emicristea (8), enrico_lapponi (111), ermess (191), fpwing_c (106), frankix (177), ggkuna (175), goghy73 (206), graphitec (118), gurgenb (116), happyalex (8), itardiusz (28), jakobradlgruber (192), johnnychaos (12), johny007pandp (95), jojjik (40), jovannig (119), kasto (9), lucidwaters (49), maumar70 (67), milosk50 (83), mitch.zul (90), nikitos1977 (75), nstanev (136), olgysha (102, 132), pablodebat (6, 81), paradoxdes (210), peus (31), pio3 (74, 120), prudek (205), rglinsky (93), robynmac (71), samot (7), scaliger (123), scis65 (77), sedmak (7, 100), topdeq (139), vencav (209), vvoennyy (6, 100, 105, 108), wulfman65 (12), zocchi2 (11), zx6r92 (236)

Dreamstime.com: Gian Marco Valente (30), Hugo Rosseels (55), Roberto Caucino (43)

Fotolia.com: ARTENS (69), A_Lein (70), Alessandro Calzolaro (205), Alexey Kuznetsov (9, 122), Andrea Izzotti (41, 86), Andreaphoto (10), Andreas Gerlach (71), ArTo (215), ChiccoDodiFC (38), Claudio Colombo (142, 166), Claudio Divizia (60, 133), Comugnero Silvana (68), Elisa Locci (159), FotoDruk.pl (37), Freesurf (84, 196, 198), Gabriele Maltinti (238), GoneWithTheWind (18), Heinz Waldukat (151), Ingairis (42), Ionut David (183), Ivan Floriani (62), JFL Photography (58, 60, 137), Jenifoto (23), Kadmy (33), Karol Kozłowski (145), LianeM (15), Lionello Rovati (13), Lsantilli (221, 240), MNStudio (35), Marco Saracco (44, 57, 202, 214), Maridav (16), Nicola Destefano (218), Nyky (73), OCTYPE html PUBLIC „-//W3C//DTD XHTML 1.0 Transi (189), Pecold (9), Perseomedusa (8), Pesca (162), Photocreo Bednarek (237), Pinosub (21), Pixelshop (89), ROBERTO ZILLI (219), Renáta Sedmáková (171), Route66 (126), Sabine Klein (242), Sergey Belov (10), SimoneSimone (79), StefanoT (22), Valeria73 (110), Valery Bareta (141), al62 (72), alcatrax1981 (45), alessandrogiam (213), amorfati.art (34), and.one (208), annaamo (14), banepetkovic (103, 165), bizio_ti (180), bussiclick (233), claudiozacc (163), cmfotoworks (25), ctrif (182), dade80 (12), darkside17 (168), dlameko (67), dmytromykhailov (69), efesenko (169), eleonoralamio (116), ermess (54, 124, 190), frenk58 (91), funkyfrogstock (113),giulianocingoli (78), janoka82 (93), javarman (245), kitti bowonphatnon (76), lamio (157), lapas77 (226, 227), lucianofochi (212), marcorubino (244), markobe (232), maudanros (138), paolomlibertini (58), peggy (59), starmaro (96), stevanzz (63), thorabeti (239), tobago77 (222), ValerioMei (178), vvoe (51, 185)

Shutterstock.com: Erick Margarita Images (39), Fulcanelli (187), Gio.tto (50), Mikadun (197), PHOTOCREO Michal Bednarek (147), Paolo Bona (158), Renata Sedmakova (155), StevanZZ (200), Ugis Riba (65), canadastock (187), elenaburn (92), pisaphotography (195)

Wikimedia.com: ignoto (48)